灰色のユーモア

私の昭和史

Yoichi Wada
和田洋一

解説＝鶴見俊輔／保阪正康

人文書院

灰色のユーモア——私の昭和史　目次

I　灰色のユーモア　5

〔カバー写真〕
〝君もドイツ大使館に感謝されるようになったか…〟というような先輩のことばが一つのトゲのように、私の心にささった。
——『灰色のユーモア』(理論社、一九五八年)扉写真より

I　灰色のユーモア

プロローグ

特攻隊の一員として、Sは一命を天皇陛下にささげる覚悟を決めていたが、思いがけなくも終戦ということになってしまった。せっかくの覚悟がちゅうぶらりんになり、とにもかくにも無事なからだで、Sは神戸の六甲の養家へかえってきた。

その年の暮、私はその養家で、Sと話し合う機会をもった。彼は神戸大学を出ていて、年は二十三、四だった。無口で無愛想で、いっしょにいるあいだ、にこりともしなかった。私の方はすでに四十歳を越していて、この死にぞこなった青年にたいして軽い意味での好奇心をおぼえて、何かたずねてみようと思っている矢先、彼の方から口を切った。

「自由主義的インテリゲンチャというのが、戦争に反対だったというのですが、一体彼らが何を考えていたのか、ぼくにはさっぱりわからないです」

それは正しく、かんで吐き出すような調子だった。彼自身私を自由主義的インテリゲンチャの一味だと思っていたのかどうか、恐らくはそう思っていたのだろう。戦争がすんでしばらくすると、おれは自由主義者で戦争には初めから反対だったという人間があちこちに現われ出て、純真なSは、そのことで先ず面喰ったにちがいない。一億の国民が一つになっているはずだったのに、そして自分は、かけがえのない命を上御一人《かみごいちにん》のために捧げる覚悟でいたのに、戦争に負けてしまったあと、おれは実は戦争には初めから反対だったんだと言っていい気になっている自由主義的インテリゲンチャの、その白々しさをSは腹にすえかねたのであろう。そして恐らくはそのふんまんを、知識人づらをした中年男の私にぶっつけたのであろう。

私はSにたいして何とか答えなければならない立場におかれていた。しかし「さっぱりわからない」と言っている相手をわからせるために、私は話をどういう風に切り出していったらいいのだろう。

自由主義的インテリゲンチャといっても、帝国主義戦争を強く否定していた者と、弱い反対の者との区別はあっただろうし、左翼がかった者と、そうでない者との区別もあっただろう。彼らは自分たちのもっている強いあるいは弱い反対意見を、帝国主義戦争の準備されている過程の中で、大胆に表明しようとはしなかった。それは帝国主義戦争反対をスローガンにかかげていた日本の共産主義運動が、どんなにひどい弾圧をこうむったかを、彼らがまのあたり見ていたからである。

彼らはまた互いに力を合わせようとはしなかった。組織をつくって戦争の準備、戦争そのものに反対しようとはしなかった。彼らがばらばらであるかぎり、数は多くとも力にはなりえない。彼らが個人として戦争反対を、あるいは徴兵忌避を表明すれば、特高もしくは憲兵隊によって虫けらのようにおしつぶされるだけだったし、国賊あつかいをされて、家族全体が泣かなければならない。それは見えすいていたので、彼らはおとなしくしていたのである。

Sにたいして、私が右のような説明をしたとしたら、Sはそれで満足するだろうか。もちろん満足しないだろう。Sは、戦争に反対なら、国賊よばわりをされようが殺されようが、断乎反対すべきで、それがインテリゲンチャの責任ではないか、と切りこんでくるような気がする。また自由主義的インテリゲンチャなどという連中は、沈黙を守っていただけではなく、戦争に協力するような口ぶりをしていたし、実際に協力していたではないか、いや積極的に国民を指導していた者も沢山いたではないか、と追及してくるかもしれない。

そういわれたら、私はどう答えたらいいだろう。ちょっとやそっとの説明ではとても駄目だ。「さっぱりわからない」と言っている相手に、多少ともわかってもらうためには、自由主義的インテリゲンチャの一人である私が戦前、戦中をどのように生きたかを、ある程度くわしく話すのでなければ、とても見込みはない。しかし初対面のSに、そんな打ちあけ話をする気にはなれない。何もかもぶちまけた話を、すすんできいてもらいたい気もないではないが、すくなくとも今日はかんにんしてもらおう。そう思って私は、話を別の方向にそらしてしまった。

その日から今日まで十三年、そのあいだ私はついにSと再び顔を合わせる機会にめぐまれなかった。噂によると、彼は今、景気のいい会社の中堅社員になっており、金まわりもいいということである。特攻隊を志願したころのこと、敗戦のあと自由主義的インテリゲンチャの存在に腹をたてたことなど、もうすっかり忘れているかも知れない。

しかし私は彼の言葉をときどき何かの機会に思い出すことがあり、彼に返事をしなかったことが借金のような形でのこっている。私は今、その負債をはたすために、ペンをとって、過去の灰色の思い出をしるそうとしている。

あの時代は普通、暗い谷間とよばれている。しかし私は、暗い谷間という表現は、あの時代を言いあらわすのに必ずしも適切であるとは思っていない。暗い谷間というと、その前後に高い峯があって、その中間のくぼみのように思われるのだが、私の実感としては、底知れぬ深い谷間へずるずるとすべり落ちてゆく時代、途中でふみとどまろうとしても、足もとがくずれてゆく、はいあがるというようなことはとてもできない、一人ひとりがもがいても歎いても、結局はみんながずるずるとすべり落ちてゆく、そして事実地獄まですべり落ちていった、そういう時代、破局への一方的傾斜の時代、奈落の底への地すべりの時代だったという気がする。その点、戦後は、反動勢力がぐっと強く押してきても、それを押しかえす力が民衆のあいだにあって、かつてのように、ずるずると押されてばっかりということはない。

　この地獄へ向かってずるずるとすべり落ちてゆく時代は、何時から始まったか。山本宣治[1]が国会で治安維持法改悪に反対したために、右翼のごろつきによって暗殺された昭和四年からとすれば、この時期は十六年つづいたことになる。昭和四年のころ、私は京大文学部の学生で、社会科学にたいしてはささやかな関心を示し、第二次世界大戦が起こるかもしれないというので、ばく然とした不安をいだいていた。そのころから戦争終結までのながい期間を、私がどのように生きてきたかを、私は今、語らねばならないような気がする。

　しかしそれにしても十六年はすこしながすぎる。むしろその中のある時期を限定して、その時期についてややくわしく語り、前後の時期のことは大ざっぱに語るとか、暗示するにとどめるというやり方のほうが、適当なように思われる。

　私としては、昭和十年から十二年ごろまで、反ファッショ文筆活動を勢いこんでやっていた時期をえらぶこともできるし、いっしょに文筆活動をやっていた仲間の者が検挙されたためひどく不安になり、自分もつかまるのではないかとおびえていた時期をえらぶこともできる。つぎには自分も検挙される身となって、留置場と未決拘置所の中で不自由な日を送った時期、釈放されて一たん新聞社にはいり、良心のやましさをかすかに感じながら、国策にそった記事をつくっていた時期、新聞社をやめさせられ、ドイツ大使館の翻訳の仕事をやりながら、ドイツと日本の決定的敗北の日を待つともなしに待っていた時期、そうした時期のいずれかをえらぶこともできる。

私はしかしこのたびは、身体の自由を拘束されていた、あの一年半ばかりの時期を、主にすることにした。その理由は、京都で反ファッショ文化活動を展開していた二十数名の者が、つぎつぎに検挙され、そして半数の者は起訴されて刑務所にほうりこまれた事件が、闇に葬むられたままになっているので、この機会に明るみに出したいと思うからである。

闇に葬むられたままというのは、事件が起こった当時、京都の検事局から新聞記事差止令が出たため、国民一般は何も知らされなかったということと、戦後言論が自由になったのちも、当時の被害者がこの事件にかんしてほとんど全く語らず、語ったにしても部分的に触れたにすぎないということをさしている。京都で検挙がつぎつぎと行なわれ、当時同志社大学予科教授であった私と、その同僚二名、ほかに関西の各大学、専門学校の講師、研究者、女学校の教諭など学校関係者十名、弁護士一名、新聞記者二名、その他計二十四、五名の者が、かなりながいあいだ社会から隔離されていたのに、新聞がこれについてただの一行も報道しなかった、報道できなかったということは、今日ふりかえって考えてみると、全くおどろくほかはない。

私たちと時を同じうして、東京でも人民戦線運動とよばれる事件がおきた。いっせい検挙は二回にわたって行なわれ、第一回目は、山川均[2]、荒畑寒村[3]、猪俣津南雄[4]、向坂逸郎[5]、鈴木茂三郎[6]など約四百名、第二回目は、大内兵衛[7]、有沢広巳[8]、脇村義太郎[9]、美濃部亮吉[10]などいわゆる教授グループがその対象となった。全国の新聞がこれらの検挙を大々的に報道したことは言うまでもない。京都の場合、被害者の中に上記の人びとのような日本的名士がいなかったことは確かである。しかしそのことは、新聞がただの一行も事件について報道しなかったことの理由にはならない。同時にそれは、検事局が一方を記事差止めにし、一方を差止めにしなかった理由にもならないはずである。

　敗戦後、鹿地亘[11]の姿が突如として闇の中に消えてしまったことがある。身内の者も、親しい友人も、新聞社も、彼の行方については全く知らなかった。それが一、二の人の勇気と努力とによって、ようやく明るみに出かかり、新聞が大々的に取りあげたために、世論はうごき、アメリカ占領軍にたいする怒りや恐怖が日本国民のあいだにわき起こった。かくして鹿地亘の身柄は、闇から闇に葬むられずにすんだのである。しかし二十年前の私たちの事件は、今にいたるまで闇に葬むられたままである。これをこのままにしておいていいという法はないと思う。

　ここで京都の人民戦線事件とは何かということを、一口でのべるとすると、それは合法的に出版されていた『世界文化』、『学生評論』、『リアル』という三つの雑誌ならびに『土曜日』という新聞の編集者、執筆者がコミンテルン（共産主義インターナショナル）第七回大会の方針にそって行動しているという風に一方的にみなされ、検事局の指令によって逮捕され起訴された事件である。

　私はこのうち、『世界文化』にだけ関係していた。『世界文化』は頁数六十頁前後の薄っぺらな月刊雑誌で、発行部数は五百ないし八百、雑誌ができあがると内務省の検閲課と京都市内の警察に納本し、発行をけいぞくしている三年間に、ただの一度も内容が好ましくないという警告をうけたことはなく、いわんや発行禁止の処分をうけたことはなかった。もちろん当時の日本の国策の線にそわないような海外文化ニュース、当時の日本のジャーナリズムが取上げないような反ファッショ文化情報ばかりを『世界文化』は取上げていたのであるから、治安当局の側からいえば、好ましくないことはなかったのだが、といって手の下しようのないものであるはずだった。

この『世界文化』の中心的地位にいた新村猛君[12]が最初検挙されたとき、周囲の者は、理由がわからないので、ひょっとしたら『世界文化』のためだろうかと考え、つぎのしゅんかんには、まさかと思ったのであった。新村君と同じくフランス文学者であり、当時三高の教授であった伊吹武彦氏[13]は、私に「君は新村君が何故つかまったか知っているか」ときいた。私はどうも見当がつかないと答えると、伊吹氏は「新村君はスパイ嫌疑だよ」と確信あるもののごとく言い放った。私は「そうでしょうか」と納得のいかないような返事をしたが、これはつまり、『世界文化』に関係しているために新村君がやられたとは伊吹氏としてもまさか考えられない、そこへ誰かが「あれはスパイ嫌疑だ」と伊吹氏の耳もとにささやいたので、伊吹氏もてっきりそうだと思いこんだ、ということであったと思う。

『世界文化』は発行部数は千部にみたないものであったにせよ、当時のインテリゲンチャのあいだでは、どのような雑誌であるかが、ある程度知られていた。したがって『世界文化』の関係者が逮捕され、そのことが新聞に報道され、検事局側の言い分として『世界文化』はコミンテルンの方針にそうて共産分子が発行している雑誌であり、その発行行為は治安維持法に違反するということが記事になったとしても、インテリゲンチャは誰も納得しなかったであろう。つまり伊吹氏のような左にも右にも偏らない普通のインテリゲンチャが納得しなかったであろう。それは筋が通らなさすぎると思ったであろう。検事局が新聞記事の差止めをやったのは、つまり検挙の行為にたいする自信のなさから出ていたのかも知れない。

　いずれにしても『世界文化』のメンバーであった新村猛、真下信一[14]、中井正一[15]、久野収[16]、禰津正志[17]の五人が最初検挙されたとき、新聞はそのことについて何ら報道しなかったため、私たちのこった者や家族の人たちは、ヒソヒソと不安な表情で、どういうことでつかまったのだろう、何時になったらかえってくるのだろうと、話しあうだけであった。

『世界文化』のメンバーにたいする第二次の検挙が翌年行なわれたときも、新聞はひとこともこれについて報道しなかった。私自身は留置場へほうりこまれ、数日後そのことを確かめたとき、実は内心ほっとした。というのは、新聞に出れば、必ず〝共産系インテリ〟とか〝赤化教授〟という風の見出しの下に記事がかかれるだろうし、家族の者は肩身がせまくなるだろうし、親戚の者や勤め先にも迷惑はかかるのだから、出ないにこしたことはないと思ったのである。新聞に出ないことが、検事局もしくは警察の、私たちにたいするせめてものあたたかい処置である、という気にさえもなったのであるが、しかし二十年後の私はそのようには考えない。新聞がかなり事実をゆがめて報道するにせよ、検事局の言い分だけをのせて、逮捕された者の言い分をのせないにせよ、なんにも報道されないよりはましだと今の私は考えている。

　事件が新聞に大きく出て、国民が事件の成行きに注目しているかぎり、当局はある程度つじつまを合わせて、取調べた結果を国民の前に公表しなければならない。ところが新聞記事が差止められて、一般国民は何にも知らないとなると、当局としてはひじょうに気が楽で、何でも勝手なことができる。私たちの仲間で起訴された者は全部、有罪但し執行猶予の宣告をうけたが、誰も彼も一審でおとなしく服罪してしまった。というのは、うっかり控訴すると、こいつ生意気だというわけでまたやられるという危険を、私たちは多かれ少なかれ感じていたからである。新聞報道のない暗黒の世界とはそういうものなのである。

東京の人民戦線事件の被害者であり、教授グループの一人である脇村義太郎氏は、当時を回顧する座談会（『世界』昭和三十三年四月号所載）の中で、自分たちは、治安維持法事件では珍しい大量の無罪の判決を勝ちとった、と誇りをもってのべている。そして無罪の判決を勝ちとるまでに「私たちは六年間、戦時下の暗い時代に実に苦しい戦いをしました」とものべている。

終戦の前の年に、治安維持法事件で、大量の無罪の判決が出たということは、今思い出しただけでも胸のすく出来事である。無罪の判決をめざして教授グループの人たちが六年というながい期間、力を合わせ、はげまし合いながら苦しい戦いをしてきたことにたいしては、頭が下がる思いだし、ことに戦いをあっさり断念した私は、はずかしさで顔があかくなる思いである。ただ脇村氏は「逮捕のさい、大きな号外まで出した新聞が、無罪の報道はたった数行でした」とのべているが、私たちの場合は、逮捕のさいも、公判のさいも新聞は一行もかかなかったのである。そういう珍しいケースが、同じ時期に京都であったということ、ひょっとしたらほかの地域にもあったかも知れないということを、教授グループの人たち、他の多くの人たちに知ってもらいたいと思うし、また考えてもらいたいと思う。

私は今これから、特高や思想検事や国粋主義者が大きな顔をし、民衆がおびえ、小さくなっていたあの時期のことを語ろうとしながら、〝ひどい時代だったなあ〟と今さらのように思う。〝ひどい時代だったなあ〟と思う心の根底には、〝今はそれほどではない〟という安心感がひそんでいることは事実で、それだからこそ、当時の私にとって深刻だったことが、今の私にはアホウらしくみえたり、ユーモラスであったりする。

あのころはひどい時代だったと私が言えば、四十歳以上の年配の人は、比較的簡単に同調してくれるだろう。しかし誰も彼もというわけでは決してない。私たちがひどい時代だったと思っているその方向へ、日本を逆もどりさせようと躍起になっている人たちも、もちろんいる。そしてそういう人たちが押してくるのにたいして、私たちが押されたり押しかえしたりしているのが現状である。最近はいよいよ強く押されているのも事実であるが、いずれにしても今は奈落の底への地すべりの時代、破局への一方的傾斜の時代ではない。

私が一番ひどい目にあった時代の思い出を語った場合、そのころまだ中学の上級生でしかなかったS、そしてのちには特攻隊を志願して死にぞこなったSが、どのようにうけとるか、さらにSを含めた若い世代がどのようにうけとるか、正直のところ私には見当がつかない。私はただ二十年前のことを、あれやこれやかなりくわしくおぼえているので、なるべくそっくりそのままの形でここにひろげることにする。Sがよんでくれて「ある程度わかりました」といってくれたらうれしいが、まあそういうことは、あまり期待しないことにしよう。

私が検挙されたのは昭和十三年（一九三八年）六月二十四日で、その日の朝おこったことから順を追うて語ってゆくつもりであるが、留置場や刑務所の中で日記をつけていたわけではないので、正確な日付けはほとんどわからない。わかっているぶんは、死んだ父がのこしていった日記と、私が未決監から家族の者あてに出した手紙によるものである。

第一章

とうとうやってきた

玄関に誰か来たようだった。私は寝床の中でうつらうつらしていたが、妻が起きあがり、着物をきかえて、はしご段をおりていった。そして急いでまた二階へ上ってきて「きたよ、警察がきたよ！」と早口でいった。

私はすぐ飛び起きようとはしないで、妻があたふたと自分の寝どこをかたづけているあいだ、目をつぶったまましばらく考えていた。とうとうやってきたか、特高がつかまえにくるときは、いつも夜明けごろだとかねがねきいていたが、今は正しくそういう時刻だ、やられるか、それとも助かるか、ここ半年そんなことばかり考えていた私としてのそのときの感慨は、とうとうやってきたか、ということだけでつきていた。

私は顔を洗って応接間へはいった。そこにはすでに特高たちが五、六人、椅子にすわって私を待っていた。彼らはおおむね無表情であったが、年かさのかっぷくのいいのが口を切った。

「ながいこと、わしらのくるのを待ってはりましたやろう」

そして、ヘッヘッヘッと笑った。ほかの特高たちは、おとなしく神妙にすわったままだった。

「あんたの仲のいい友達が、みんな先にきているのやから、あんたもきた方が友達づきあいがいいやろう」

と年かさの男がまたいったとき、私は「そりゃそうです」と正直に答えた。

昭和十年いらい、京都の町で発行されていた雑誌『世界文化』の編集者ないし執筆者であった五人の友人は、昨年（昭和十二年）の秋検挙され、市内の方々の警察に留置されたままであった。その中でも特に真下信一、新村猛の両君は同志社大学予科の同僚であり、互いに親しくしていただけに、その三人組のうちの二人が引っぱられて、一人だけ助かっているということは、助かっている当人として決して気持のいいことではなかった。両君の留守宅を見舞い、奥さんをなぐさめ元気づけるということも本来すべきであったにもかかわらず、何か後ろめたい気がして、それもできず、今日まで過ごしてきた自分にとっては、仲間入りをすることは確かに一つの救いでもあった。

どこの警察へ行くのかときくと、下鴨署だということで、まあまあ近くていいと思った。下鴨署は、私の家から千メートルぐらいの地点にあった。

私は奥の間にねている父のことが気になった。父は四、五日前、胃カイヨウで多量の血を吐き、絶対安静の状態だった。母も七年前から神経マヒで足腰の自由をうばわれていた。私はそのことを伝えて、宜しく頼みますといった。警察へは行くけれど、せめて父の病状がもうこれ以上悪化しないことを見とどけてからのちにしてくれと頼みたい気持はあったが、それは未練がましくひびくだろうし、そんなことをいって、きいてくれる相手でもないように思えた。せめて家宅捜索を行なうにさいして、病人に手心を加えてくれというのが、宜しく頼みますの意味であった。

特高の親方は「それは同情にたえんなあ」と、ともかく口先ではそういった。そして二人の若い部下の方を向いて「君ら和田先生を署まで送っていってくれ」と命じた。私より五つ年下の妹が、部屋へはいってきて、こわい顔をして、同時に今にも泣きそうな顔をして、「兄さんはどうしてもいかんならんのですか」といった。どうしても[、、、、]に特に力がこめられていたが、特高たちは誰も相手になろうとはしなかった。

単衣をきていた私は、玄関へ出て下駄をはいて、二人の特高といっしょに外へ出た。あたりはもうすっかり明るくなっていたが、人通りは全くなかった。あとに残った四人の特高は、これから私の書棚や机のひき出しの中を引っかきまわすことだろう。

歩いている途中、特高の一人が「あんたも今までしたいことをしてきたのやから、このへんで年貢をおさめなはれ」といった。年貢をおさめる？　どうも私にとってしっくりしない言葉だったが、特高らしいもののいい方だとは思った。

下鴨警察署は下鴨の地域内にはなく、高野川をへだてて対岸にあった。橋をわたって警察の門をくぐるすこし前に、私は今日、学校でドイツ語の臨時試験をすることにしていたのを思い出した。試験開始のベルがなっても、かんじんの先生が姿を見せない。学校へは何のとどけも出ていない、試験は流れる。学生たちは拍子抜けがし、多くの者は歓声をあげるだろう、そしてある者は第六感をはたらかして、和田もとうとうやられたぞ、とかたわらの友人にささやくだろう。

留置場というところ

生まれて初めて留置場の扉の中にはいった。長さ十五、六メートルの廊下があって、その向うに動物園のおりのように金網をはった部屋が三つならんでいる。どの部屋にも幾人かずつはいっていて、あぐらをかいたまま、あるいは立てひざのかっこうで、新入りの私を見まもっている。扉のすぐ左側には担当巡査のつめている小部屋があり、右側にはがらんとした六畳の部屋があった。私はその部屋へいれられ、帯を取上げられ、その代りにテープをあたえられた。いうまでもなく、帯は自殺の手段になるからである。私は何にもすることがないので、たたみの上をあっちこっち歩きまわっていると「じっとすわっとれ！」と叱られた。

それから二、三時間して、今度は雑居房の方へ移しかえられた。三つある部屋の一番奥で、二十歳から三十歳ぐらいまでの年配の若い男が四人、うすぎたないゴザの上にすわって、ぼそぼそ話をしていた。誰も彼もシャツ一枚にズボン下といういでたちで、人相の悪いのは一人もいなかった。一人が恐喝、あとの三人はコソ泥の程度らしく、当分はこの連中を相手に無駄話をして退屈をまぎらさねばなるまいと思った。

正午になって、べんとうが配られた。私の分を加えて数はちゃんと五つあったが、その容器を見たとたん、私の食欲はゲソッとなってしまった。古くて言いようもないほどきたない木製のべんとう箱、これは明治時代からのものであろうか。その中には、米の飯がばらっとはいっていて、それが内地米でないことは一目でわかった。おかずといえば大根をしょう油で煮たのがちょっぴり。

コソ泥たちは「いただきます！」といって食い出したと思うと、次のしゅんかん、べんとうはもう空っぽだった。「旦那はんは食べなはらへんのですか」と一人がたずねるので「ぼくはいらん」というと、「もったいないなあ」と別の男がいった。「分けてもらうわけにいかんもんでっしゃろか」とまた先の男がいう。「どうぞ、よかったら」と答えると「もうけた」「おおきに」「すみまへん」といいながら、私の分を二人で分けてがつがつと平らげた。

部屋の中では、横になってもいけない、立ってもいけない、とにかくすわっとれということで、ただ小さい声で話をすることだけは許されていた。コソ泥たちは、親子丼が食いたいとか、もうあと何日でかんにんしてもらえるだろうかとか、罪のない話をとりかわしていたが、そのうち夕方になった。晩のべんとうの中身はおひる同様、お粗末なものだった。私は全く手をつけず、お茶だけを飲んだ。留置場にはいっていらい、米の量の不足になやまされていたらしい同室の連中は、べんとうを食わない新入りを、とても有りがたがっている様子だった。

夜は三枚のふとんで五人がざこねをした。朝早く寝こみをおそわれ、睡眠不足だったせいか、私はさっさと寝入ってしまった。


つぎの日も、そのつぎの日も、私は房の中にとじこめられたままだった。時間のたつのが次第にながく感じられてきたが、何よりも苦痛だったのは、このままあと何日間、何週間ほったらかされるのかわからない、あと何日我慢すればいいのかわからない、ということだった。向うからすればいじめ放題、こちらの方は、いじめられ放題だった。二日目も三日目も、ほとんど何も食べていないのに、食欲は一向に出てこない、自分はここでやせ衰え、次第に気力を失っていくのだろうか、国家権力に刃向って英雄的なたたかい、命がけのたたかいをしてその結果捕まったのなら、はりもあるだろうが、安全地帯と自ら信じていた場所で、控え目に控え目にものをいってきて、それでも引っつかまって、金魚鉢の中の金魚のような状態におかれているということが、いかにもみじめに思われてきた。

四日目から私もすこし食べはじめた。しかし全部平らげるということはとてもできなかった。同室の一人が私に職業をきいたので「学校の先生」と答えると、折りかえし「小学校の先生か」ときいた。「いや」とかんむりをふると「中学の先生か」とさらにたずねた。しかたがないので「大学」と答えると、彼らは不思議そうな顔をした。彼らにとっては、大学の先生というものが、ずい分偉い人のように思われていただろうし、そういう偉い人が、留置場のきたないゴザの上にすわって、自分たちといっしょに寝たり、臭い飯を食っているということが、にわかに信じられないことであったかも知れない。「留置場へはいったおかげで、大学の先生といっしょにごはんが頂ける」などと本気で有りがたがる者も中にでてきた。

四日目の夜、私は特高室へ呼び出された。特高係長はなかなか上機嫌で「君が和田君か、ご苦労さんやなあ、わしはここの係長や、これからゆっくり君を調べさしてもらうが、大分ひまがかかるから、君もまあ気をなごうもて」と太い声でいった。年は四十前後、背は低いが横ばはあった。笑っていても眼はすご味があり、鼻や口元はふてぶてしかった。いかにも特高生活、左翼弾圧でたたきあげてきた面だと思ったが、ずっとあとから彼が憲兵そだちであることを知らされた。

彼は、ここへきた以上は、もうあきらめて、すなおにならんとあかん、君の友人の新村も真下も、初めは何とかかんとか言うてよったが、とうとうあきらめてこの頃は毎日手記をかいてよる、君もどうせ助からんのやから、早う書くものはかいて、早う起訴してもろうて、早う刑務所へはいって、早う出してもろうた方が得や、とそんなことをいった。

特高係長の引見は十分ばかりで終った。そのあと、特高の左翼係の谷本巡査が、「ごちそう食いたかったら何でもとってやる、ただし払いは君がするんやで、君の小遣いは君の奥さんがもってきたから、わしがあずかっとる」といった。私は近くの食堂から五十銭のランチ（今の金にして百五十円ぐらい）を取ってもらって食べた。そしてそのときほど五十銭のランチをうまいと思ったことはなかった。四日目にようやく人間らしい食事にありついて、全身の血が急に生き生きとじゅんかんし始めるのを感じた。

取調べはその翌々日から始まった。普通の場合、留置場へ十日ぐらいは、ほったらかしておいて、精神的にも肉体的にもへとへとにさせ、それから取調べを始めるのだそうだが、私の場合は四日目に引っぱり出してみたところ、あんまりやせて弱々しそうなので、谷本巡査が心配し、病気をして寝こまれたりすると事面倒だから、早う調べてもらった方がいいと係長に進言し、係長もその気になったのだそうである。私がそんなにやせていて弱々しく見えたのは、まる四日間ほとんど絶食の状態がつづいたからと、今ひとつは、たたかう気構えというものが全くなかったからであろう。

治安維持法違反？

取調べが始まりだすと、谷本巡査が毎朝八時ごろ、留置場へ私を呼びにやってきた。

特高係という名札のかかったやや広い部屋は、南北の窓が全部あけっぱなしになっていて風通しはよかった。西側の壁にそうて係長の机があり、そのすぐわきに巡査部長の机があり、そのあとごたごたとひら巡査の机が八つほどならんでいた。八時前後、部屋の中はがやがやと騒がしいが、やがてみんな出はらってしまって、あとには係長一人のこるのが普通であった。

係長は最初私に家族の者の名前や生年月日をかかせ、それが終ると、思想経歴をすこしくわしくかけといった。

私はクリスチャンの家族に育ち、熱心なクリスチャン学生として高校、大学の生活を送ったこと、大学の二年のときからぼつりぼつりマルクス主義の書物をもよみ出し、心をゆり動かされたことなどをしるし、京大滝川[18]事件をきっかけに自分もじっとしておれないような気持になり、ファッショに抗してペンをとってたたかう決意をしたというようなことをかいた。係長はそれをよんで、「君も滝川事件か、どいつもこいつもみんな滝川事件で悪うなってよるなあ」といった。私はそのとき、『世界文化』の仲間の者がかつて集まって雑談していたとき、久野収君がいった言葉をふと思い出した。

「とにかくですよ、滝川事件の敗北のあとに、京都で、学問思想の自由を守る立場の雑誌が出ている。そして旗をおろさないで、ずうっと掲げている、これはたいしたことですよ」

たしかに滝川事件と『世界文化』とのあいだには深い因果関係があった。『世界文化』の仲間は、誰も彼も滝川事件の敗北によって強いショックをうけたものばかりであった。そして『世界文化』は、自由が敗北に終ったあとの京都の空に掲げられた抵抗の旗であったのである。

思想経歴がすむと、今度は小手調べというつもりだったのだろう、係長は私につぎつぎテーマをあたえて、作文をつくらせた。テーマというのは、「キリスト教について」「国共合作について」「人民戦線運動について」などであった。係長はいくらながくなってもいいといった。私はこんなことをしていたんでは、取調べが何時おわるのか、てんで見透しがつかないと思い、不服だったが、仕方がないので、だまってペンを走らせていた。夕方になって、もうかくのをやめていいといわれても私はかきつづけた。留置場の中でたいくつなときをすごすよりは、外にいた方がよかったからである。

私と同じ日の朝、つかまった者の名前は、差入れに特高係の部屋へやってきた妻が小さい声で教えてくれた。『世界文化』関係以外の人も何人か引っぱられているらしかった。『土曜日』の編集者として名前を出していた弁護士の能勢克男[19]、元同志社大学教授で、そのころは東京に住んでいた林要[20]の両氏、『世界文化』関係では映画演劇の辻部政太郎[21]、フランス文学の森本文雄、ロシヤ文学の熊沢復六[22]（東京在住）、英文学の米田三治[23]、哲学の島津勤[24]の諸氏、このほか京大の学生で、雑誌『学生評論』のスタッフだったものが若干名、そのうちの一人永島孝雄は下鴨に留置され、私のとなりの房にいたが、さらにこれ以外に毎日新聞の関原利夫という記者、唯物論研究会の梯明秀[25]氏なども留置されているということで、どうやら全部で十五、六名にのぼる見込みだった。

特高室にいる限り、新聞をよむこともできたし、青空を仰ぐこともできたし、外の食堂から好きなものをとって食べることもできた。また特高たちの生態やさまざまな用件でここにあらわれる一般市民を観察することもできた。特高は、左翼係、右翼係、おのおの一人ずつ、ほかに朝鮮人係、出版検閲係、経済係、宗教係、庶務係など、係長、巡査部長を合わせて全部で十人いたが、誰も私に普通に話しかけ、私を和田君、和田はん、先生などと呼び、冗談をいったりもした。彼らの一人と雑談をしているうちに、私が今、治安維持法違反で検挙されていることが知らされた。私は思わず「エーッ治安維持法？」と低い声で叫んだ。Nというその特高は「和田君何を言うてんのや」とあざわらったが、私としては何といっても、ふに落ちなかった。

私は特高室の中に備えつけてあった六法全書をくってみた。それは私が六法全書というものをくってみる生まれて最初の機会であったが、その中の治安維持法第一条第一項には「国体ヲ変革スルコトヲ目的トシテ結社ヲ組織シタル者又ハ結社ノ役員其ノ他指導者タル任務ニ従事シタル者ハ死刑又ハ無期若ハ五年以上云々」とあり、第二項は、「私有財産制度ヲ否認スルコトヲ目的トシテ結社ヲ組織シタル者、任務ニ加入シタル者云々」とあり、これらは自分には全く関係がないと思われた。

自分が今までやってきた活動は、特定の政党とは何等関係のない自由な文化活動でしかない。活動の内容といえば、ヒットラーのドイツに居たたまれなくなって近隣の諸国に亡命したドイツの作家たち、トーマス・マン[26]を先頭とする数多くの著名な自由主義あるいは左翼の作家たちのうごきを、合法的な雑誌や新聞紙上で報告紹介したということにすぎない。その場合私の文章はヒットラー主義にたいする反感と悪意にみちていたことは否定できないし、私がこれらの文章を通して日本の知識人に働きかけ、知識階級のあいだに反ファシズムの空気をすこしでも作ろうと努めていたことも否定できない。しかしそうかといってその程度の文化活動のために治安維持法に引っかかるとは、全く考えられないことであった。

ただ治安維持法の条文を、ていねいによんでみると、第一条の第一項のあとにも第二項のあとにも「結社ノ目的遂行ノ為ニスル行為ヲ為シタル者ハ」やはり罰せられると書いてあり、これがいささか気がかりでもあった。私のやった文筆活動が、共産党の目的遂行の為にする行為だという風に、警察はこじつけるつもりだろうか、まさかそこまでの拡張解釈はゆるされまいと思われた。

私としては、ヒットラーのドイツで、強制収容所（コンツ・ラーガー）なるものが各地に作られ、ヒットラーにとって好ましくない思想をもっている者が、片っぱしからそこにほうりこまれていることはよく知っていた。裁判にかけないで、何年でも収容所にほうりこんでおく、そしていじめるなり、強制労働をさせるなりする、そういうやり方を日本もいずれ真似をするにちがいないと私は考えていたし、そういうことが行なわれても、おびえている日本の国民のあいだに、強い反対の声などとうてい起こるまいと思われた。昨年の秋、真下、新村両君をはじめ五人が検挙されたとき、留置されている場所は警察という名前の場所であっても、私は実質的には、日本にもいよいよ強制収容所の制度がはじまったのではないかと半分はそう信じていた。

私の周囲の人たちは、新村君や真下君が検挙されたのは、共産党に資金を提供していたのだろうと想像し、ある人はスパイ事件だろうと憶測した。しかし私は両君と何もかも打ちあけて話す間がらであったので、そうした憶測を耳にしても、まさかと思ってきき流していた。国策に反する思想をもって文筆活動をする者を、警察は引っとらえてきて留置しておく、警察に留置されるというだけでも知識人にとっては大きなショックだが、留置の期間が長びけば、勤め先の方はクビになるし、生活は忽ち困窮する。そういうことを実例をもって示せば、左翼がかった不逞なインテリどもも慄え上っておとなしくなる、そういう効果をねらっているのだろうと思われ、真下君や新村君は最初の犠牲者になったのだという風にも想像してみた。

私自身、平素から警察に目をつけられていることは十分承知していたし、警察から何らかの形のいやがらせが行なわれて、そのため現在の職を失うようなこともあるかも知れないと、それぐらいのことは、ぼんやり予測していた。しかし日本の法律に違反したというかどで、罪に問われるとは、ついぞ考えていなかった。

物理学者の武谷三男[27]君も『世界文化』の執筆者の一人であったが、私たちよりすこしおくれて捕えられた。彼は太秦署で新村猛君と偶然いっしょになり、最初に話をかわす機会をえたとき、「コンツ・ラーガー（強制収容所）か？」と小声できいたそうである。武谷君にしても法律に違反する行為をしたという意識は全くなかったので、そういったのであるが、武谷君と私だけに限らず、これはこの時期に受難したわれわれの仲間の大多数に当てはまることだったにちがいない。

同志社との縁がきれる

特高が私の家から押収した書物は案外すくなく、百七、八十冊程度であった。ドイツ語のマルクス主義叢書が一冊もきてないのはおかしかった。あの叢書の表紙には一いちマルクスとレーニンの顔が出ているのだが、特高たちにはわからなかったのだろうか。ナチ・ドイツの本もきていたが、これは表紙に、筋肉隆々とした労働者の絵がかいてあったからであろう。ジイド全集もきていたし、ドイツの亡命作家によって編集発行された貴重な資料も運ばれていた。そして特高の手で、それら一冊一冊に赤い紙がはられていった。

私はこれら百数十冊の書物をどのような方法で手にいれたかを、一いちケイ紙に記さねばならなかった。私の日記や手紙が押収されなかったのは幸いであった。これは特高が家へやってきて、応接間で話をしているあいだに、妻が二階の書斎から全部となりの妹の部屋へ移してしまったからである。これはあとで妻が私にこっそり知らせてくれたことだが、妻は自分が機敏に行動したことを誇っているらしかった。

特高係長はまた私に、最近数年間によんだ書物の名前を全部かけといった。私はさっさとかきあげたが、係長はそのリストに目を通して、マルクス主義の高度の理論書がさっぱりあげてないじゃないかと不満そうにいった。私はマルクス主義の経済学や哲学は、ほとんど勉強していない、自分は文学の一研究家にすぎないと答えたが、相手は容易には納得しなかった。しかし私がつぎつぎとかいてゆく手記の中で、私のマルクス主義にかんする勉強の不足加減はおのずとバクロされていった。そして係長は次第に不機嫌になっていった。「君は大学の教授やないか、もっとしっかりせい」とどなられた。いくらか左翼がかっていたとしても、レッテルをはるとすれば「自由主義者」か、さもなければ「ヒューマニスト」でしかない私を、マルクス主義者ときめてかかって検挙し、マルクス主義の勉強がたらんといってどなるというのは、ずいぶんおかしなことであった。しかし容疑者をれっきとしたマルクス主義者にしたてて、治安維持法に引っかけることが、彼の仕事であり商売であってみれば、彼の怒るのも無理はなかったであろう。私は「大学の教授といっても、予科でドイツ語を教えているにすぎない、ドイツ語を教えるかたわら自分はドイツ文学を勉強している。自分の尊敬し愛している作家たちが、ヒットラーによって外国へおっぽり出されたのだから、自分はこん畜生と思って、筆をとっただけだ。何もマルクスの経済学や哲学を勉強せんならん義理は私にはない」と言いはった。

しかしそんなことぐらいでひるむ相手ではなかった。君は同志といっしょに、いっかどの文化活動、啓蒙活動をやってきたじゃないか、君らの文化活動は、ちゃんと一本筋の通った文化活動じゃないか、それを知っていて、いい加減なことを言うな、といってみたり、またつぎの日は、和田君の理論は労働者なみや、さっぱりあかんと軽蔑したりした。

妻は毎日かかさず特高室へ姿をあらわした。当時私たち二人のあいだにまだ子供がなかったので、家をあけやすかったこともあるだろう。私が警察へ引っぱられたということのために、父の病状が悪化するということはなく、日に日に快方に向っている様子で、これは私を安心させた。母はもう頭がぼけてしまっていて、ときどき私のことをたずねても、家の者が適当にあしらっているということだった。

妻は私が、胴のまわりにテープをまいているのをいやがるので、谷本巡査の許可をえて、特高室ではちゃんと帯を結んでいることにした。ひるのべんとうのほかにお菓子や果物を妻がもってきて、ついでに五分や十分しゃべってゆくことにたいして、特高たちは別に文句も何も言わなかった。

土用の入りには、京都の人は、あんころ餅を食べる。妻は私にも食べさせようと思ってべんとうといっしょにもってきたところ、特高室の中に私の姿が見当らない。特高係長はいつもとちがって突っけんどんに、「君の亭主の取調べは当分中止や、もってきたものはあずかっておく」と言った。妻はあんころ餅を谷本巡査にあずけ、逃げるようにしてかえっていったらしい。

私の取調べ中止は、日本の天皇制にかんしてであった。係長の側からいうと、マルクス主義理論の定石のようなものがあって、その定石の軌道の上にこちらがのっかれば、スムーズに取調べは進行したし、うまくのっからないと、係長は腹をたてて、好い加減なことを言うな、とこわい顔をした。天皇制の問題など、平素一向考えていないし、勉強したこともないというと、係長はブリブリして留置場のゴザの上でゆっくり考え直せ、とどなって席を立った。私はまる三日間留置場の中で退屈なあじけない日を送らねばならなかった。そのあいだに妻があんころ餅をもってやってきたのである。四日目に谷本巡査が留置場の中まで迎えにきてくれたときは、ヤレヤレ助かったと思った。特高室であんころ餅を出されたが、もうかたくなっていた。

係長は「君らにたいしては手荒い拷問はやらんが、その代り何日でも留置場へいれておいてやる」といった。何にもしないで留置場の中にじっとすわっているほど辛いことはない。これは確かに拷問であった。どうせ助からないのなら早く向うの望み通りの手記をかいて、さっさと片づけてもらう方がよい。私もいよいよ観念してしまった。

下鴨署には私と京大生永島のほかに、今一人『学生評論』発行の責任者であった草野昌彦君[28]がとらえられていた。草野君は留置場生活をすでに八カ月以上送り、うんざりしていたし、それに手記は全部書きおえ、今はただ起訴の確定と未決監入りの日を待っているだけであった。草野君は特高たちともすっかり仲よくなり、特高室内での身辺の自由はたいがい何でも認められていた。ひる日なかはフォイエルバッハ[29]の『キリスト教の本質』などをよんでいたが、草野君はいっかどのマルクス主義理論家であり、横合いから私の天皇制理論作成のヒントをもあたえてくれた。かくして私の怪しげな天皇制理論は辛うじて軌道にのっかかり、係長の承認するところとなった。

私が留置場入りをしてまだひと月もたたないうちに、同志社大学の予科長からは、至急辞表を出してもらいたいといってきた。私はおとなしく出す気になって、妻のもってきた辞表に判をついたが、係長は「同志社というのは、ひどい学校やなあ、まだ罪になるかどうかもわからんし、取調べを始めたばっかりやないか、そんなもの出さんとけ、出さんとけ」といった。

しかし同志社はキリスト教主義、自由主義の学校であるということでここ二、三年右翼団体からの風当りが強くなっており、前年の夏、配属将校と予科教授会とが対立したこともあり、秋には予科教授の中から二人の赤い容疑者を出し、そのために総長が辞表を出してやめたということもあった。今また新しく不心得者、非国民が出たということで、同志社の内部の人たちは、さぞかし頭を痛めているであろうし、学校がつぶされやしないかと本気で心配している人も多いだろう。私は同志社にたいして迷惑をかけたことを心から申し訳なく思っていたので、早く辞表を出せという要求にたいしてあまり抵抗を感ぜず、同志社のためには自分から進んで縁を切るつもりだった。私の父は同志社につとめてから四十年近くなっていたが、私の事件をきっかけに学長をやめ、講師となった。私も一生同志社で働くつもりでいたのが、はからずも就任後八年と四カ月で退任することになった。かくして私は、留置場の中で失業者となり、あと留置場と刑務所の生活が一年つづくか二年つづくか、全く見透しがつかないままで、無収入の身におちいってしまったのである。

第二章

永島孝雄のこと、スパイのこと

留置場で私のとなりの房にはいっていた永島は、『学生評論』のメンバーで、演劇運動にも関係していたようであった。永島と草野君と私とは、留置場の中で相互に話をしないように、三つの房にそれぞれ分散させられていた。

草野君は、何といっても古参で、下鴨の特高たちとはすっかりなじみになり、明るいあいだは特高室で彼らと冗談口をたたいたり、読書にふけったりしていたし、私はその横で一生懸命鉛筆を走らせていたが、永島だけは留置場の中にほったらかされていることが多かった。というのは、永島を調べる係官が何処にもいなかったからである。

下鴨の特高係長は、私と五条署に留置されている米田君という英文学者をかけもちで調べていたわけだし、よその警察でもエキスパートの特高がそれぞれ取調べを開始していたのだが、何分十五、六名をいっせいに検挙し、それにたいして取調べる方のエキスパートの頭数がすくなすぎ、したがって取調べられる側にあまりが出ていたわけである。

草野君がときどき「永島可哀相やから、出してやって下さい」と特高にたのむと、特高はわりにいうことをきいてくれて、永島を留置場から連れ出してきた。永島は特高室にはいると、さっそく草野君から煙草をもらって、うまそうにすい、みんなの迷惑にならないようにおとなしく隅っこにすわっていた。

特高係長は、永島をつかまえて「君は大学生やのに役者の真似をしたりして、アホウやなあ、本当に何してんのや」と、なかば叱り、なかばからかったことがある。係長にとっては、演劇の上演が、ただちに河原乞食の観念と結びつき、最高学府の学生が役者の真似をするということが全く解せなかったのである。永島は情なそうな顔をして、私を見、二人は互いに苦笑を交換した。

ある日のこと、永島のお母さんが特高係長の前にあらわれた。そのとき永島は特高室にはいなかった。お母さんは、息子が検挙されたと知って、朝鮮の京城から、はるばるみえたのである。永島のお父さんが京城の控訴院長であることは、そのときはじめて私にもわかった（朝鮮では控訴院といわず覆審院といっていたようであるが）。控訴院長夫人は係長に名刺を出し、自分の息子が御世話になっているそうだが、いったいどんなことをしでかしたのか、ぜひ教えて頂きたい、という意味を伝えられた。

特高係長の前につぎつぎあらわれる多くの陳情客とはちがって、控訴院長夫人はさすがに頭をペコペコさげるということはせず、愛想笑いひとつされなかった。それが係長のカンにさわったのかも知れない。係長は木で鼻をくくったような返事をした。そしてさっさと追い返したあと「永島のカカアは、偉そうにやってやがる」と悪態をついた。

永島は留置場の中で、煙草がのめないのは辛いといっていたが、それ以外はたいしてグチもこぼさず、たまに特高室に出てきたときは、新聞をよましてもらったり、煙草をすいながらぼんやり空を眺めたりしていた。食事を三度とも留置場の中でとることの多い永島は、特高室で私や草野君といっしょに食べるランチや親子丼が特別うまいはずなのだが、別にうれしそうな顔も、有りがたそうな顔もせずに食べていた。

そのうち永島の姿が消えてしまった。どこかの警察へまわされてしまったらしい。永島とはもうそれきりあえなかったが、永島も結局治安維持法違反で起訴され、私とは何カ月かおくれて未決監にほうりこまれた模様である。ところが判決のとき、永島は執行猶予にならず、実刑を科せられてしまった。これは警察のいう京都の「人民戦線派」の文化人、学生の中でのたった一人の例外である。

私をも含めて、誰も彼もが、特高室の中で手記をかかされ、今までは外国のあやまった思想にとらわれていたがこれからは、日本人らしい日本人になりますという誓約をし、まさしく転向を表明して、やっと執行猶予にしてもらった。ところがきくところによると、永島は、自分は今後は一切左翼的と思われるような活動はしない、これは約束してもいい、しかし自分が今まで考えてきたこと、やってきたことが間違っていたとは思えないという風な意思表示をした。そしてそれがたたって、永島だけはかんにんしてもらえず、実刑を科せられることになった。永島は一年ちかく服役し、そのうち病気にとりつかれて死んでしまったそうである。これはもちろん後日譚で、正確詳細な事実は今にいたるもわからないで、たいへん残念であるが、永島の獄死は昭和十六年の秋か冬のことだったかと想像される。

私のように、心にもなく「悪うございました」といって頭を下げ、未決だけで釈放された者にとっては、何といっても永島の獄死という事実は、特別気にかかった。永島は私たちとくらべれば、ほんのちょっぴりでも抵抗したのである。もっとも永島は何べんも留置場や刑務所にほうりこまれるのは苦痛でもあるし、親不孝でもあるので、今後は一切にらまれるようなことはしないと約束したのであろう。しかしそれだけではかんにんしてもらえなかった。悪うございました、不心得でございました、とお詫びをしなければ、相手は許してくれなかったのである。

こういう相手を相手として徹底的にたたかうということ、それは獄中十八年の徳田球一[30]や志賀義雄[31]と同列になるということである。日本共産党はこのような英雄をもっていることを誇りにしているし、また誇りとするに足りる。もっとも敗戦後まで生きながらえることができず、獄中でみじめな死に方をした有名無名の英雄も、日本には何人かあった。永島はむろん徳田や志賀と同列の英雄ではない。彼はただ、ちょっと意地をはっただけかもしれないのだ。そしてそのために獄死せねばならなかったのだ。野間宏[32]の『暗い絵』に出てくる永杉英作は、永島をモデルにしたものであること、彼が『学生評論』以外にも多くの政治活動をしていたことなどを、私が知ったのは、ごく最近のことである。

ある日、特高の一人が私に「和田君は、中島重[33]と親しいのか」ときいた。私は中島さんの噂はよくきいているが、まだ面識はないと答えると、その特高は「どうもあいつ生意気や、一度引っぱったらんならん」といった。中島さんは元同志社大学法学部の教授で、そのころは関西学院の教授にかわっておられ、家は京都で、下鴨署から比較的近い所にあった。「生意気って、何かきついことでもいわれたんですか?」ときくと、別にそんなことではなく『社会的基督教』という月刊雑誌を出していることが怪しからんということであった。基督教がだいたい怪しからんのに、その上まだ社会的がついているので、いよいよ怪しからん、今どきそういう雑誌を出しているような奴は、ブタ箱へほうりこんで、こらしめてやらねばならんという考えのようだった。あいつ生意気やなあ、ひとついじめたろうかということで、市民を引っつかまえてきていじめる。これは月給がすくなくて社会的地位の低い特高たちにとって、彼らにだけ許された特権的なたのしみであった。しかし幸いにも、中島重さんには何にもきっかけになるものが見つからなかったとみえ、検挙はようしなかった。

しかしそれから二、三日して、その特高は別の男、六十ぐらいのじいさんを連れてきた。そして特高室で、私が手記をかいているすぐ横で、取調べを始めた。特高のいうことをきいているると、このじいさんはアメリカの宣教師に頼まれて京都市内の大きな建築物や橋の写真をうつした、つまりスパイ行為をやったというのである。特高は今一人の相棒といっしょに、じいさんを椅子の上にすわらせ、左右両側から追及し始めた。

「いい加減に白状したらどうや!」

「なんでお前は、こんな橋の写真や大きい建物の写真ばかりとるのや」

「お前、アメリカ人から金もろたやろ」

「なにもかも証拠は上っとるぞ、いい加減に白状せい!」

二人はかわるがわるせめた。二人はそれぞれ長さ三尺ぐらいの棒をもっていて、一人が「白状したらどうや！」といって、じいさんの目の前の机の面をばしっとたたく、するとつぎにはもう一人が「なんでこんな写真とるのや」といってまた机をばしっとたたく。

じいさんは、おびえてしまって、そのうちとうとうしくしく泣き出してしまった。傍にいた私は考えた、何て意気地のないじいさんだろう。スパイ行為でないならないと、はっきりいえばいいのに、どうしていいわないのだろう、いわないところをみると、ひょっとしてアメリカ人に本当に頼まれたのだろうか。

机の上には、じいさんの写した写真が七、八枚のっかっていた。なるほど下鴨の出町の橋や、三階建ての家がうつったりしていたが、こんなものが一体アメリカ人に何の役にたつのだろうと、おかしくなってきた。

じいさんは一晩留置場にとめおかれ、翌日釈放されたが、特高たちは、そのじいさんが留置場で寝小便をしたという話を面白そうに話していた。証拠が何もかも上っているといったのは、うそっぱちで、要するにカマをかけたにすぎなかったのだ。じいさんが写真機をもって高野川の橋をうつしている。それだけで特高の頭の中には、アメリカ人に頼まれたスパイ行為という推測がうかぶ。そしてあとをつけてゆき、家宅捜索をし、当人をつれてきて訊問し、おどし、カマをかけるという順序、そして何でもなさそうだったら釈放、それで話は終る。

先のじいさんは、私のとなりの房だったので寝小便のことは知らなかったが、その日の朝方、私は半覚半睡状態の中で、おなかの下の方が何だか変だぞ、と思った。気がついてみると、私の大事なものを誰かが片手でにぎっている、その誰かというのは、私と枕をならべていっしょにねているコソ泥の奴である。私が手ではらいのけようとすると、コソ泥はかんたんに手をはなした。顔をみると、スヤスヤねているのか、ねたふりをしているのか、ともかく知らん顔をしている。留置場生活の退屈まぎれに、コソ泥の奴め、人の大事なものをおもちゃにして遊んでいたのであろうか、いずれにしても怒る気にはなれなかった。

朝鮮人

留置場の中へは、朝鮮人がたえず、いれかわり立ちかわり、はいってきた。

私の房の中で、私と枕をならべていっしょに寝た最初の朝鮮人は、三十をすこし越したと思われる、のん気そうな男だった。「酒をのんで一寸あばれたんです」とここへきた理由を話していたが、酒癖が悪い男とはみえず、いわんや乱暴をはたらく男とはみえなかった。いつも人なつっこい笑いを浮かべながら、罪のない会話を、同室の者とかわしていた。

彼は一、二度刑事室へよび出され、かんたんな取調べをうけ、もうそれですんだと当人は思っているのに、いつまでたっても釈放してもらえない。そのうちもう一月にもなりそうになって、彼はある日、留置場の巡査に「私、いったいどうなってるか、きいてもらえませんでしょうか」と頼んだ。巡査の方もすこし変だと思っていたらしく「そうやなあ、お前大分ながいなあ、きいといてやろう」といってくれた。

それから三十分ほどして、頭のはげた刑事が留置場にはいってきて、格子の外からその朝鮮人に「おう、お前まだおったのやなあ、すっかり忘れとった」と、さすがに一寸ぐらいは申し訳のないような表情をした。朝鮮人は、房の外へ出してもらって「すみまへん、おうきに」と刑事にあいさつをし、そのまま姿を消してしまった。

第二番目の朝鮮人は、二十四、五歳の精かんな感じの青年だった。ある程度教育も受けていたらしく、筋肉は隆々として、いかにも頼もしい男にみえた。

彼が私の房にはいって一週間目ぐらいに、留置場の巡査が突然房の外にやってきて、扉のかぎをあけ、「こら！　一寸出てこい！」とどなった。青年が外の廊下へ出ると巡査は、「この野郎！　うそつきやがって」という声とともに、彼の頬にはげしい一撃をくわえた。留置場の巡査は、「担当」という名称で通常よばれていて、留置場の住民たちからは「担当さん」とよばれていた。担当の仕事は、留置されている人間の監視だけのはずなのだが、それだけでは物足りないのであろう、ときどきリンチをやっては自己満足を味わっていた。

朝鮮の青年は今、廊下の壁を背にして気をつけの姿勢をさせられた。退屈に苦しんでいる囚人たち全部の眼が彼の上にそそがれたことはいうまでもない。担当の言い分をきいていると、この青年は何か悪いことをして捕まったのだが、その前にも富山県で前科を犯していて、そのことを今度京都の下鴨署での取調べのときかくしていた、ところが富山の警察へ照会してみて、それがわかった。だから太い野郎で、担当警官としてこらしめてやるというわけなのである。

担当は力をこめて平手で青年の左の頬をなぐった。「パーン」と小気味のいい音がする。「パーン」「パーン」とつづく。青年は痛さにたえかねて、両手で頬を防衛する。すると担当は、なぐるのをやめて、靴先で青年の向うずねや足先をこづき始める。「ほら、そら」とかけ声をかけながら。

すると青年はつい足もとに気をとられ、両手を頬からはずす。そのすきをねらって担当はまた

「パーン」とやる。青年の左の頬はすっかり赤くなり、はれ上っている。彼はあわてて両手で頬を守る、するとまた担当の「ほら、そら」が始まる、青年の手が思わず下の方へゆく、そのすきをめがけてまた「パーン」とやる。青年は泣きそうになってまた両手で頬をかくす。まったくなぶりものである。担当は思う存分朝鮮の青年をもてあそんだあと、青年に手錠をはめ、留置場の外へつれていった。見物していた私の心のなかに、人間的な同情と悪魔的な快感とが共存していたことを、私は否定しない。

第三番目はブルジョアの有閑青年であった。朝鮮人で上層階級にぞくする者に、私は今まで一度も出あった経験はなかったが、この青年の顔付きはさすがに身分の高さを思わせていた。彼は京城の父から毎月仕おくりをしてもらい、奥さんもあり、北白川でアパート生活をしているらしかったが、ばくちをして、あげられたのだという。

彼は「明日は出られる」と確信ありげに語っていたが、きたない留置場のござの上に、一晩でも寝ることは不服らしかった。そして翌朝、彼は予言した通り釈放され、さっさと帰っていった。同じ朝鮮人でも、身分がいいとなると、担当の扱いもすこしちがうように、私には思われた。

第四番目は、そこらあたりにいくらでもころがっている貧乏で無知な中年男だった。この男は私のとなりの房にはいっていたが、その日の夕方、担当の仕打ちに腹を立てたらしく「何をするか！」とこわい顔をしてひらきなおった。

担当がどんな無法をこの中年の朝鮮人にたいしてしたか、私にはわからなかったが、とにもかくにも留置場の中で担当警官に向って天晴れな反抗ぶりを示したのは、私の五カ月間の留置場生活を通じて、あとにも先にもこの男一人だった。留置場の中に閉じこめられた者が反抗する、しかも貧乏くさい朝鮮人が。そのつぎに展開される場景は、もうだいたい予想できた。

「なにい、生意気な！」担当はそういって朝鮮人をじろりと見、詰所へいって机のひき出しをあけていたようだったが、もとへ戻ってくると同時に、朝鮮人にすばやく手錠をかけてしまった。そして廊下のたたきの上にすわらせ、太ももとこむらはぎの間に剣道用の竹刀《しない》を突っこんだ。どうするのかと思って目をこらして見ていると、担当は靴のまま、その朝鮮人の太ももの上にのっかって、からだを上下にゆさぶり始めた。十五、六貫の重味が太ももにかかり、その下の竹刀の上にかかり、その下のこむらはぎにかかったわけだが、つぎのしゅんかん、うめき声とも叫び声ともつかぬ異様な声が朝鮮人の口からほとばしり出た。彼の顔はひんまがり、口だけではなく、顔全体、からだ全体が苦痛を訴えてもがいているようだった。

拷問の時間はみじかかったが、不逞のやからをこらしめようとする担当の目的は見事に達せられた。まともに歩くことができなくなり、廊下のたたきの上を、はうようにして自分の房にもどったその朝鮮人は、翌日から羊のようにおとなしくなってしまった。

ひどい目にあわされてからやっと気がつくとは、何と愚かな、何というカンの鈍い朝鮮人だろう、初めからそんなこと、わかりきっているのに、私は一方でそう思いながら、同時に他方で、朝鮮人というのは偉いなあと感歎していた。ここへはいってきた日本人が、みんな羊のように猫のようにおとなしくなり、担当にへつらって、ときには「ご担当」などと呼ぶ奴もいるのに、あの朝鮮人は留置場の中で、空手空拳のまま堂々と反抗したのだ。反抗の言動をするしゅんかんは、すくなくともあの貧乏で無知な朝鮮人は、自らの人間的尊厳を守ろうとしたのだ。留置場に送りこまれてから、すっかり意気地なくなっている自分自身をかえりみて、私は恥かしい気もした。

　私自身の中には、たとえ火責め水責めにあおうとも、頑張るべきことは断乎頑張るといった風の筋金は、全く通っていなかったし、通そうともしていなかった。ここへきて、さからったら損をするだけだ、特高たちや留置場の担当と仲よくしていた方がむしろ得だ、という処世訓をいつのまにか身につけて、毎日を送っていた。私を直接取調べている特高係長だけは義理にも好きになれなかったが、そんな様子はおくびにも出さず、毎日彼にたいして愛想のいい顔をみせていた。ほかの特高たちは、私をある程度大事にしてくれていたし、色々と便宜をはかってくれたりしていたので、私にとっても彼らを敵としてではなく、友達としてつきあうことが、むしろ自然であった。彼らは気がむくと、「和田君、風呂へ連れていってやろうか」などといった。暑いときではあり、夜は不潔なござの上で寝ているので、この誘いは、とび上るほど嬉しかった。銭湯は、下鴨警察署の一丁ほど上手にあった。彼らはまた「うまいもの、食いに行こうか」と誘うこともあった、そして「払うのは君や、わかってるか」と念を押した。こちらは二人前支払っても、うまいものが食いたかったし、警察から食堂、レストランのあいだの道を散歩できるのも嬉しかった。彼らは学歴というものはほとんどなく、中学を出ているかどうかも怪しかった。ひとり明大予科中退というのがいて、これが最高の学歴をもっていたことになるが、この男は予科でドイツ語の初歩を一寸でもかじっていることを得意にしており、したがってドイツ語の先生である私をひじょうにえらい者のように思っていたし、その他の連中も、それぞれ大学の先生を不当にえらい者のように思っていて、屈辱感をあたえるような扱い方を、私にたいしては示さなかった。

私はすっかりいい気になっていた。それだけに、愚かな朝鮮人の抵抗は、私にこたえた。特高係長のところへ、ある日客が訪れてきて、二人の話題は、わきで原稿紙の上に鉛筆を走らせている私の上に移った。特高係長の説明をきいてその客は「狼の部類ですかな」と笑った。すると係長は「いや、和田君には牙はない、狼やのうて、まあせいぜい野良猫や」といって大きな声で笑った。係長の見解によると、アメリカ人のキリスト教宣教師は、日本人を骨抜きにするために日本にやってきてキリスト教を伝えた。アメリカ人の宣教師自身は骨をもっていたが、キリスト教を信じるようになった日本人は、みんな骨もしくは牙を抜かれ、ぐにゃぐにゃにされてしまった。和田君もその一人だというのである。日本を強い国にするためには、キリスト教を日本からたたき出してしまわねばならんと考え、彼はキリスト教を敵視していたし、同時にキリスト教によって牙を抜かれた私を軽蔑もしていたのである。

日本のキリスト教徒の弱さ、意気地なさを軽蔑する気持は、ここ数年間私の内部にもかなり強くうごいてはいたが、そしてその点で特高係長と一脈相通じてもいたわけだが、警察の中に監禁されているかぎり、羊のごとく猫のごとく、おとなしくしているのが一番得策だと考えていたことにまちがいはなかった。

先にのべた愚かな朝鮮人は、うんざりするほど長いこと留置場の中に閉じこめられて、そのあげくやっと無罪放免にしてもらった。

もう一人、第五番目の朝鮮人のことを書いておきたい。この第五番目は第四番目と同じように貧しくて無知な中年男だったが、彼は留置場にはいってきたのではなく、私がただ彼を特高室で見かけたというにすぎない。

七月の下旬だったか八月の上旬だったか、うだるように暑かったある日の午後、彼は特高室に姿をあらわし、内鮮係の矢野さんの前に出た。そして不明瞭な日本語で、ぼそぼそと何事かを依頼した。

内鮮係というのは、日本国内に居住している朝鮮人の身の上にかんすることを扱う係なのだが、その係をつとめている二十七、八歳の若い特高の矢野さんは、じろっとその朝鮮人の風采をみたのち、「何じゃ、お前のかっこうは」とどなった。「貴様は、ここを何と心得ている、その行儀の悪い様子は何じゃ、ちゃんとした服装をして、もう一度出直せ！」

そういわれて、朝鮮人は、はだけた胸をかくそうとして、シャツのボタンをはめようとしていると、矢野さんは声を一層大きくして「かえれッ！」とどなった。

朝鮮人は取りつくしまもなく、かすかに頭をさげて、しょぼしょぼと特高室を去っていった。そして同じ日、警察のひけどきのころ、彼は再び姿をあらわした。ひるさがりの時刻にきたときは、シャツにステテコといういでたちだったが、今度は借物か何か、ともかく黒い上衣をきこみ、ズボンもちゃんとはいていた。

「どうぞおねがいします」先刻と同じような不明瞭な発音で、ぼそぼそといった。

矢野さんは、上から下まで彼の様子を検査したあとで、

「ようし！　明日来い！」

といった。衣服を正してせっかく来たのだから、何とか願いごとをかなえてもらえまいかと、

普通ならたのむところだが、この朝鮮人はいっても無駄だと思ったのか、心もち矢野さんに頭を下げ、ぼそぼそとまたかえっていった。

「ようし！　明日来い！」があまり見事だったので特高の仲間が「はっはっ」と笑い、矢野さんも「はっはっ」と愉快そうに笑った。矢野さんの横で鉛筆をにぎったまま、一部しじゅうを見たり聞いたりしていた私は、思わず溜息をついた。

抑圧されている民族のみじめさを、このときほど強く感じたことはかつてなかった。矢野さんというのは三十にもみたない若い薄給の巡査である。その巡査が、下鴨署管内に居住している二千人三千人の朝鮮人の生殺与奪の権利を握っているのである。彼はひらの巡査でありながら、管内の朝鮮人にたいしては威風堂々たる封建君主であり、朝鮮人は彼にたいしては土下座する以外に道はないのである。

可哀相な朝鮮人、特高室にあらわれるほとんどすべての人間は、だいたいまともな人間的な扱いを受けないのだが、それにしても朝鮮人にたいする扱いはひどかった。私は下鴨署へきたおかげで、朝鮮人の問題をいくらか真面目に考えるようになり、また朝鮮人にたいして親近感をもつようになり、朝鮮人の仕合せのために、日本人の朝鮮人にたいする偏見をなくすために、何とか力をつくさなくてはと思うようになった。

人民シェンシェン

特高係長の安田寅吉は、たいがい何時も上機嫌で、それにそう忙しいわけでもなく、部下の巡査どもや、特高室を訪問する御客を相手に、大きな声でじまん話をしたり、むだ口をたたいたりしていた。

昭和のはじめ、非合法運動にたいする弾圧のはげしかったころ、彼は左翼の闘士たちにたいして、ずいぶん拷問をやったらしく、ある日、そのことをふと思い出して、「わしも相当やったから、たたみの上でまともな死に方はできんやろ」といってワッハッハと笑った。彼は豪傑笑いをしているつもりかもわからなかったが、彼の笑いには、何時も陰惨なものがつきまとっていた。彼は拷問を長いあいだ行なってきたことを、私がたのみもしないのに告白したわけだが、彼の口が仮りに告白しなかったとしても、彼の人相がそれを告白していたといえよう。つぎからつぎへと警察に引ったてられてくる容疑者を、あらゆる惨忍な方法で苦しめ、拷問によって相手が苦しむことに快感と生き甲斐を見出すといった生活、そういう生活を、しかも五年六年と長期につづけてきた者でなければもてないような人相、特高係長安田の人相はそういう人相だった。

彼にとっては、そうした非合法と拷問の時代も、今は過去の思い出となってしまっているようだった。台風一過、今日は合法の時代、人民戦線の時代であり、彼の調べる相手は、およそ闘士らしくない柔和な紳士であった。彼として張り合いのないことおびただしかったことであろう。彼は人民戦線という言葉をさかんに口にした。戦線の発音は、センセンよりはむしろシェンシェンに近かった。彼は人民戦線運動の取調べの任にあたっていることが、ひじょうに得意であり、またうれしいらしかった。彼は、こと人民シェンシェンにかんしては京都の特高警察の第一人者だという自惚れも、おそらくはもっていたであろう。

彼の理解している人民戦線運動というのは、マルクス主義者がマルクス主義の旗をかかげないで、反ファシズム、あるいはヒューマニズムの旗をかかげて、合法面でたたかうことであった。日本についていえば、国策遂行を快く思っていないさまざまな種類の人びと、自由主義者、ヒューマニスト、宗教家、非抑圧民族としての朝鮮人などにマルクス主義者が働きかけて、国策ないし中国侵略に反対している人民の統一戦線を結成する運動であった。フランスでは、フランス共産党がイニシャチヴをとって、フランスの社会党や急進社会党に働きかけ、反ファシズム人民戦線を結成し、人民戦線内閣を成立させたが、日本でもそういう方針がとられ、その真似ごとがいま行なわれつつあるのだと彼は理解していた。そしてその方針は一九三五年、コミンテルン（共産主義インターナショナル）第七回大会で、ディミトロフ[34]が提案して、採択されたものである。京都の『世界文化』『学生評論』『土曜日』『リアル』等はすべてこの方針にそうて編集され発行されたものである。これが特高係長安田の確信であり、それはまた京都の思想検事の指導方針にそうていたわけだった。

ファシズムに対する怒りと憎しみにもえたフランス人民の支援の下に、人民戦線内閣が出現したときは、正しく壮観であったが、日本の警察や検事局によって人民戦線運動というレッテルをはられた運動は、何とひよわで、無力なことだっただろう。貧弱な日本のこの運動の中で、ともかく意識的に推進してゆく者と、くっついてゆく者との区別、働きかけるマルクス主義者もしくはコムニストと、働きかけられる非マルクス主義者もしくは非コムニストとの区別を、安田はある場合には明確にし、ある場合にはごっちゃにしていた。

ある日のこと、彼の上役である下鴨署の警部（安田は警部補だった）が特高室へはいってきた。

特高室には「滅私奉公」という額がかかっていて、警部はその額をしばらく見上げていたが、「滅私奉公」の滅私というのが、どうも私にはしっくりせん、滅私ではなしに、私をも生かして、しかも天皇様なり国家のために奉公するというので私はいいと思うが、「それではいかんのかいなあ」とひとりごとのようにいった。

特高室には、そのとき係長のほか巡査が五、六人と、私と草野君がいて、みんな黙ってきいていたが、警部が立ち去ると、係長は「あの警部さんも人民戦線や」といった。みんな、どっと笑った。人民戦線にたいする安田の拡張解釈は、そこまでいっていた。それは冗談といえば冗談であった。しかし人民戦線派は、ヒューマニストのような顔をして、たとえば滅私奉公という言葉にケチをつけてくる、というのが彼の確信であることにまちがいはなかった。

特高の部屋には、いろいろな人物が訪問客として姿をあらわした。右翼のおえら方もよくやってきた。同志社は左に傾いている、同志社には赤い教授がいる、同志社は非愛国的である、同志社のキリスト教的自由主義は断乎排撃すべきであるといって、パンフレットをまきちらしたり、脅迫がましいことをさかんに行なっていた国粋運動の中心的位置に、若松なにがしという人物がいるといわれていたが、その若松が、ある日黒紋付をはおって、ひょっくり姿をあらわした。彼の使う扇には赤い日の丸がかかれていた。

もちろん私と彼とは初対面で、係長は「和田君、これが若松さんや、名前はよう知ってるやろう」といって紹介した。若松は、おそらく私を、いい気味だ、引っつかまりやがってと思っていたであろうし、私の方も、この右翼のごろつきめと思って、じっと彼を横合から眺めていた。若松は、部屋の中で手記をかいている私の存在を意識しながら、主として安田を相手に放談をしていた。安田はこの前、特高の部屋の者がみんな御馳走になった御礼を言い、今度またよろしう頼みますといった。若松は、かえるまぎわに、それでは今度は家の方へみなそろってきてもらおうかと言い、日や時間の打ち合わせをした。飲ましてもらえるということがわかると、特高の巡査たちは「おうきに、すみまへんなあ」と口々に礼をいった。

若松は胸をはって出て行った。

係長は、私のほかにもう一人、五条署に留置されている米田三治の取調べをも担当させられていた。だから彼は、二日に一度ぐらいは五条署に足をはこんでいたわけである。

米田三治は、私と同じ日に検挙された仲間の一人であった。茨木女学校の英語の先生で、『世界文化』では英米の文化情報を引きうけ、毎月こまめに原稿をかいていた。しかし、もともと、のん気なおっさんで、理論家でもなければ、マルクス主義者でもなかった。取調べの最初のころは、係長の言いつけに従って、ともかくも手記をかいていたが、「天皇制」についてかけと言われたときは、完全に手をあげたらしかった。

「わっし、そういうむつかしいことはわかりませんのや、天皇制についてかけいうたって、とてもそんなことはようかかん、あんたが言うてくれはったら、何でもその通りかきますよって、一つ教えて下さい、たのんますわ」

こう言われては係長も、手をあげざるをえなかった。それから数日後、米田のおっさんは釈放された。私と同じ日に検挙された十五、六名の容疑者のうち、米田がさいしょに自由の身になったわけである。係長は私に「米田は、かんにんしてやることにした。あいつは、ええ男やった」と語った。

私も米田のおっさん同様、理論家でもなければ、マルクス主義者でもなかったし、安田もそのことは感づいていたらしかったが、しかし彼は私をなかなかかんにんしてくれそうになかった。「そういうむつかしいことはわかりません」というのは、米田の場合は通ったが、私の場合は通らなかった。大学の教授が何を言うてるのや、と係長はただちに反ばくした。女学校の先生であったことが、米田にとって仕合せだったということもあったようである。係長は兼務をとかれ、私ひとりを取調べることになったので、「早う書け、早うすましてやるから早う書け」と手記を書いている私を横からしきりに督励した。

若い女性容疑者

特高の部屋へは、たまには同志社の先生が、何かの用事で姿をあらわすこともあった。特高の部屋の中に、まさか私がすわっているとは気がつかず、うっかりそのまま帰ってゆく人もあった。係長はそういうとき、「同志社は、もうじきつぶれるのとちがいますか」などといって、その人をからかったりした。そういわれると、同志社関係の人は「ええ、もういつまでもごたごたつづきで、かないません」とか何とかいって、逃げるように部屋を出て行くのだった。

警察では、〝たこをつる〟という特殊用語がよく使われていた。警察官が人民をしぼる意味らしかった。

係長はある日「川端署の中井は、このごろ警察ズレしよって、警官なみにたこをつってるそうや。そのつり方が、なかなか堂にいってるそうや」と面白そうに話していた。川端の中井というのは、川端署にいる美学者中井正一のことであったが、特高の部屋へおっかなびっくりやってくる善良な市民を前に、中井が警察官づらをして、叱りつけたりからかったりしていたかどうか、もちろん真偽はわからなかった。しかし中井のように警察に八カ月も九カ月もとめおかれ、毎日特高たちといっしょの部屋で談笑したりしていると、たまには、たこをつってやろうという気にもなるだろうと思われた。

キリスト教の牧師にたいしては、特高たち、特に係長安田は、ほかの人に対する場合より一層意地悪くなって、たこをつるようだった。私の全然顔見知りのない一牧師がやってきて、野外伝道をやりたいので、天幕を張ることを許可してくれと頼んだとき、係長は、その牧師に面と向って「しようもないことやめとけ。天幕なんか張って何するのや」といった。牧師は、そういわれても別に顔色はかえず、軽く会釈をして、係長の前を退き、横のテーブルで、書類に何か書きいれをした。牧師のうけた扱いは、ケンもホロロ以上のものであったが、結局は天幕を張ることを許可してもらったようだった。あんな無礼な扱いをうけ、あんなに人間的品位を傷つけられても黙々としているのが、はたして牧師として立派な態度なのだろうか、私の心にはその牧師をさげすむ気持がいくらか起こったが、同情する気持は一向にうごかなかった。

私との関係は浅かったが、私の父との関係はかなり深かったKという牧師が、わざわざだったのか、それともついでだったのか、下鴨署へ見舞にきてくれたことがあって、私に会いたいという希望が伝達された。K牧師は警察の入口のところにでも立っていたのか、特高室までは、はいってこなかった。係長は「和田君、会うか」ときいた。私は、ほんのしばらく思案したあげく「会うてみてもしようがないので、やめときます」と言った。すると係長は、我意を得たりというような顔をして、「そうや、会うてみてもしようがない、やめとけ、やめとけ」と言った。

私の留守宅を誰かが見舞ってくれたという知らせがあれば、私はもちろん喜んだ。しかし警察の中で、私は人から御見舞をうけようなどとは思っていなかったし、また誰に会って話をしようとも思わなかった。面会にさいして、特高の誰かが立会うことを考えれば、なおさらであった。K牧師の親切心はわからんではなかった。しかし私の顔をみて、K牧師は一体何を言うつもりだったのだろうか。まさか説教する気ではなかったのだろうが、私はK牧師がどんなことを言おうと、慰められるということは、ありえないと思ったし、また初めっから慰めてもらいたいという気が全然なかった。K牧師が特にどうというのではない、キリスト教のどんな牧師も、私に、頭をさげさせるような話をすることはできまいと思われた。

私は『世界文化』の最終号に「ナチス・ドイツの宗教闘争」という文章をかいたが、それはドイツのプロテスタント教会が、最初はナチ主義の本質を理解せず、ヒットラーの政策に譲歩したり、迎合したり、無関心であったりしていたが、次第に事がらの重大さに気がつき出し、組織的な抵抗をはじめ、信仰の自由を守るため、教会の自由を守るための必死のたたかいを展開しだしたこと、一党独裁を実現したヒットラーもこの思いがけない反対党には、すっかり悩まされ、たじたじとなっている、という情勢報告だった。

表面的には、ともかくキリスト教国であるドイツの教会勢力と、信徒の数が全人口の〇・三パーセントにみたない日本の教会勢力と、もとより同日の論ではないが、現に大陸で行なわれている侵略戦争をくいとめるという点で、日本のキリスト教会があまりにも無力であったこと、聖戦という言葉をそのまま信じこんでいるかの如くみえるクリスチャン、軍部ににらまれるといってびくびくしているクリスチャンが、あまりにも多すぎると感じ、子供のときからもっていたキリスト教にたいする夢が、すっかりそこなわれたように思っていたそういう気持が、腹の底にあって、せっかく好意をもって見舞にきてくれた牧師さんの申し出を拒絶することにもなったのであろう。いずれにしても、この時期は私がキリスト教からもっとも遠ざかっていた時期であった。

ある日の午後、特高の巡査部長が、二十歳前後の若い娘をつれて部屋へもどってきた。その娘は、とうとうこんなところへ連れてこられたかと、そのことをからだ全体で溜息をついているようにみえた。本当にぐったりした様子で、柱にもたれるような姿勢をとっていた。彼女の表情は悲しいというだけではなく、たとえようもなく暗かった。それは、特高につかまって警察署へ引っぱってこられたために暗い顔をしているというだけではなく、彼女の恵まれない家庭環境からもきていると思わせるような、そういう暗さだった。

きりょうの点では十人なみ以上だった。白粉気は全くなかったが、ちゃんと御化粧をすれば、どこへ出してもはずかしくない娘だった。彼女は赤い風呂敷包を一つもってきていて、それを机の上においたが、その中には、おそらく彼女の身のまわりのものがはいっていたのであろう。風呂敷包をもってきたからには、彼女も今日から留置場生活をするにちがいない、と私は想像した。

その日は、私は比較的早く留置場にもどり、彼女は一時間ほどあとから、はいってきた。そして彼女がはいってきたとたんに、留置場全体が色めき始めたことは言うまでもない。留置場に女人が現われるというのは、稀有のことであったし、ことに彼女のような若い娘っ子というのは、私の五カ月間の留置場生活の中で、ただの一度しか現われなかった。娘っ子を野郎どもと同居させることは、もちろんできない。女性の被検束者は、彼女だけに限らず、すべてたたみをしいた特別の部屋に入れられることになっていた。

下鴨署では、留置場の中の者が、便所へ行くのは、一日四回と決められていた。朝の六時と十時、ひるの二時と夕方の七時だったかと記憶する。第一房の扉が開かれ、中の者がつぎつぎ用をすますと、扉が閉められ、今度は第二房、そして第三房の順番になる。全部終了すると、さいごに彼女が部屋から出してもらって、三つの房の前を通りすぎ、廊下の一番奥にある便所へ通うことになる。彼女は房の中をのぞくようなことはしないが、房の中の住民は、ひとりのこらず、柵と柵のあいだから、彼女の姿を眺め、目と心とを楽しませる。

彼女もまた左翼の思想容疑者であった。巡査部長のKに彼女を取調べる任務があてがわれたが、特高室には草野君や私がいるので、取調べはどこか別の部屋で行なわれているもようだった。一日に一度ぐらい二人は休憩に特高室へもどってきて、Kは煙草をふかし、彼女は番茶をのませてもらった。

私は彼女にやさしい言葉をかけてやりたいと思ったが、適当な言葉がみつからず、彼女の方からは私なり草野君なりに近づこうとする気配は全く示さなかった。彼女は口数がすくなかったし、笑顔などみせたことがなかった。

彼女の取調べが開始されてから、一週間ぐらいたったある日、Kはこわい顔付きをして「こんな強情な娘は知らん、もうどうなと勝手にせい」と声高にいった。彼女はしばらくすると、顔をおおって泣き出した。ちょうどそこへ私の妻が面会にやってきた。そして怒っている特高と、そばで泣いている娘の様子をみると、自分も泣きそうな顔になり、私にもってきたお菓子の包みを渡すと、逃げるようにしてかえっていった。

Kは、どなりつけたり、きげんをとったり、じりじりといじめたり、いろいろとやったが、彼女はかすかに泣いているだけで、返事らしいことは、ほとんど何も言わなかった。Kは「君は女学校もろくすっぽ出とらへんが、女学校や中学校とちがう、大学や、君ら一生かかっても入れてもらえん大学や、その大学の学生を教えている教授、最高学府の教授や、その教授でも」といって私のことをほのめかし「その教授でも、自分が今まで考えてきたことは間違いやゆうてはんのや、お前みたいな学問のない奴が、何じゃ、いつまでも自分は正しいゆうて頑張りやがって。いい加減に頭をさげえ！」

引合に出された私は赤面せねばならなかった。私はマルキシズムを全面的に否定するようなことは、手記としてもかかなかったし、口頭で表明したこともなかった。ただ若干マルキシズムを批判するようなことは書いたおぼえがある。しかし係長の安田はそれをよむとすぐ、そんな余計なものは書かんでよろしい、君のマルキシズム批判なんかよましてもらう必要は毛頭ない、と言ったので、そのままになってしまった。Kは、私が全く羊のように従順な態度で、毎日手記を書いているので、もうすっかり転向していると思って、そんなことを言ったのか、よくはわからなかったが、娘の方は、そう言われても別に顔の表情をかえなかった。

「どうも女はしぶとい」とKはかんで吐き出すようにいい、「さあもうひと月でもふた月でもブ夕箱の中へはいっとれ、さあこい」と彼女を引っ立てるようにして、留置場の方へ連れていった。

特高の巡査の中で一番の古参は、Nという男で、これはエロの大家だということであった。「和田先生もマルクスとか人民戦線とか、そんな堅いことやめて、エロの研究でもしなはれ、私なんでも教えてあげますわ」といって、私に一、二度エロの手ほどきをしてくれたこともあった。娘っ子が留置場へ引っ立てられてゆくとき、Nは私の横でにやにやしていたが、「女がしぶといゆうたって、何でもありまへんで、私はね、女がどつかれても、けられても、髪の毛を引っぱられても白状しよらんときは、物指しをもってきて、穴の中にさしこんでやりますね、そして両手でキリキリッともんでやりますね、そしたらどんなしぶとい女でも、とびあがりよりますわ、そしてすぐ白状しよりますわ」と言った。

Nという男も、特高としての経歴が長いだけに、係長の安田同様ずいぶん拷問することの快感を味わってきたことであろうし、ことに自他ともに許すこのエロの大家は、女性の容疑者にたいして、思う存分卑猥なことをして楽しんできたのであろう。

Nは人をまともに見ることができず、いつも下眼づかいをして、ジロッと相手を眺めるのだった。そうした習慣はもちろん彼の職業と関係があったのであろう。彼の顔色は全くの土色で、これは巡査の安月給からくる栄養不良からきていたかもしれなかったし、エロの方で精力を浪費することからきているのかもわからなかった。特高の中でも一番陰惨で、哀れな男だったが、この男がある日、巡査部長に昇格したことが明らかとなった。

彼は同僚たちからおめでとうをいわれ、私もおつき合いにおめでとうをいったが、彼はさすがにうれしそうで、「係長はんや部長はんのおかげです、皆さんのおかげです」と、何べんでも頭をさげて、お礼をいっていた。

「わしはアホウやし、部長になる資格があるとは思うてまへんし、あきらめてました。私は昇進せんでもかまへんのどすが、家内が近所にたいして恰好が悪い言いましてなあ、私が部長になれたらとそればっかり待ってよりましたんや、家内のことを思うと、私も部長にしてもろて本当によかった思うてますのや、本当に皆さんのおかげですわ」

Nはその日一日中、そわそわしていた。

先の娘は、当分のあいだ留置場の中に閉じこめられることになった。真夏だというのに、彼女は一度も銭湯へつれていってもらえなかった。Kがいつか、やさしい声で彼女にいったことがある。「風呂へつれていってやりたいけれど、女風呂へわしがいっしょにおともをするわけにはいかん、まあ辛棒せえ、それより心の中に思うていることを、みんな吐き出して、早ううちへ帰らしてもらうのが一番や」

彼女は、いつまでも入浴できないということにたえられなくなったのであろう。留置場の担当警官の許可をえて、彼女は濡れ手ぬぐいをもって用便の時間に、便所の中でからだをふくことをはじめた。彼女がなかなか出てこないと、担当が気をもんで、「まだはいっとるのか」と声をかけてきくこともあった。

数カ月前、留置されている男が便所で大便をしていてなかなか出てこないと思っていたら、便所の下の汲み取り穴から外へ逃げだしたという事件があったそうで、それ以来担当は、便所がながいと気にして、便所のドアをノックしたりするようになったということだった。

留置場の中にじっと閉じこめておくことを、警察では蒸《む》すといっていたが、先の娘も一週間ほど蒸されて、それからまた引き出されてKの取調べを受けることになった。彼女も警察の生活に次第になれてきたらしく、顔色もいくらか明るくなり、ときには小さい声で歌をうたったりするようになり、私なんかにもお茶をついでくれるようになったが、その彼女もまた、ひと月前後で釈放されることになり、あとにはまた私と草野君だけが特高のお客としてのこった。

私のことが右翼の新聞に

日曜日のひるさがりというと、警察の中はいつもがらんとしていた。

特高室では日直のMがひとり机に向って仕事をしていて、ときどき私や草野君に話をしかけてきた。日曜日は、私たちは終日留置場の中に、閉じこめられていても、しようがないのだが、その日はMの好意もしくはお情で、朝から特高室に出してもらっていた。何分私たちの留置場生活はながいので、Mに限らず、誰であろうと、日曜日の日直に当った者は、たいがい私たちのことを気にかけてくれて、留置場の中から引き出してくれるのが普通だった。

草野君は、留置場生活にかけては私とくらべて大先輩であるというだけではなく、もう手記も全部書きおわり、検事の調べも完全におわり、起訴されることが確定的になっているのに、そのまま留置場にひと月以上ほったらかされているということで、すっかりくさっていた。「刑務所へ入れてもらうつもりになっているのやから、さっさと入れてくれたらいいのに、いつまでもほっとかれて、やりきれん、からだがだれてしようがない」と彼は、その日もグチをこぼしていた。

おくれている理由は、京都の検事局が、草野君を起訴するについて、中央におうかがいをたてる意味で、書類を全部東京の検事局に送っており、その裁可がまだおりないからだということであった。私は、それでは、ひょっとしたら助かる可能性もあるんですか、ときくと、草野君は「いやとても駄目ですよ」と笑って答え、「さっさと片づけてくれたらいいのに、京都の検事局は丁寧にやってくれはるので、ぼくらえらい迷惑や」といった。

私にはそのへんの事情が、どうもよくのみこめなかった。京都の検事局が、京都のインテリゲンチャをつぎつぎ検挙させておいて、治安維持法にむりやりに引っかけて起訴する。その場合、草野君だけに限らず、みんなの調書を一いち中央に送って、大丈夫でしょうねと念を押すやりかた、これは京都の検事局が自信がないことを示すものであろうが、しかし起訴の仕方がひじょうに無理であったとしても、検事局を弾がいする声が果して今日の日本の民衆のあいだから起るだろうか、検事局はやりたいことは何でもやれるではないか。どうしてそんな慎重を期するやり方を今さらやるのだろうか。

日本の検事はすべて一体であり、ピラミッドの中心は大審院検事局であり、下部は重要事件にかんしては、必ず上部にうかがいをたてるというさだめのあることを知らなかった私は、京都検事局の処置を奇妙だと思い、ばかばかしいとも思った。今はもう警察や検事局が、どんなひどいことでもやりおおせる時代になっているのではないか、警察や検事のやった不法行為にたいして、公然とこれを摘発し非難する声のどこにも起らない、そういう時代にすでになりはてているではないか。

私はそんなことを考えながら、だらだらと何時までも待たされるのは、草野君にしても誰にしてもかなわないと思い、といって刑務所に二年ほうりこまれようが、三年ほうりこまれようが、相手さまのお気持次第という現状では、いらいらしてみても始まらないと、あきらめるほかはなかった。

その時、特高のMが、「ほほう、おうい和田君、君のことがこの新聞に出ているぞ」と声をかけた。私は立上って、Mの机の所までいって、その新聞をみせてもらった。その新聞は、国粋派の宣伝紙か何かそのようなもので、同志社大学がまた新しく不心得物を一人出し、それが現在警察で取調べを受けているということを記事に出していた。

記事内容はかなりくわしいもので、昨年秋、同志社大学予科教授中、不逞な思想を抱いていた真下信一、新村猛の二名が検事局の指令によって検挙され、そのため総長湯浅八郎[35]は責任を感じて辞表を提出し同志社を去った。しかるに今年六月同じく予科教授であり現在同志社大学学長の長男である和田洋一が、またまた赤い思想の故に検挙されて取調べを受けている。このような好ましからぬ教授を多数かかえ、純真な学生に害毒を流しこんでいた同志社は、いかなる処置をとることによって、罪を天下に謝せんとするか、というような趣旨のものであった。

限られた少数の読者しかもたない片々たる国粋主義の新聞が、その程度のことをかいたからといって、私は一向おどろきもしなかったし、困りもしなかった。つまり私や新村、真下両君をも含めて、京都の左翼的インテリゲンチャが昨年いらい引きつづいて検挙されている事柄は、検事局から全国の新聞社にたいし記事差止めの命令が出ていたのに、この国粋主義の新聞は、ぼんやりしていて、差止令に違反したのである。そしてその事実を特高Mは発見したのである。

Mは早速府庁の特高課に電話をかけ、事情を報告した。電話をかけ終ったあとMは、このアホウな新聞の代表者は呼び出されて罰金を申し渡されるだろう、わしはここで日曜日に部屋にすわっていて仕事を一つしたことになるのだ、とにこにこしていた。罰金に値いするような犯罪を発見した当がい警官にたいしては、一いち現ナマの謝礼が出るのかどうかはわからなかったが、とにかく当がい警官の名前が上司にまで報告され、一つの小さな手柄として認められることは確からしかった。

新聞社が罰金刑を課せられようと、警官がごほう美をもらおうと、そんなことはどうでもよかったが、私にとっては、東京の人民戦線派の検挙が大々的に新聞紙上に報道され、一方京都の事件、検事局や警察のいう私たちの人民戦線派事件は、それに反して昨年いらい、すべて記事差止めになっている理由がどうも、ふにおちなかった。

ことにその年の二月一日、東京帝大教授大内兵衛、助教授脇村義太郎、有沢広巳、法政大学教授美濃部亮吉氏ら現職の教授、助教授が、学年末試験を前にして検挙されたときも、記事差止めにはならなかったのに、どうして私たちの場合は差止めになったのだろう。大内氏らの場合、新聞は、検事局の見解を一方的に伝え、大内氏ら労農派の共産主義的方針はかくかくであると解説し、第二次人民戦線運動という言葉を見出しとして使い、彼らの運動は、治安維持法第一条に違反する疑いがあるとかいっていた。

私たちの場合、新聞記事差止めが実施されたことは、一方からいうと仕合せであった。おかげで京都市民も大部分は、私たちのことを知らなかったし、被害者たちの家族は非国民扱いをされずにすんでいる。新聞が書かなかったということは、釈放された後、私たちが就職運動をする場合にも有利に作用するにちがいない。それにしてもどうも、ふにおちない事柄である。

〝クウトベ〟

ある日、係長の安田は、部下の特高二、三人、草野君や私などをきき役として、ひどく上機嫌で話をしていた。〝クウトベ〟という言葉を彼はつかい、これはモスクワにある東洋人共産主義者のための大学のことだと教えてくれ、そのあと何べんも〝クウトベ〟を連発した。

それは〝クウトベ〟で訓練をうけた一人の男、これが日本に潜入し、京都市内のどこかに下宿してひそかに時機をうかがっていたのを、見事にかぎつけて検挙したという話であった。安田個人の手柄ではなくとも、それは京都もしくは日本の特高警察の網がいかにがっちりしたものであるかを示すという意味で、彼は鼻高々だった。「こらあ大物ですわ、和田君みたいなザコとちがいますわ」というようなこともいった。その大物は小林陽之助[36]という名前の男だそうで、安田も直接あって、こらあ偉いやつだと感心したらしかった。日本共産党再建をめざして、日本へ潜入したというのだけれど、現在の日本に非合法活動を再開するような条件がほんのちょっぴりでもあるのだろうか、私には無謀な企てであるとしか思えなかった。一体モスクワでは日本の情勢がどの程度わかっているのだろう。日本の特高は、非合法活動をつぶしてつぶして、その種がつきてしまったので、近頃は合法活動をやっている人間をつかまえるのを仕事にしている、そういう時期に日本共産党の再建をめざして、はるばるモスクワから日本までやってくるとは、飛んで火にいる夏の虫ではないか。それとも私たちは、主義のためには喜んで一命をすてようとするこの革命家を、三嘆すべきであろうか。

小林という男の下宿を、特高がおそったとき、彼は、とっさに小さい紙片を口の中にいれ、ぐっとのみくだしてしまったそうである。その紙片にはどんな秘密の文句がかかれていたのだろうか。係長はそんな話をしながら「とにかくクウトベ出身ですわい、たいしたもんですわい」とうれしそうに厚い下唇をつきだしていた。

小林は中立売警察に留置されているということであったが、彼にたいする取調べは、われわれにたいするような生まやさしいものではないだろうということは十分想像ができた。(彼がひどい拷問を受け、ちょうえき五年を言い渡され、刑務所の中で死んだことは、戦後知った。彼自身がかきのこした文書によると、彼が口にいれてのみこんだ紙片の上には、モスクワでならった暗号電報のよみかたがメモされていたそうである)

特高の部屋には、新聞記者はあまり顔をみせなかった。サツまわりの新聞記者にとっては、刑事関係の方が重要であったかもしれないし、それに特高関係は秘密が多くて、仕事にならなかったのかもしれない。

日出新聞(京都新聞の前身)の杉山という記者は、ほかの社の連中とくらべると、いくらかひんぱんに顔をだしていたようである。特高の部屋の入口のところに立って「今日はなんどおまへんか」ときくと、特高の誰かが「なんにもおまへんなあ」と答える。「おうきに」「さいなら」。杉山記者の姿は次のしゅんかんには、もう消えてしまっている。

まるで洗濯屋の御用ききと同じみたいだが、やはり同じではない。新聞記者は「今日はなんどおまへんか」とたずねながら、目と耳と鼻とで、何かを探りだそうとしている。そしてひとたびただごとでない空気を感じたら、「おうきに」「さいなら」でさっと引きさがるようなことは決してしない。

杉山記者と、いつも特高の部屋にすわっている私とは、すぐ顔見知りになり、お互いにあいさつをかわす仲になった。杉山記者は貧相なカイゼルひげをはやしていたが、年は私より二つ三つ下だと思われた。失業していた私の友人が、やっと日出新聞に就職したところ、月給三十円でとてもやってゆけず、またやめたのは半年前のことだったが、カイゼルひげの杉山記者も、三十円もらって毎日サツまわりをしているのかと思うと、あわれであった。三十円というのは、今日の四千円か五千円ぐらいだろうか。当時、朝日や毎日の記者は、新米でも日出の記者の三倍か四倍はもらっていたはずである。

私は一度だけ杉山記者をからかったことがある。京都の町なかで、相当大きな金額の詐欺をはたらいた男がつかまって、留置場で私と同居していたが、その男をめぐっての取調べの進行ぐあいを、杉山記者は気にしていた。私は小声でそっと「今日は何かどえらいことが飛びだしますよ」と、でたらめを言い、「あの男は私に留置場の中で、何もかもしゃべってくれてるんです」とつけ加えた。杉山記者は半信半疑の状態で、かえるにかえられず、警察の構内をあっちへうろうろ、こっちへうろうろしていたが、そのうちあきらめて、かえっていった。

日出新聞の記者の月給が三十円だとかいたが、特高もふくめて警察の若い連中も、ほぼ同じぐらいの額しかもらっていなかったのだろうと想像される。下鴨署では署長の下に警部補が四、五人いて、特高係長の安田も警部補の一人であったが、あるとき外勤係長の警部補が私に話しかけてきた。彼は、自分は熊本の五高の中退だと自己紹介をしたあと、私の前に左手をだし、五本の指をぐっと開いていった。

「わしの月給袋には十円札が五枚しかはいっとらん。それを一枚ずつ指の上にのせてゆくと、ちょうど片手でおしまいになる。こんなことであんた、妻子が養えますか」

彼はもう四十に手のとどきそうな年配だった。部下の巡査たちからはひじょうに信望があるという噂であったが、この係長が五本の指だとすれば、若いひらの巡査は、三本か、せいぜい四本だったにちがいない。彼らの毎月の定収入がこのようにすくないとすれば、彼らが礼節を知らないのも、彼らが人民をいじめ、叱り飛ばすことに快感を感じ慰めを見出していることも、無理はないということになるだろう。

意　図

特高係長は、私にテーマをつぎつぎあたえ、小手調べをしたが、そのために、ひと月以上の時日がついやされた。それがすむと、いよいよ私は、自分が今まで雑誌や新聞に発表してきたいっさいの論文、随想、書評、雑文を思いだし、その一つ一つの内容の解説を書きつづらねばならないことになった。

キリスト教について何でもいいから書けというようなばく然とした問題の提出をされたり、あるいは人民戦線について、国共合作について、そしてまた天皇制についてかけといわれると、仕方なしに鉛筆を走らせはするものの、頭が痛くなることもたびたびだったが、自分が過去に筆をとったものの内容について説明するというのは、気持の上で非常に楽だった。コンミュニズムの宣伝になるような文章をかいたおぼえがないということも、私の気持を楽にしていた。私が新聞雑誌に発表した文章は、全部で約三十篇、そのうち反ファッショ文筆活動の名にあたいするものが二十四、五篇、これら全部についてかけば私の手記はおわる。手記をかきおえれば、それで留置場の生活がおわるわけではなく、今度は検事局での取調べが新しく始まるということではあったが、ともかくも特高の机の上で、手記をかく仕事の終りがみえてきたことは、私をほっとさせた。一日一篇のわりでかいてもひと月ですんでしまうではないか、いや、そんなにかかるはずはない。一日に三篇ぐらいは片づくかもわからない。私は喜び勇んで鉛筆をにぎったが、しかし、ことはそううまくは、はこばなかった。

自分が過去に執筆した文章の掲載されている新聞雑誌の名前、発行の日付けなどをしるし、文章の内容のあらましを紹介する。それだけなら容易であるが、それらの文章をどのような意図をもってかいたかを一いち説明せよということになると、また頭が痛くなった。

意図というのは、別に珍しい言葉でも何でもないが、といって私（もしくは私たち）は、日常生活で意図という言葉をほとんど用いなかった。君はどういう意図でこの論文をかいたなどと、友人から切りこまれたおぼえもなかった。ところが特高の調べにあたっては、この意図が何よりも重要であった。草野君をはじめとして、私より先に検挙された人たちは、みんな意図を追及され、これこれの意図で執筆した、と答えると、その意図の奥に、もう一つ別の意図があっただろうと追及されたのである。

書かれたものは、印刷されて、証拠品として目の前にある。それは日本の国体の変革についてふれていないし、私有財産否定の思想とも関係はない。それは日本の国のことではなく、遠いヨーロッパのことでしかない。それは政治的宣伝の文章ではなくて、文化事情の冷静な報告にすぎない。としても、特高は、その冷静な報告をかいた意図は何だと追及する。ヨーロッパにこういうことがあったことを、日本の知識人に知らせたい、伝えたい、それだけだといっても特高は承知しない。特高はあざわらうだけである。特高は、そのもう一つ奥に、本当の意図があるだろうと主張する。

　意図はしかし印刷物とちがって、無形のものである。目で見、手でさわって確かめることはできない。そういう意図はなかった、いやそういう意図でやったと両方が言い合う場合、どちらにも決め手はないはずである。ところが特高は、こちらが「そういう意図でやった」と告白するまでは何時までも待つという態度、まるで徳川家康のように辛ぼう強い態度だし、こちらもしゃばにいるのなら、同じような辛ぼう強さで頑張るのだが、金魚鉢の中の金魚のような状態におかれ、収入の道はたたれ、家族は餓死の方向に追いやられているのでは、てんで勝負にならない。『世界文化』の執筆者より一足先に捕まった『リアル』の同人たち、田中忠雄[37]と永良巳十次が、特高や検事の主張する通りの意図、日本に共産主義社会を実現するために文筆活動をやりましたと告白して、治安維持法に引っかけられたあと、特高や検事は自信をもつにいたった。文筆活動を行なった左翼的インテリを留置場にほうりこんで意図の自白を強要すれば、片っぱしから治安維持法に引っかけうるという、そういう自信である。

　昭和十二年の十一月につかまった『世界文化』のメンバー五人の中では、久野収君が一番早く意図を認め、一番早く起訴されて未決へ送りこまれた。昭和十三年六月のメンバーの中では、私が、なるべく早く起訴してもらって、なるべく早く刑務所へいれてもらって、なるべく早く家へかえしてもらおうと、心中ひそかに願っていたわけだが、しかし、早く起訴されるためには早く意図を認めなければならない。ところで特高のおもわく通りに意図をきっぱり認める決心が、私にはできているようで、実は必ずしもできていなかった。

係長の安田は、手記をかくための参考にせよといって、久野君や『リアル』の田中忠雄の手記を私にみせてくれた。それらは大学生の卒業論文のように、ちゃんと堅がみの表紙がつけられていて、ずいぶん分厚なものだった。田中忠雄の手記を、安田は模範的な手記だと推奨していたので、私もざっと目を通したが、ていねいに読もうという気は起らなかった。久野君の手記など、一そう読む気になれなかった。会心の作ならともかく、苦しい立場に追いこまれ、無理矢理にかかされた友人の文章など読むにたえないと思った。『世界文化』や『リアル』とはまた別の系統で、京大法学部助教授の大岩誠[38]も私より先に検挙され、その手記がやはり下鴨署の特高室にころがっていて、私はそれをよむともなしによんだが、そこには大岩がフランスで娼婦と同棲していたことがかいてあった。大岩がその女に社会主義の話をしてやると、その女が次第にめざめてきて、意識がしっかりしてくる箇所などをよみ、帝国大学の先生にも、こんな経歴をもった人がいるのかと感心した。同時に、手記の中に何故フランスの娼婦と同棲したことまでかかねばならないのだろうと不思議な気もした。

田中忠雄とは私も前に一、二度会ったことがある。京大の哲学科の出身で、私の同僚の真下信一君の後輩であった。彼は真下君を訪ねて同志社へ遊びにきたこともあったようだが、そのときのことが田中忠雄の手記の中にかかれていて、まるで田中が共産党の秘密使命をもって真下君を訪れたような書きぶりであった。田中が、別れるにのぞんで「お互いにしっかりやろうぜ」といって真下君の肩をぽんとたたいたというくだりなどは、非合法時代の情景を思わせるものがあった。

田中忠雄は『リアル』に、「岩波人を警戒せよ」を初めとして、いくつかの小論文を発表していた。岩波人というのは、阿部次郎[39]、和辻哲郎[40]、安倍能成[41]等々のことで、こういうもったいぶった哲学者どもは、まゆつばものだ、こういう連中を有りがたがってはいかんと彼は書いたわけだが、警察で彼が執筆した手記によると、この「岩波人を警戒せよ」というちっぽけな論文も、究極的には、日本共産党の運動を助長し、日本に共産主義社会を実現する意図をもってかいたということになっていた。

この模範的な手記を手本として、私は私自身の手記をかきつづらねばならなかった。ドイツの左翼作家、自由主義作家、ユダヤ系作家が、ヒットラーに逐《お》われ、国境の外で文筆活動をしているのにたいし、私は精神的支持をおくり、機会あるごとに彼らの活動を日本の読書人に伝え、ファシズムにたいする怒りと憎しみとを、日本の知識人のあいだにつちかおうとしていた。これは事実である。私はそのことを手記にかいた。しかしそれだけではいけない、私は鉛筆をにぎったまま、しばし考え、溜息をつき、一行かいてためらい、そしてまたかきだした。「……ファシズムにたいする怒りと憎しみとを、日本の知識人のあいだにつちかい、人民戦線の気運をもりたて、ひろげてゆこうとする意図をもってかいたのでありますが、それはコミンテルン第七回大会の方針にそうものであり、大会の方針にそうことによって私は日本の共産主義運動の助長をはかったのであり、究極的には日本に共産主義社会を実現しようとする意図をもって、この論文を執筆したのであります」

私は、すてばちの気持でそうかいたが、それは一度かけば、もうそれでいいのではなく、論文ごとに何べんでも繰り返しかかねばならなかった。年代順に、執筆したものを思い出していって、その一つ一つについて内容を説明し、そのあとで「日本の知識人に働きかけてファシズムにたいする憎しみと怒りを」とかき、一番さいごに必ず「究極的には」とかかねばならなかったから苦痛であった。しかしその苦痛も回を重ねるに従ってマヒしていった。

私が新聞や雑誌に発表した反ファシズムないし反ナチの文章は、先にものべたように、数からすると、だいたい三十篇あった。ヒットラーが政権をにぎった翌々年、昭和十年の夏、神戸商科大学の学生新聞からドイツ文学の現況についてかいてくれと頼まれて執筆したものがその最初で、私はヒットラーに抗して国外でたたかっている作家たちの活動を紹介し、すぐれた文学は、もはやドイツ国内には育たず、亡命作家によってのみ創造されるだろうとかいた。日本のドイツ文学研究家は、トーマス・マンをはじめブレヒト[42]、トラー[43]、デプリーン[44]、レン[45]、ヴァッサーマン[46]、ケストナー[47]等に尊敬と親愛の情をよせていたはずだったが、彼らがヒットラーによって「赤」「ユダヤ人」「非国民」等のレッテルをはられるようになると、急に冷やかになり、亡命地での彼らの活動を、見て見ぬふりをするようになった。私は孤軍奮闘の気持で、神戸商大の新聞にかいたのだが、神戸商大からは早速原稿料を送ってきた。これは私が生まれて最初にもらった原稿料であり、かきたいことをかいて原稿料をもらったので、大いに気をよくした。

そしてその秋から、京大独逸文学研究会の機関紙『カスタニエン』に「故国を逐われた作家達」と題して、ドイツの国外で発行される小説や戯曲の内容紹介、作家の動静報告などを五回にわたり連載した。ノーベル賞の受賞者であるマンをはじめ、ドイツの著名な作家は、ほとんど全部亡命したといってもいいぐらいであったから、彼らに日本の知識人の関心がある程度集まるのは当然で、ドイツの亡命作家の活動状況について原稿をかいてくれという依頼を私は、『新潮』、改造社発行の『文芸』、『東大学園新聞』『京大学生新聞』『大阪毎日新聞』その他から受けとった。そして依頼を受けるごとに、私は張りきって原稿をかいた。『世界文化』には、文学の畑以外のこと、ハイデルベルク大学のもめごとに関することだとか、反ナチの週刊雑誌のことだとか、反ナチの宗教闘争のことなどをかいた。

当時ドイツの亡命作家の著書や雑誌は、三越の洋書部が積極的に扱っていた。洋書部には、小松太郎[48]というドイツ文学の研究家がいて、この人はケストナーの『ファービアン』の訳者でもあったが、この小松太郎氏が力をいれていたため、結果としてフランスやスイスやオランダから発行されるドイツの亡命作家の書物が、三越の店先に多くならぶということになった。しかし一九三三年に政権をうばい取ったヒットラーの調子が、三六年、三七年とすこしずつよくなるにつれて、永田町のドイツ大使館も三越洋書部に圧力をかけるようになってきた。ヒットラーの調子がよくなるということは、相対的に亡命作家の旗色が悪くなるということでもあり、三越洋書部は消極的になってきて、私たちは亡命作家の本を手にいれることがそれだけ難しくなってきた。

モスクワ発行のドイツ語雑誌『ダス・ヴォルト』『国際文学』などは、京都大学正門横のナカニシヤ書店を通して私たちの手もとにとどけられていた。『世界文化』のメンバーが検挙された後も、これらモスクワ発行の雑誌は私の手もとに無事にとどいていた。それは不思議なことのように感じられ、気味悪くもあったが、私が下鴨署へ引っぱられてから間もなく、このルートもたちきられてしまった。ナカニシヤの親父さんは、警察へ呼びつけられ、今どき赤い雑誌のあきないをするとは何事だと、さんざん油をしぼられた。親父さんは、雑誌の中身は知りません。私はお客さんの注文をとりついだだけだ、と一生懸命べんかいしたそうだが、今後一切ソビエト向けの注文は扱いませんという誓約をして、やっとかんにんしてもらったということである。

話を元へもどして、私が反ナチの文章を数多くかいた、そのうちの一番さいごのものは、検挙されるふた月前、大阪毎日新聞の京都版に発表した短い感想文である。私が教室でドイツ語の授業をしていると、給仕さんがはいってきて、「面会の方が廊下で待っておられます」という。何事かと思って外へ出てみると、毎日新聞の記者で、私の教え子である横山健一君が立っていて「先生、原稿をかいて下さい。ドイツ文学のことなら何でもよろしい。たのみます」といった。

授業中の教師を教室の外へ呼び出して、原稿を依頼するとは何事だと怒るところだったが、私は別に怒りもせず、ほんの数秒思案したあと、「よし、書く」と答え、さっさと教室へもどった。

そのころの私は、あれやこれやと思い迷っていた。先に検挙された二人の同僚のあとを自分もやがては追うことになるのだろうと思ったり、ひょっとして自分だけは助かるのではないかと考えたり、当分は何もかかないで謹慎していようと思ったり、破れかぶれでもっと書いてやろうという気になったりもしていた。日本国内の形勢は日に日に悪くなるばかり、出征軍人があるといえば、日の丸の旗をもたされ、万歳を三唱させられるし、同志社大学予科長で陸軍予備大尉の小畑先生や配属将校はますます意気揚々、自信満々の顔をしてくるし、国防研究会の学生は調子にのって暴力をふるいだすし、そういう空気の中で、ときどき破れかぶれの反抗を試みたいような気にもなった。毎日新聞の原稿を引き受けたのは、そういう気持からだったが、亡命作家のことをかくだけは遠慮した。そしてドイツ国内で出ている文化雑誌の記事を材料にしながら、ヒットラー支配下のドイツの文化が、いかに愚劣で低級であるかを論じ、くそみそにこきおろした。書き終って、せいせいした気持になったが、その原稿は二、三日あと毎日新聞の京都版に活字となってあらわれた。そしてこれは、私の反ファッショ文筆活動の最後をなすものであった。

第三章

下鴨から太秦へ

私は、時には溜息をつくこともあったが、多くはしらじらしい気持、あきらめた気持で、せっせと手記を書きつづけた。そしてさいごに、ナチ・ドイツの文学の愚劣さをこきおろした毎日新聞所載の文章の内容を紹介し、そのあとに、これを執筆したのは、ヒットラーの独裁政治が、いかにドイツの文学を傷つけ、そこなっているかを、日本の国民に知らせようとしたのでありますが、そうすることによってファシズムにたいする日本国民の不信と憎しみとを強め、日本国内の人民戦線の機運を増大し、ひいては日本共産党の運動を援助し、究極的には日本に共産主義社会を実現しようとする意図にもとづくものであります、と書きそえた。

ああこれで手記は終った、これでやっと助かった。もうこれ以上何にも書かなくていい。私は、ほっとしたが、私が手記を書きあげるまでに、二、三の小さな変化が身のまわりに起っていた。

第一に、草野君が未決監に送られて、私はひとりぼっちになっていた。第二に、特高係長の安田が、係長の仕事から解放されて、人民戦線運動の取調べの専門家になっていた。第三には、ながい夏が去って、さわやかな秋の風が特高の部屋の中にも流れていた。

下鴨署の新しい特高係長としては、尾崎というロシヤ語の達人が赴任してきた。この人は小柄で、人相は比較的いい方で、いつもにこにこしていた。二日に一度は私を訪ねてくる妻にたいしても、なかなか愛想がいいので、妻も喜んでいた。すこし日がたつと、尾崎は「和田君、君のドイツ語と、わしのロシヤ語と交換しようじゃないか、君はロシヤ語をやる気はないか」と私にきいた。私は、ロシヤ語の勉強を始めたとなると、またにらまれるので、おことわりしますと答えた。

安田は、人事異動のあったさいしょは、人民戦線運動取調べのエキスパートであることを公認されたように思って、気をよくしたらしいが、気がついてみると彼は部下というものを失っていた。特高の巡査八人は、かつての部下であっても、今は雑用一つたのむのでも遠慮せねばならない。これは安田にとって、ずいぶんこたえたようである。特高の部屋での彼の豪快な笑い声も、もうあまりきかれなくなった。彼は下鴨署へあらわれても、もはや御客さんでしかなく、私のそばへきて「和田君早う書けよ」というぐらいのことであった。そして「わしもこの年になって、部下というものがないと、さびしうていかん」と私にグチをもらしていた。

私が手記をすっかり書きあげて、これを安田に提出すると、安田はこれでよいといった。そして手記のあとのところに署名捺印せよといった。私はさいごにもう一度小さい溜息をつきながら署名をし拇印を押した。共産主義社会の実現のために執筆しましたと繰り返し繰り返し書いている自分の手記をばらばらと見ながら「まあこれで起訴は大丈夫でしょう」とひとこと安田にたいして皮肉をいった。安田は「そんなこともない」といって、気まずそうに横を向いた。

これから先は、検事局に出頭する日をじっと待つことになるのだが、どうせひと月やふた月は待たされるのだろう。検事局の調べもひと月近くかかるような話で、それがすんでまたしばらく待たされ、年内にどうにか未決監入りをすることになるのだろう。

これから当分、本でもよみながら、下鴨署でぶらぶらさせてもらおう。特高係の巡査とはみんな友達になってしまって、散歩へつれていってくれ、風呂へつれていってくれ、コーヒーを飲みにつれていってくれとたのめば、誰かがいうことをきいてつきあってくれたので、苦痛はすくなかった。係長の尾崎は、未決監のたたみの上に一年もすわっていると、どうしても足をやられるから、今のうちに足をしっかりきたえておくといい、うらの空地を毎日ぐるぐる走ったらどうだ、といった。

足をやられるというのは、どういうことなのか、よくわからなかった。歩けなくなるということなのだろうか、まさか、いざりになるわけでもあるまい、今、足をきたえておけば、未決監の一年間の生活にたえられるというのは一体どういうことなのか。どうもよくわからなかったが、せっかくの好意を無にしてはと思って、その日からさっそく警察のうらの空地を、ひとりでぐるぐるまわることを始めた。下鴨署へきてからすでに三カ月、特高係だけではなく、署の連中全部と顔なじみになり、便所へ行くにも、うらの空地へ行くにも、監視は一切つかないほど信用されていた。九月といっても、まだ暑かったし、二百坪ほどある空地を勢いよく五、六回かけまわると、汗びっしょりになった。特高の部屋へもどってタオルをとり出し、洗面所へ行って汗をぬぐうと、とてもいい気持だった。

当分はうらの空地をかけまわるのを日課にしようと思ったが、そうはならなかった。その翌日、午後六時ごろ、留置場で晩飯が終ったあとに、特高のTが私を呼びにきた。

「和田君、太秦へかわるんや」

うずまさ、太秦署、私は面喰った。住みなれた下鴨署から京都市の西のはての太秦署へ移されるのか、まあ仕方がない。私は留置場の担当警官に「ながいこと御世話になりました」とあいさつをし、Tのあとについて外へ出た。私の荷物は風呂敷包み一つ。明日妻が面会にきたら、さぞびっくりすることだろう。家から下鴨署までは歩いて十分でこられるが、太秦署となると市電を一度乗りかえ嵐山行の電車にまた乗りかえねばならないし、一時間はたっぷりかかるだろう。

下鴨署の正門の外に出ると、タクシーが私たちを待っていた。久しぶりにタクシーに乗れてうれしいなあと思ったら、特高のTが、「自動車賃は君が払うんやで」といった。自動車は御所を東北から西南の方向に走り抜けた。うすくらがりの中に裁判所の建物の屋根がみえた。裁判所のうらには未決囚をいれる建物がある。そこには草野君もいるし、やがて私自身もはいることになるのだろう。Tに向って草野君の話などしていると、Tは「和田君は起訴はされんと思うなあ、わしは大丈夫やと思う」といった。私は「いや、とてもかんにんしてもらえんでしょう」といって口をつぐんだが、心の中では、起訴されずにすんだら、刑務所へいかずにすんだら、どんなにありがたいことだろうと考えていた。

車は、御所を抜け出し、夕闇の中を西へ西へと走った。私は物珍しそうに外の景色ばかり眺めていた。太秦署について、建物が新しくてきれいで近代的なのにおどろいた。Tは太秦署の警官に「たのみまっせ」といって私をあずけ、そのまま引きかえしていった。

私はただちに留置場の中へ案内されたが、はいって右側に房がいくつかならんでいて、下鴨署のような木の柵はなくて、金網がはめてあるだけだった。私は何気なしに第一の房をのぞくと、そこに見おぼえのある男が一人すわって、こちらを向いている。その男は眼鏡を外してはいたが、私はそれが誰であるか、すぐ分った。それは同志社の英文科の学生で、私の教え子である太田君だった。

「あっ君か!?」私は思わず声を出し、金網の中の彼をみつめた。しかし太田君はきょとんとした顔付きをしたままで、こんな場所で自分の旧師に出あった喜びをもおどろきをも表情にあらわさなかった。事によったら眼鏡がないため、私を識別することができなかったのかもわからない。第一の房は太田君ひとりだったが、第二、第三の房にはごちゃごちゃと大勢が雑居しているもようだった。私は眼鏡をとられ、もってきた風呂敷包みをあずけさせられ、一番奥の第四の房にいれられた。下鴨署では眼鏡をはずさせないのに、ここはどうしてとるのだろう。眼鏡を使って自殺をするということがあるのだろうか。私のように強い近視の者にとって、眼鏡をうばわれるということは不便であった。もっとも、留置場の中では何もよましてもらえないのだが。ここの留置場の担当警官は、二十七、八歳の若い男であった。彼の私に対する初対面のあいさつはこうであった。

「同志社はもうヒサシが飛んでしもうて、それにヤタイががたがたに揺れてますなあ」

この言葉の意味は二、三日たってからわかった。元同志社法学部教授の林要氏は、私と同じ日に東京の自宅で検挙され、京都へ護送され、太秦署に最近まで留置されていた。つぎには元予科教授の新村猛君が西陣署からまわってきて現に太秦署のお世話になっている。そこへもう一人、また私がきた。さらにお添物に、私がくる前日には太田という同志社の学生までもはいってきている。若い担当のあいさつの言葉は、そういうところからきていたのであるが、この太田という学生は、やはり赤の嫌疑で下宿をおそわれ、そのまま太秦署へ引っぱられてきたのだそうである。彼はもう自分の人生は終ったとでも思ったのか、その晩泣いて、泣いて、とうとう文字通り一夜を泣きあかしたそうである。私が「あっ、君か!?」と声をかけたのに、きょとんとしていたのは、あんまり泣きすぎて、眼がかすんでみえなかったためらしい。

私は翌日、特高の部屋で新村猛君にあい、太田君の話をきいた。新村君と出あったのは前年の十一月いらい実に十カ月ぶりで、うれしい再会だった。ただ新村君はもう検事局の調べもすみ、未決監入りの日を待つだけだったのにたいし、私は検事局の調べがまだすんでいないので、二人はお互いに話をしてはいかんと言い渡された。留置場でも新村君は雑居房にいれられ、私は独房だった。機会をとらえて太田君を慰めてやろうと思ったところ、彼は三晩とまっただけで釈放されてしまった。三晩ぐらいでかえしてもらえるのなら、あんなに泣かなくてもよかったのかも知れない。

太秦署の特高は全部で六人、下鴨より四人もすくなかった。係長の黒田という人は、思想のことはわしはわからんというたちの人で、ただ上からの命令で、新村君や私の身柄をあずかっているにすぎなかった。巡査部長の木村という人、これは歴戦の勇士でかっぷくもあり、特高らしい特高だったが、私たちにたいして意地悪くふるまうことはなかった。こちらは彼を知らなかったが、彼の方は『世界文化』のグループ一人ひとりのことをかなりくわしく知っていた。

それは彼が太秦署へくるまでは川端署に勤務し、京大を受けもっていたからで、『世界文化』の会合があったときなどよく張りこんでいたということであった。

ある夜、『世界文化』の会合が吉田かいわいで行なわれ、木村部長は会合の行なわれている家の外で張り番をしていたが、そのうちみんなどやどやと外へ出てきた。木村部長は塀の下にうずくまって隠れていると、誰かがそばへやってきて、暗がりでわからないままに、突然じゃあと勢いよく小便をやりはじめた。小便は直接には木村部長にかからなかったが、小便のしぶきは、ぱらぱらと彼の頭の上に落ちてきたという。そしてその小便はとめどもなくながくつづき、彼は歯をくいしばったままいつまでも小便のしぶきを浴びていたという。その小便をした男は、木村部長の言葉によれば哲学者久野収だというのだが、真偽のほどはわからない。

私は太秦署へきて早々、そういう話をきかされ、特高というものは何という御苦労さんなことをするものだろうと思った。『世界文化』の会合で、一体どんな危険なことが語り合われていたというのか、どうして夜おそく小便のしぶきを浴びてまで、張りこみをしなければならなかったのか。私はばかばかしくなってきて、つい笑ってしまった。

ミュンヒェン会談

『世界文化』の執筆者の一人で、物理学者の武谷三男君は、私より一週間か十日おくれて、太秦へやってきた。彼は、よその警察からまわされてきたのではなく、下宿から直接ひっぱってこられたのである。

彼は、私の隣りのもう一つ隣りの雑居房にほうりこまれていた。担当の警官が、面白半分に色んなことを問いかけると、武谷君は、金網の中からそれに対して答えていたが、いかにも不平そうな調子で、きいていて気の毒やら、おかしいやらだった。彼は阪大の物理学研究室で、仲間と共同で小数点以下の無限に小さい数字の計算に従事していたらしい。何日もかかって、そのこまかい綿密な計算をつづけている途中に彼は引っぱられてきたが、留置場へいれられて、調べも何にもなしで三日も四日もほっておくというのは一体どういうことなのだろう、紙と鉛筆をくれたら、自分は今ここで計算をつづけたい、こんなとこでぽかんと時間をつぶしていても何にもならない、早く出してもらえんものだろうか、このままで幾日もほっておかれたら、せっかくやりかけた計算が無駄になってしまう。

少壮物理学者は訴えるともなく訴えていたが、相手が留置場の番人であっては何の効果もなかった。武谷君は、物理学は二十代の若さでなければやれない、自分ももうじきだめになる、今は大事なときで、こんな場所で時間を空費しているのは実につまらん、といかにも口惜しそうであったが、きいている相手の警官は、京都弁でときどき「ああそうどすか」と相づちを打つだけのことであった。

留置場生活を十カ月以上送っている新村猛君と、三カ月以上の私と二人を、特高はあわれんで二日に一度は留置場から出してくれた。太秦署の特高の部屋は二階にあって、そこからは比叡や東山の峯々を眺めることもできたし、机の上におかれている新聞をよむこともできたし、特高を相手に無駄話をすることもできた。しかし新入りの武谷君は、いつもほったらかされていた。

しずかなある日曜日の午後、新村君と私とは、特高の部屋に上っていた。係長が「今日は天気がええし、どこか散歩へつれていったろうか」というので、私たちは武谷君もつれていってやってくれとたのみ、係長は言うことをきいてくれた。

私たち三人は草履を下駄にはきかえ、着流しで外へ出た。警察署のすぐ近くに嵐山電車の停留場があって、そこから終点の嵐山駅までのった。青く美しい空が一面にひろがり、初秋のさわやかな風が、かすかに木の葉をゆさぶっていた。渡月橋のあたりは、いくらかにぎわっていたが、川べりをすこし上ってゆくと、たちまち人通りはすくなくなっていった。武谷君は歩きながら、自分は物理学を勉強しているだけで、政治活動なんかしたことはない、学問研究にさいして唯物弁証法をとりいれている、ただそれだけの理由で検挙されるなんて、そんなばかなことがあるだろうか、とひとり不平を言っていたが、私は今さら何を言ってもしようがないというような気持だったので、だまっていた。山道を登りはじめると、武谷君は小声で、ベートーベンの第九の「歓喜に寄す」を歌いはじめた。フロイデ・シェーネル・ゲッテルフンケン・トホテル・アウス・エリージウム……

私もいっしょに歌いかけたが、武谷君が語尾のerを一いちエルとはっきり正式の発音をするのが珍しくて、口を閉じてきいていた。「歓喜に寄す」の歌詞は、erで終る単語が多かったが、武谷君はフォイエル、ツァウベル、ブリューデルと発音しながら、しまいまで歌った。ぶつぶつ不平を言っていた彼が、急に「歓喜に寄す」を歌い出したことに意味があったのかなかったのか、そんなことは知るよしもなかった。

私たちは幾度も、美しい空を見上げ、嵐峡の水の色に見入り、あたりの静けさを味わっていた。新村君が起訴されることはすでに確定的ということで、あと半月かそこらのうちには未決監へ送られることだろう。私も恐らくはそのあとを追うことだろう。武谷君は起訴をまぬがれるだろうか、どうだろうか、いずれにしてもこの日は、とらわれた身の上の三人にとって、楽しい一日であった。

　九月二十九日のミュンヒェン会談を、私たちは新聞で知った。イギリスのチェンバレン[49]首相とフランスのダラジエ[50]首相が、わざわざドイツを訪問して、ミュンヒェンでヒットラーに会い、ヒットラーのご機嫌をとり、ヒットラーにたいして重大な譲歩をしたのである。その譲歩によってチェコスロヴァキアの領土の四分の一に当るズデーテン地方は、ナチ・ドイツの軍隊が占拠するところとなった。チェコスロヴァキアは、独立国であってもはや独立国ではない。ヒットラーをなだめようとして行なわれた会談の結果が、ヒットラーをいよいよつけ上らせ、その自信をいよいよ強くさせることは明白である。新聞を見たあと、新村君は、チェンバレンやダラジエの弱腰をなげいて、ミュンヒェン会談は世界史の大きな汚点となるだろうといった。武谷君はこのとき特高の部屋にはいなかった。夕方で、特高たちはみんな引きあげたあとで、検閲係のTだけがのこり、私を加えて三人しかいなかった。

　私は、日本でもヨーロッパでも、流れの方向はすでに決まっている、破局の方向にむかっている、この大きな流れを、もはやどうすることもできない、日本はいうまでもないが、ヨーロッパでもファシストの勢力は強まるばかりではないか、民主主義国の代表者と、全体主義国の代表者とが会談した結果として、流れの方向がぐっと変るなどという期待はもてないと考えていた。つまり、もうあっさりとあきらめて、どうなりとなるようになれという気持だったので、チェンバレンやダラジエの弱腰を概歎する新村君の気持とのあいだには、いくらか開きがあり、従って新村君に同調するようなことは口にしなかった。

しかし特高のTはまたちがっていた。彼はヒットラーびいき、ドイツびいきだったから、ミュンヒェン会議が我が意をえたりであった、いやまだ物足りないぐらいだった。特高の部屋の壁に、大きな地図がかかっていて、それがヨーロッパの地図だったので、私たちはその地図をみながら話をしていたのだが、Tは、チェコなんて生意気な国は、つぶしてしもうて、ドイツの中へ合併してしもうたらよい、という意見だった。地図をみていると、チェコという国が、ドイツの東南部に打ちこまれた太いくさびのようにもみえたが、Tはチェコをドイツの領土にしたら、ドイツの形がちょうどいい恰好になるともいった。こういう小学校の子供のような説にたいして、新村君も別に争おうとはしなかったが、しかしチェコスロヴァキアの領土の四分の一だけではなしに、全部をドイツの領土にいれてしまえというTの意見は、翌年（一九三九年）の三月、見事に実現した。ヒットラーは威風堂々とプラーグへ入城、その晩チェコ人は皆その家に閉じこもって泣いたそうだが、私はそのときは未決監にいたため新聞をよむことができず、したがってそのことについては何も知らなかった。

退屈

ある日、ふと武谷君がいなくなったのに気がついた。もちろん釈放されたのではない。彼を取調べる担当者がきまって、彼はどこかよその警察署へまわされたのだ。彼がこまかい数字の計算を始められるのは、何カ月先のことだろう。

下鴨署とくらべると、太秦署はいろいろといい所があった。下鴨の留置場は、きたないゴザが二、三枚あるだけだったが、太秦はちゃんとたたみが敷いてあったし、三度三度食べるべんとうの中身も容器も、太秦の方がよかった。警察の近くの仕出し屋がとどけてくるべんとう代が両方でちがっていて、下鴨は一食三銭五厘、太秦は五銭。五銭のべんとうというのは、今の値段になおせば、八円ぐらいのものだろうか。同じ京都市内の警察でありながら、所によって待遇がちがうというのは、不思議といえば不思議だった。

太秦で辛かったのは、一日中外へ出してもらえないときの退屈である。長い療養生活をしている人のことを思って自らを慰めてはいたが、朝起きてから、夜眠るまで、話し相手はなく、本をよむでもなく、あぐらをかいたり、端座したり、両足を投げ出したり、立ったり、またすわったりして時間をつぶすという生活は、全く情なかった。雑居房におれば、話し相手はあるわけで、ある程度退屈をまぎらすことはできるが、といって雑居生活も下鴨の三カ月であきあきしていたし、独居は独居で気楽な面もあった。本をよましてくれれば、言うことはないのだが、それが許されないので、あとはただ特高の温情にすがるのみ、特高が留置場へ呼び出しにきてくれるのを待つのみであった。

太秦の特高は、六人とも不親切ではなく思いやりもあったが、といって温情にあふれていたわけではなく、毎日私や新村君を、留置場の外に出してくれたりはしなかった。今日は呼びにきてくれるだろう、おひるからは出してくれるだろう、晩飯までには迎えにきてくれるだろうと思って、じっと待ちつづけていても、ついに空しく、晩のべんとうが配りはじめられる。ああ今日はとうとう駄目かと観念する。副食物といえば、つけ物か菜っ葉を醤油で煮たのぐらいしかついていない晩のべんとうを食べて、それからあと寝るまでの時間がまたながい。あぐらをかいたり、端座したり、両足を投げ出したりがまたはじまる。そしてやっと眠りにつく。翌朝目をさますと、今日は出してもらいたいもんだ、今日は出してくれるだろうなあと考える。

特高は、私たちのことを思い出して、呼びに下へおりてきてくれることもあり、思い出しても、仕事の邪魔になるときは、もちろんほったらかしである。ただ家の者が面会にきたときは、追いかえさずに、必ず私たちを呼んで面会させてくれた。

今日こそはと思って、朝から待っていて、おひるになってもだめ、二時がすぎ、三時がすぎる、今日も絶望かなと思っていると、留置場の扉があいて、外から誰かがはいってくる。声で、特高の誰だということがすぐわかる。「あっ、おれを呼びにきてくれたかな?」と思って身を起す。すると「新村君、奥さんの面会や」という声が向うの方できこえる。担当の警官がガチャガチャと騒々しい音をたてて、新村君の部屋の錠前をはずす。新村君が草履をはいて、特高といっしょに出ていく足音が私の耳にはいる。私は特高の名前をよんで、「ぼくもいっしょにたのみます!」と叫びたいような衝動を感じる。しかしそれほどの心臓はない。「おれの奥さんはどうしてこないのだろうなあ」と溜息をつき、それでもまだなかなかあきらめず、ひょっとしたら新村君が「和田君も出してあげて下さい」と特高係長にたのんでくれて、特高の誰かがまた私を呼びに留置場へおりてきてくれるかもわからないなどと、虫のいいことを考えたりする。

留置場の中での退屈の辛さを、新村君と私と数日前、こもごも特高係長に訴えたとき、係長は考えごとをしとったらええやないか、といったが、本をよんでは考え、読んでまた考えるというならともかく、朝から晩まで考えごとをしとれといって、そんなことができますかいと、特高係長をうらみながら時間をつぶす。下鴨署では、毎日調書をかいていたため退屈しなくてよかったなあ、と下鴨にいたときのことをなつかしく思い出したりもする。そのうちやがて就寝の時間がくる。

新村君の奥さんは、三人の小さい子供さんの世話ということがあって、警察訪問の回数は比較的すくなかったようだが、私の妻は子供がなかったので、二日か三日目に一度は、菓子か果物か、何かお土産をもってやってきた。妹も一、二度きたことがある。家の者がくれば間違いなく呼び出してもらえるので、そういうときは特高の部屋でお土産をムシャムシャと平らげ、家の中の様子や周囲の人たちの動静を妻や妹の口からきいた。

家の者が帰ったあとも、特高の部屋になるべくながくすわって、そこらあたりにころがっている雑誌や新聞を読み、丼物かランチを近所からとってもらって食べた。留置場のべんとうだけを三度三度食っていたとすれば、私や私の仲間は、みんな間違いなく栄養失調におちいったことであろう。

新村猛君のお父さんである新村出[51]先生は、太秦署へ一度だけ訪ねてこられて、息子の猛君に訓戒めいたことを言われたらしい。私はその場に居合わさなかったが、特高たちは、その訓戒の言葉の立派なのにひどく打たれたらしく、猛君をつかまえて「君のお父さんは偉い人やなあ、学者というものはやっぱりちがうなあ」と繰り返し感歎していた。それから今は京大教授をやめておられる出先生が、毎月恩給としてどれぐらいもらっておられるだろうという話になり、猛君が「三百円とすこし」と答えると、特高係長以下呆気にとられ、「たいしたもんやなあ、大方わしらの月給の十倍やないか、隠退して何にもせんと、それでまだ三百円もらえるのか、ごついなあ、大学の先生はええなあ」と感にたえたような顔つきだった。

私は特高の連中ほどは、びっくりしなかったが、恩給などというもののビタ一文出ない私立大学の教授と、帝大教授の相違というものを、そのとき改めて感じさせられた。次男坊である新村猛君がつかまったあと、奥さんは三人の子供さんとともに、出先生の家に同居されることになり、気苦労はあるにしても、経済的な不安はなかったはずだが、私や私の妻の場合はそうではなかった。

同志社に四十年つとめ、数え年六十九歳だった父は、退職後の生活を、文学部講師としてのささやかな収入でささえていた。父と同居していた長男の私は、平素の心がけが悪くて、銀行や郵便局にお金をあずけるということをしていなかったので、検挙され収入の道が絶たれたあとは、同志社からもらった五百円たらずの退職金が唯一のたよりであった。それは私が、今まで通りの普通の生活をしておれば、三カ月か四カ月で消えてなくなる金額であったが、これをせいぜいしまつして使って、向う一年、あるいはそれ以上、つまり私が刑務所から出て働けるようになるまで、もたさなければならなかったのである。

そういう心細い状態にあったにもかかわらず、妻が交通費を使い、菓子や果物をもって、たびたび亭主を見舞にくることができたのは、知人や教え子や親戚の者が、三円、五円、十円と、つぎつぎ見舞金をよせてくれたからで、そういう臨時収入があると、妻は気前よくそれをお菓子にかえ果物にかえて、私のところへとどけたのである。

序でに、私の家庭の状況について今すこしくわしくのべると、私のたった一人の弟は、兵隊にとられ中支へ行っていた。兄貴からあまりながいあいだ便りがないと、弟が心配するかも知れないから、一度だけ弟あての便りをかかせてくれと、下鴨署にいたころ特高係長にたのんだことがあるが、係長は許可してくれなかった。もっとも弟の方は、兄貴のことなどたいして気にしていなかった模様で、年とった父と母を安心させ、元気づけるような手紙ばかりを戦地から送っていたらしい。

私の義弟の守屋典郎[52]、これがまた京都市内の五条署に留置されていた。守屋は『世界文化』や『学生評論』とは何も関係はなかったが、やはり治安維持法違反の嫌疑で、私より三カ月ほど前に検挙されていたのである。守屋のつれあい、つまり私の妹は、豊中の家をたたんで、小学校二年生のひとり娘をつれて、自分のおさとである京都の下鴨の家に仮住居し、五条署にいる亭主や、太秦署にいる兄貴のところへ、時たま顔をみせた。父にしてみれば、自分自身は病後でふらふらしているのに、長男は警察につかまっており、次男は遠くシナ大陸で危険にさらされており、むすめむこがまた警察のお世話になっているということで、意気しょうちんするはずのところ、案外元気な様子なので、私としては有りがたかった。特に父が可愛がっている小学校二年生の孫が、そばで暮らすようになったために、父はずいぶん慰められている様子だった。

たたかわなかったということ

太秦署の情報係に、木下という巡査部長がいた。私は太秦にきて、思いがけなく彼と顔をあわせたのであるが、決して初対面ではなかった。彼はもとは、下鴨署特高内の腕利きで、『世界文化』のメンバーをつけねらい、あとをつけまわしていたのである。

どこの警察にも特高係というものがあり、各方面の情報をたえず蒐集しているのだから、特高係とは別に情報係を設ける必要はないように思われるのだが、下鴨にも太秦にも情報係というものがあった。もっとも所属人員は巡査部長一名、巡査一名計二名で、仕事は何をしていたのか、いずれにしてもたいした事はしていない模様だった。

私が太秦へ移ってから十日か二週間たったころ、下鴨の特高係の若い巡査二人に廊下でばったり出くわした。何の用でやってきたのかときくと、自分たちの現在の巡査部長といっしょにはどうも働きにくい、前の巡査部長の木下はんはとてもよかった、今でもみんななつかしがっている、木下はんにもう一度下鴨へ帰ってもらって、特高の巡査部長になってもらいたいとみんな願っている。そういう意向を今木下はんに伝えてきた、ということだった。

木下巡査部長が、特高の若い者にそのような信望があるのに、どうして情報係へまわされたのかは、もとよりわからなかった。それから間もなく、私が彼と話し合う機会をえたとき、彼は、現在の情報係の仕事は隠居仕事のようなもので、力がはいらない、特高の仕事にこそ自分は生き甲斐を感じていたと語り、過日下鴨の若い連中が自分を呼びにきてくれたが、ハイ行きますというわけにもいかなんだ、と一抹のさびしさをこめて語った。

この木下部長は「和田先生の足の早いのには弱りましたなあ、私ら、先生のあとをつけるとき、本当に難儀しました。フウフウいうて汗かいていつも先生のあとをつけていました」と私に告白したことがある。『世界文化』やその他の雑誌新聞を通じて、私が反ファッショの文筆活動をつづけていたころ、私は特高にあとをつけられていることなど、全く意識していなかった。私の足の早いのは、友人たちのあいだでも評判であった。私自身は何にも気がつかないで、足ばやに、風を切って京都の街をあるいている。そのあとをあまり人相のよくないのが二人（特高はいつも二人が一組になっていた）、私の姿を見失うまいとして、息を切らしながら追っかけてくるという風景は、想像するとちょっと愉快であった。

しかし、この愉快な想像は、すぐ不愉快な思い出と結びついた。昭和十一年の十一月、『世界文化』の主だったメンバー五人が検挙されるちょうど一年前、北白川へんの誰かの下宿で、『世界文化』最近号の合評会があって、私も出席し、夜の十一時頃、ひとりで百万遍から出町柳の道を帰ってきた。そして高野川の橋を渡りかけたところで、あとを追ってきた二人の男に呼びとめられた。

「下鴨署の者ですが、一寸おききしたいことがあるので、署まできてもらえませんか」と眼の鋭い、頬骨の出っぱった男が言った。もう一人は眼鏡をかけた、小さな貧相な男であった。私はドキンとしたが、拒むこともできず、二人に伴われて、橋から二百メートルほど上手にある下鴨署の門をくぐった。

警察の構内は、しいんと静まりかえっていて、人のうごく気配などなく、私は殺風景な部屋に通され、椅子に腰かけさせられた。眼の鋭い、頬骨の出っぱった男は、私の前に突っ立ったまま私に問いかけた。その男が木下巡査部長であったわけなのだが、今晩は何処へいっていたのか、そして今まで何をしていたのか、ときかれて、友達の下宿へ遊びに行って雑談していただけだ、と答えると、相手はムチか何かで机の面をばしっとたたき、鋭い眼で私をにらみながらいった。「いい加減な出たらめを言ったってだめですぞ。こちらは、あんたが会合へ出かける前に、どこの本屋へ立ちよって、誰といっしょになったか、今日の会合には何人集まったか、何から何まで知ってるんですぞ。いい加減なごまかしを言うと、今夜はうちへ帰しませんぞ」

私は、そう言われたとたん、恐らくまっさおになったことであろう。特高の前でぶるぶる慄えては醜態だと思って、ぐっとからだに力をいれたが、精神的には、あっさり手を上げたかっこうで、その晩集まった者の名前や、会合の模様などを、包みかくさず言ってしまった。眼鏡をかけたもう一人の特高は、一言もしゃべらず、私の言うことをメモするだけであったが、眼の鋭い男はさらに『世界文化』の内情についてしつこく追及した。私は知っていることは答え、知らないことは知らないといったが、『世界文化』という、わずかな部数しか発行していない、そして外国の文化のことしか扱っていない雑誌を、特高がいやに重大視し、特にその組織の中に非合法分子が潜入しているかのように思いこんでいるらしいのに、おどろき、困惑した。

こちらが知らないといっても、向うは隠しているのではないかと疑うので、やりきれない気持だったが、二時間以上もしぼられた後、相手は、もうすこしききたいことがあるが、今後また機会を作るから、『世界文化』の内情について話をしてくれ、それを承諾するなら今夜は帰ってよろしいといった。私は承諾して警察の門を出、まっくらな下鴨神社の境内を抜けて家にもどった。寝床の中にすぐもぐりこんだが、すぐには寝つかれなかった。留置場にぶちこまれなくてよかったというホッとした気持、特高に今後またあわなくてはならないのかという重っ苦しい気持、自分は今まで何気なしに街を歩いていたのに、あとからいつも特高がつきまとっていたのかというしいやな気持、特にさきほど、警察署内の一室でうけた精神的拷問、特高の威嚇的な口調と眼付き、そうしたいろいろなものが、意識の中にごっちゃになって浮んだり消えたりした。

それからあと、私は木下巡査部長から面会の時日を指定した手紙を受けとって、前後三回も下鴨署へ足をはこんだ。最初の夜、私にたいして威嚇的、脅迫的だった木下は、今度はがらりと態度をかえ「すみまへん」「すみまへん」を連発し、私をていちょうに扱い、しかも『世界文化』のことについては、根掘り葉掘りきこうとした。二度目、三度目のときに、かえるまぎわに木下は、「忙しいところを来てもろうて、本当にすみまへん、今度は何とかしますわ」といった。「何とかしますわ」というのは、情報を提供してもらったことにたいする御礼として、何か御馳走でもするという意味だったのだろう。

そういうことを言われると、私はいっそう憂うつになった。それは、私のやった行為が、スパイ行為であることをうら付けられたような気がしたからである。もちろん木下は「そのうち何とかしますわ」とか「今度は何とかしますわ」と言いながら、コーヒー一ぱい御馳走はしなかった。したくてもそんな交際費は出なかったのだろう。しかし彼としては情報提供者としての私に何らかのお返しをしなくては申し訳ない気がしていたにちがいない。

一方、私としては、重い足を警察へはこんだのは、一つには、特高にたいする恐怖心、つまり特高の要求を拒否すれば、どんな怖ろしい仕返しをうけるかわからないということからであったが、同時にそれだけではなく、特高が『世界文化』を不当に重大視し危険視しているので、決してそんなに心配されるほどたいした雑誌でもなければ、危険な人間の集まりでもないことを特高にわからせなくては、と考えたからである。『世界文化』の例会というのは、毎月一回雑誌が出たあとに開かれる合評会だけで、掲載された論文をめぐっての学問的な討論、世界各国の文化に関する情報をめぐっての意見の交換、罪のない冗談、むだ話、そしてなごやかに解散、ただそれだけのことで、もし政治的な陰謀でもたくまれていると思うなら、隣りの部屋でこっそりきいてもらったらいいと思うぐらいだと、私は一生懸命木下を納得させることに努めた。昨日の会合に誰と誰とが出席して、誰と誰とがこんなことを言ったと特高に告げることは、スパイのやるような行為で、気持は重かったが、一方、二回三回と説明をすれば、特高の疑惑もだんだん解けるだろうし、解かねばならないと考えていたのである。

しかし私がいくら口を酸っぱくして説いても、特高の疑惑は一向に消えなかった。『世界文化』は合法的出版物で、毎月京都の警察と東京の内務省に献本しているのであるから、それをみた上で判断をしてもらったらいい、出版されている雑誌の背後に別に何物があるわけでもない、と繰り返し熱心にしゃべったが、結局だめだった。私はいやけがさし、もうそれ以上警察へ足をはこんで、木下と会うことをやめた。木下はあきらめないで、私に匿名の手紙をくれ、また学校へ電話をかけてきた。私はその度ごとに憂うつになった。木下は手紙の上で私に懇請し、どうかまた会ってくれとしつこくたのんできたが、私はついに会おうとはしなかった。そして特高に今までひそかに会っていたことを『世界文化』の友人たちに報告した。友人たちの中には、私の行為にたいしてひどくふんがいした者も一、二あった。たしかに私の行為はスパイ行為に類するものであった。しかし友人たちの動静を特高に報告するといっても、友人たちをおとしいれようとしてではなく、逆に『世界文化』に関係している友人たちが、おそろしいことをたくらんでいるのでも何でもない、危険な人物でも何んでもないということを一生懸命強調してきたのだから、その意味では、良心に恥じることはなかった。

木下巡査部長とはそれ以来顔を合わせる機会はなかった。そして二年目に、太秦署で思いがけなく再会することになったのである。

ある晩のこと、どういうきっかけでそうなったのかよくわからないが、今は情報係の巡査部長である木下と私と新村君と三人で、警察の近くのおでん屋でちょっぴり飲み、警察へまたもどってきて雑談をしているうちに、木下が私に向って思いがけないことを言いだした。

「和田先生、あんたは警察の取調べにさいして、さっぱりたたかっておらんではないですか。和田先生がマルクス主義者、共産主義者でないことは、誰よりも一番私がよく知っています。それなのにあんたはマルクス主義者にされてしまって、起訴されようとしている。そんなばかなことはないですよ。和田先生はもっとたたかわなけりゃいかんのに、ちっともたたかわなかった。だめじゃないですか、刑務所へ入れられたりなんかしたんでは、お父さんや奥さんに申し訳がないじゃないですか、先祖にたいしても申し訳がないじゃないですか。『世界文化』のグループの中には、れっきとしたマルクス主義者、共産主義者もいましたよ、そういう人は起訴されて刑務所へいれられても仕方がない、しかし和田先生はマルクス主義者でも何でもないじゃないですか、それに何です、大事なときですよ。もっとしっかりせんといかんじゃないですか。まあ留置場へもどって、ひとりになって、睾丸《きんたま》のシワをぐうっとのばして、ゆっくり考えるんですなあ、そしてもうすこししっかりして、人生をやりなおすんですなあ」

木下は、私にたいして「たたかわなかった」という言葉を三度ぐらい繰り返した。留置場にとらえられ、むりやりに治安維持法違反にひっかけられようとしている大学の教授が、人もあろうに元特高から「たたかわなかった、だめじゃないか」といって叱られ、説教される。こんなばかげたこと、こんなこっけいなことが一体あるだろうか。新村君は新村君で横から「そうやなあ、和田君はたしかにたたかわなさ過ぎたなあ」と言葉をはさんだ。

私はいよいよ戸惑いしてしまった。下鴨署の取調べにあたって、私がたたかわなかったことは事実である。たたかったってどうせむだだ。留置場生活の期間がながくなるだけだと思ったからたたかわなかったのであるが、やはりたたかうべきだったのだろうか、自分はあんまりあっさりとあきらめ過ぎたのであろうか。たたかっておれば自分は起訴されずにすんだということなのだろうか。反ファシズム運動をやったといっても、当局は本物のマルクス主義者と、自由主義者とヒューマニストとを区別して扱い、前者を起訴し後者は不起訴にするという方針なのだろうか、そういう方針なら、それはそれで筋が通っていたのだが、それにしても元特高であった巡査に説教される、しかも「たたかわなかった」といって説教されるということは、私にとって全く何ともかんとも言いようのない出来事であった。

睾丸のシワをのばすという表現を、私は警察へきて初めておぼえたのであるが、警官たちはちょいちょい使っていた。私はその晩、留置場へもどって、別に文字通り睾丸のシワをのばしたわけではなかったが、いろいろと思いにふけった。下鴨の特高係長の安田から、日本のキリスト教信者はみんな骨がない、和田君も骨がないといわれた記憶はあるが、今日また元特高の木下から面と向って叱られ、私も骨身にこたえた。自分は過去数年間、文筆の上ではともかくもたたかってきた、そして、一身上の危険を覚悟しながら文筆活動をつづけてきたことを、心ひそかに誇っていた。しかしその私が、特高と直接向い合ったとき、全くたたかいを放棄して、羊のようにおとなしくなった。これはやはりおかしい、考えなくてはならない。しかし……

さまざまなお客

特高の部屋にじっとすわっていると、毎日必ず何か珍しいことにぶつかった。

嵐山電車の車掌がある日、制服姿であらわれた。特高の中で一番かっぷくのいいのが立ち上って、

「お前、嵐電か?」

ときき、相手がうなずくと、つぎのしゅんかんにはもう彼のげんこつが嵐電の車掌の横面をみまっていた。げんこつは一発だけですんだが、やられた方はいかにも痛そうだった。前の日に、太秦署の署長が嵐電にのって、おりるときに身分証明書をみせようと思ったところ、どうしてもみつからない。それで「わしは太秦署の署長じゃ」といったが車掌がどうしても承知しない、電車賃をはらわないのなら終点まできてくれといって、署長は終点まで連れていかれた。

そういうことがあって、そのゆうずうのきかない車掌が警察へ呼びつけられたのである。げ

んこつをくらわしたあと、特高は車掌をいびりはじめた。

「おれとこの署長はなあ、大臣にみえるほどええ顔はしとらんかもしれんが、普通の者よりはちょっと上の人間のような顔をしているはずや。それぐらい、顔みたらわかりそうなもんや、本当にアホウやなあ、お前は」

さんざん叱られ、それにたいしてひとことも口答えをせずに車掌が引きさがったあと、今度は嵐電の重役があやまりにきた。

「平生から従業員にはよう言いきかしているんですが、どうもわからんのがいまして……」

可哀相にあの車掌は、会社へ帰って、また重役に叱られるのだろうか、そして減俸にでもなるのだろうか。

反戦的言辞を弄したというだけで、引っぱってこられ、いろいろと追及されている、私と同年輩ぐらいの男もいた。とうしゃ版ずりの同人雑誌の内容が、時局にふさわしくないといって叱られている青年もいた。検閲係のTは「このごろは事前検閲ということをやっているから、印刷する前にもってきて、みてもろうたらまちがいがない」と親切顔で教えていたが、私はそのとき初めて事前検閲という言葉をおぼえた。

未亡人と関係した学生も引っぱられてきた。未亡人も呼びつけられて特高室に姿をあらわし、自分の方から学生を誘惑したのだということをあっさり白状した。しかしこういう場合、警察では男女両方に、初めて肉体の交りをしたときのことを微に入り細をうがって陳述させる。そして二人が別べつに書いたものがぴったり合えば、それでいいし、合わなければさらに問いただすということになっているようだった。未亡人と学生とが別べつに書いた手記を、特高の巡査たちは息をはずませながら有頂天になってよんでいた。そしてこんなおもしろい読物はないといって、つぎからつぎに手記をまわしていた。

その未亡人は、なるほど若い学生を誘惑しそうな、あだっぽい、べたべたした感じの女だった。特高の部屋へは二、三度よばれて、質問に答えたり、手記をかかされたりしていたが、留置場へははいらなかった。しかし学生の方は一週間ぐらい留置場にとめておかれていた。

主人が共産党員で刑務所にはいっていて、留守を守っている奥さんが数え年三つの子供といっしょに引っぱられてきて、留置場生活をしていることもあった。この奥さんの場合は、亭主が共産党員だということだけで、いじめられているとしか見えなかった。眼鏡をかけたその奥さんは、ある日特高にどなられてしくしく泣き出し、眼鏡をはずして、ハンケチで顔をふいていた。そのあいだ三つの子供は部屋の中をひとりごとを言いながらよちよち歩きまわっていた。

朝鮮人の学生もあらわれた。この学生は、朝鮮人が会合をするときには、必ず警官の立会いの下でやれ、そして日本語を使用せよというおきてに反対し、朝鮮語を使わしてくれという運動をしたので、つかまえられたということであった。

彼はひどい拷問をやられたということを、私はチラッと耳にはさんだが、そして留置された期間もかなりながかったが、私の前で彼は実に明朗で愛想がよかった。彼は便秘をしているからという理由で、黒砂糖のかたまりを買って食べることを許してもらっていた。彼は特高の部屋にいるあいだ、そのかたまりをいつも右手にもっていて、ときどき口へいれた。私に「便秘しないか」ときくので「年がら年中便秘で困っている」というと、黒砂糖のかたまりを二つにわって、私にくれた。

私は黒砂糖のかたまりを、なまで食べるのは生まれて初めてだったが、せっかくの好意だったので口にいれた。美味しいとも何とも思わなかったが、太平洋戦争の末期、砂糖がいよいよなくなってきたころ、私はこのときもらった黒砂糖のことをしきりに思い出した。

警察署の中で、どなるのは警官、どなられるのは人民と、相場はきまっているのだが、たった一度だけ、例外の事件がおきた。それは百日以上警察署の中でくらしてきた私にとっては、全く想像もできない出来事であった。

どなっているのは、背の低い四十がらみのおっさんで、紺の背広をきていた。普通の会社員や商売人ではなく、といってどんな職業の男か見当はつかなかったが、そのおっさんが大きな声でどなっている。どなられているのは三人で、その中の一人は、まさしく特高係長であった。係長も他の二人の私服も、どなられながらグウの音も出ない模様で、下を向いたり、横を向いたり、妙チキリンな顔をしていた。私は、警官が人民に叱りとばされているのを、じっと見学していても悪いと思って、遠慮して離れた場所に立っていたので事件の内容は何にもわからなかった。多分、警官の方が、人違いをしてけんぎをかけ、人権じゅうりんをしたか何かで、人民の側から逆ネジをくわされているにちがいないと思われた。紺の背広をきたその男は、特高係長と他の二人を散々とっちめたあと、悠々と私の前を通って引き上げていった。

警官をどなりつけ、ギューギューとっちめるというのは、当人にとってずいぶん気持のいいことであろうが、はたで様子を見ききしていた私は、痛快だという気にはならなかった。あの男、すこし図にのりすぎたのではないか、私はばく然とした不安感をそのとき味わった。それにしても、国民全般が、ひどく軍人をおそれ、警官におびえるようになっている今日、これはまた何という肝っ玉の太い男であろう、世の中には、とんでもない奴がいるものだと感心させられた。

ところが、それから三、四日たって、私にとって見覚えのあるその紺の背広の男が、留置場にはいっていることに気がついた。そしてそれからさらに数日たって、特高室に出ていた私が便所に行こうとしたとき、廊下でばったりその男と顔を合わせた。さいわいそばに警官は誰もいなかったので、私たち二人はしばらく立話をすることができた。彼は、

「ええ勉強をさせてもらいました。いやあ、もう何ともかんとも、ええ勉強をさせてもらいました」

と神妙な調子で言った。これが警官三名をどなりちらしたあの男かと思うと、おかしいぐらいであった。彼は、警官をギューギューいわしたまではよかったのだが、見事にかたき討ちをされてしまったのである。彼が私に打ちあけたところによれば、彼は薬剤師で、薬剤師というものは劇薬毒薬を売ったとき、客から買受証をとってそれを二カ月か三カ月のあいだは、破棄せずに保存しておかねばならないという規則があるのだそうである。もっともこの規則は別に重要な規則でも何でもなく、薬剤師はだれも厳格にその規則を守ったりなんかはしていない。ところが、彼が警察でたんかを切って、意気揚々と帰ってきた翌日、太秦警察の者がやってきて、買受証がちゃんと保存してあるかどうか見せてくれといった。あいにくもう棄ててしまったというと、それはこまる、ちょっと警察まで来てくれというので、黙ってついてゆくと、留置場へぽいとほうりこまれた。それからもう一週間ほったらかしで、いやもう何ともかんとも、え

え勉強をさせてもらいました。警察はえらいもんです。とてもかないません、と彼はすっかりまいりこんでいる様子だった。一週間前、虎のようにほえていた男が、今は猫のように柔順になっていて、私は気の毒やらおかしいやらだった。

彼は一週間留置場の中に閉じこめられているあいだに、私や新村君のことをすこしばかり耳にしたらしく、

「先生方は偉いもんですなあ、思想のために一身を賭してやっておられる先生方の御気持が、私にも今度の事件のおかげで、ちょっくらわかるようになりました。いや、心から御尊敬申しております。どうぞ今後御からだに御気をつけられますように」と言って、私に丁寧に御じぎをした。私は、てれてしまって返す言葉を知らなかったが、それから何日かたって、彼は釈放された。薬屋さんにたいする警察の薬は、ききすぎるぐらいきいて、警察の諸君はさぞかし御満悦のことであっただろう。

検事の取調べ開始

検事局から太秦の特高へ電話連絡があって、明日から私の取調べが始まるということをきいたとき、私は子供のように喜んだ。取調べは一週間や二週間ではとても終らない。私は当分は退屈しないですむ。留置場から毎日確実に出してもらえるというだけではない。電車にのることができる、嵐山電車にのり、市電にのり、美しい女の人の顔をみたり、窓の外の景色を眺めたりすることができる。そしてさらに検事局の調べがすんだあとは、脱線して、街なかを散歩

したり、美味しいものを食べたり、ちょっと一ぱい飲んだりもできるであろう。退屈と単調さからの解放、私は万歳を叫びたい気持にすらなりかけたが、しかし検事局に毎日通って、あげくのはてが刑務所入りでは、万歳でもなかった。

太秦署と検事局の往復には、特高のうち誰か一人が必ず護衛として付きそったが、多くの場合、その役は最年少の坂田君にあてがわれた。太秦の特高は、六人のうち五人までは四十歳前後で、坂田君ひとりが飛びはなれて若く、二十五か二十六ぐらいだった。全然特高ずれしていなくて、身だしなみもきちんとしており、特高の部屋では係長や先輩に遠慮して、私とは、ほとんど口をきかなかったが、いっしょに外へ出ると、愉快そうにいろいろ話をした。私より十歳ぐらい若かったので、こちらも気楽に今日は正宗ホールへ行って一ぱい飲もうとか、今日はどこそこへ行って美味しい菓子を食べようとかいって、彼を検事局のかえりに引っぱっていった。彼は、自分のはらがいたむわけではなし、また、私の希望をできるだけかなえてやろうという好意もあって、喜んでおつきあいをしてくれた。正宗ホールというのは京極のうらにあって、昔は三高の学生がよく来たところである。私は三高時代には酒を全く飲まなかったので、正宗ホールも用はなかったわけだが、卒業して十年もたってから急になつかしくなって、ときどき足をはこぶようになった。私と坂田君は、お銚子を二本か三本あけ、ぽおっといい気持になり、寺町へんを仲よくだべりながら歩き、電車にのって夕方太秦へ帰った。かえりが遅いといって怒る人はだれもなかった。

私を取調べる任に当ったのは、山下という検事であった。京都の思想検事は、松山一忠、山下知賀夫の二人で、松山の方が年上でもあり、上役でもあった。山下検事は人間的なあたたか味はもっている男で、明治大学の学生であったころ、ドイツ語が好きで、ヘルダアリーンの『ヒューペリオン』をかじったこともあるということで、私の取調べの前後に、ドイツ語やドイツ文学が話題にのぼることもあった。冗談もいうし、一応親切でもあったが、いかんせん、相手はこちらを起訴して刑務所へほうりこもうとしている人間であってみれば、心から親しめるはずはなかった。 53

山下検事は、『リアル』の田中忠雄、永良巳十次、『世界文化』の禰津正志、新村猛の順で、四人を取調べ、四人を起訴したあとだけに、人民戦線にかけては、すっかり自信をつけていた。『リアル』の連中を検挙した当時は、ものになるかどうか、はっきりした見透しはなかったが、、やってみると巧いこと引っかかった、これならあとつぎつぎいくらでも引っかけられると思った、というようなことを言ったり、禰津、新村を調べるあたりまでは熱がはいったが、そろそろ飽きてきた、というようなことも平気でいった。

私としては、下鴨警察署にいるころ、調書の上で、五つやったことを十やったように書いているので、今さら検事から意地悪い追及を受けるということもなかった。太秦署の木下部長からはっぱをかけられ、たたかわなけりゃ駄目だと叱られたが、下鴨で書いた調書を否定して、あたらしく山下検事とわたりあう元気は、とうていなかった。ひょっとして不起訴にでもなったら、こんな有りがたいことはないけれど、まあまあそんなことはあるまいと観念して、抵抗らしい抵抗は何一つしなかったので、取調べはすらすらと進行した。

山下検事は「今、未決にはいっている者や、これからはいる者は田中忠雄、永良巳十次、久野収、禰津正志、草野昌彦、真下信一、中井正一、新村猛の八人だ。裁判所の調べが、一人にひと月かかるとして、君は九番目だから、君が自由なからだになるのは、来年の八月かな」というようなこともいった。私は、これは私にたいする気休めだと思った。一人ひと月というわけにはとてもいかんでしょう、うっかりすると、刑務所で二冬すごすことになるのではないでしょうか、というと、山下検事は苦笑して、「まあ、あんまり心配するな」と慰めてくれた。

母

武谷三男君が太秦の留置場から姿を消したあと、西田勲君が入れかわりにはいってきた。西田君は、京大の学生だったとき『学生評論』の編集に関係していたらしく、卒業後は東京日日に入社し『エコミスト』の編集部員として働いていた。私とは全く初対面だった。

西田君の出身地は岡山で、お母さんが心配して岡山から京都に出てこられ、太秦署へたびたび顔を出しておられた。この親子は、そろいもそろって無口で、西田君が特高の部屋の椅子にすわって、ぽつねんとしていると、お母さんもその横の椅子にならんで腰かけたまま、十分でも二十分でも黙ってじっとしておられた。お母さんは、ときには小さい信玄袋の中から、あめ玉を取り出し、息子に食べさせ、自分も口にいれ、そしてときには私たちももらったことがあった。お母さんは、息子のそばにすわっておればそれでいいという風にもみえ、息子と同じような被害者である私や新村君には、たいして興味がないらしかった。

お母さんが岡山弁で息子に「こんなとこにいつまでおってもつまらんけえ、早う帰らしてもらうように、警察のひとに頼んでおみんさい」というと、息子は「それやわしも許してつかあさいいうてたのんだんじゃけど、どうしても許してもらえんで」と答えるのであった。西田君は私たちに、おふくろには、あきらめてくれいうてるんだが、どうしてもあきらめてくれん、とグチをこぼしたりもした。お母さんはときには、特高の誰かをつかまえて、息子をかんにんしてやってつかあさいと、直接たのむこともあったが、もちろん特高は、まともに相手にするはずもなかった。

特高の坂田君は、私や新村君が大学の教授であるということで無邪気な尊敬を払っていたが、西田君が東日の記者であるときくと、また感心し、せっかく一流の新聞社へはいらはったのに、仕事を棒にふってしまはってもったいないことをしやはったと気の毒がった。そして「近頃コンツェルンということが新聞によう出ていますが、あれは何のことです」と新進ジャーナリストの西田君に教えを乞うたりもした。そういうとき西田君は「コンツェルンというのはわかりやすくいえば財ばつのことで、……」と親切丁寧に意味を説明してやった。

西田君は特高にたいして、何一つ要求がましいことも、不平もいわず、怒った顔もせず、いつも静かで、誰かが話しかければ小さい声で答えるだけだった。あんまりおとなしすぎて、こういう人は悪党にかかったら散々な目にあうだろうと思われた。特高たちも、坂田君をのぞいて、概して西田君を無視しがちで、私や新村君を留置場から出してくれる場合、西田君をほったらかしておくことも多かったが、といって西田君のお母さんがみえれば、特高は別に面倒くさそうな顔もせず、西田君を呼びに下へおりていった。

新村君は、未決監へはいる日を、ぼんやり今日か明日かと待っていたが、ある日、特高の木村巡査部長が、「和田君はそれほどにもみえんが、新村君は精力絶倫みたいやが、一度奥さんといっしょになりたいやろうなあ」と、二人をみくらべながら言った。新村君は正直に「そらあ、なりたいなあ」と答えた。しかし相手は、からかっているだけで、本気でいっしょにさせる気もなんにもなかったのである。妻とはなれてから、私は四カ月、新村君は十一カ月、そしてこれからあと一年ぐらいは、同じ京都にいながら、切りはなされた状態がつづくのである。

新村君は「そらあ、なりたいなあ」といっただけで、いっしょになれずに、それから間もなく太秦署から姿を消してしまった。いよいよこの次は自分の番だと思ったとき、私はある日、特高係長に、自分の母の病気はあと何カ月もつかわからないが、刑務所から出てくるときまでは、とてももつまいから、最後のお別れをさせてくれないかとたのんだ。特高係長は早速検事局に電話をかけて、上司の許可を仰いでくれた。

翌日、許可の連絡があったらしく、私は木村巡査部長につきそわれて、久しぶりに下鴨の自宅の門をくぐった。玄関に出てきた父に「御心配をかけてすみません」と神妙にあいさつをして、すぐ母の寝ている居間へはいった。母はうつらうつらしている様子だった。私は自分の顔を母の顔の上にのぞけ、すこしおどけた表情をつくって、「ただ今」といった。母は目をひらき、じっと私を見つめ、さすがにびっくりしたようなうれしそうな顔をして、にこっと笑った。しかしもう口はきけなかった。そして微笑はやがて口許から消えてしまって、あとは苦しそうな表情にかわってしまった。眼もつぶってしまって、息子の顔を二度とふたたび見ようとはしなかった。

私のそばには、妻や妹や姪がきてすわっていた。姪は、自分を可愛がってくれる叔父ちゃんが、ひょっこりかえってきたので、喜んで、いきなり「叔父ちゃん、動物園へ行こう」と言った。私はつらかったけど、「叔父ちゃん、今日は行けないなあ」とことわると、姪はあっさりあきらめて、それ以上ねだるようなことは何も言わなかった。この姪は、あきらめることにならされているのだろうか。私は何だか不びんでしようがなかった。お父ちゃんは五条署にいるのだが、外国へ行っていると教えこまれ、叔父ちゃんもお仕事で当分おうちへかえれないときかされていたこの姪は、しかしともかく元気に育っている様子だった。

私についてきた特高の部長は、さいしょ応接間で父と話をしていたが、しばらくして家を出ていった。ひるごはんは、母をのぞいて、みんなそろって食堂で食べた。ところが食べおわらないうちに、特高がまたもどってきて「待たしてもらいます」といって応接間へはいった。

私はがっかりした。せっかく許可をもらって家へ帰ったのだから、半日ぐらいくつろがしてくれるのかと思っていたところ、特高が家の中にいて、じっと待っているのでは、くつろぐも何もあったものではない。私はさっさと帰る気になって、母のそばへもう一度行き「さようなら」とひとこと別れのあいさつをした。しかし母は、ひたいにシワをよせたまま、眠っていて、私の言葉は耳にはいらないらしかった。母は筋肉マヒになり、足腰が不自由になってからすでに十年、食べる楽しみ以外には楽しみらしいものは何にもなく、年がら年中気分の悪いときが多かったし、それに治る見込みは全くないというのだから、母としてもいつまでも生きていたいとは思っていなかったようだった。息子の私としても、満三十五歳になるまで母親が生きていてくれたのだから、今死なれてもあまり文句も言えないという気持だった。多分、死に目にはあえないだろうが、さいごに、ひと目あったのだからもういいと思って、応接間で待っていた特高を促して戸外に出た。

その翌日、検事局へ出頭すると、山下検事は「君は一度家へ帰りたいというから、ゆっくりさしてやる積りで許可してやったのに、さっさと帰ってきたそうじゃないか」と、不可解であるかのような言い方をした。私は、うっかり何かしゃべるとグチになりそうなので、黙っていた。山下検事はさらに、

「和田君は結婚してから、もう六年以上になるそうだが、それで子供が生まれないんだから多分もう生まれないと思うが、留置場にいるあいだにこっそり家へかえらしてもらって、そして奥さんが妊娠したとなると、これはおかしいということになって、ぼくの責任になるのでねえ。許可をあたえるときには、ちょっと心配したよ」

と言って、ニヤニヤした。私が家でゆっくりくつろがなかったので、山下検事の不安は解消したわけだが、一方からいうとあっ気なかったのであろう。

山下検事は、妻が検事局へ昼べんとうなどとどけることを許してくれたし、昼飯を食べているあいだ、妻がそばにいることも許してくれた。妻としては、太秦警察署より検事局の方がよほど近くて便利だったので、私が検事局へ出頭する日は、毎日のようにべんとうをもってきた。山下検事は、

「人民戦線派は、みんな夫婦むつまじいなあ。田中忠雄と和田君は子供がないから、よけい仲がよいのかなあ」

とからかったりもした。

いよいよお別れ

取調べも、ようやく終りに近づいたころ、ドイツの劇作家エルンスト・トラーの青年時代について語っている私の文章が、思いがけなく引っかかった。

トラーは第一次大戦の直後、赤軍の指揮者として反革命軍とたたかっていた。彼は、反革命軍が赤軍の捕虜を容赦なく殺していたのを知っていた。しかし敗れた敵軍にたいする寛容は革命の徳であると信じていた彼は、白軍の捕虜を人間的に扱おうとし、自分の軍隊にあたえるのと同等の給与をあたえた。白軍の兵士は、誤った方向に導かれた兄弟である。やがては赤軍の行動の正当さを認めるであろうと信じて、彼は捕虜を敢て釈放した。彼らが革命軍の隊列に加わるか、あるいは故郷へ引きあげるか、それは彼らが自由な意志にもとづいて決定すればよいのだと彼は考えた。しかし釈放された捕虜たちは数日後再び赤軍に刃をむけてきた。

私は以上のようなことをドイツ文学の雑誌『カスタニエン』に書いたが、下鴨署でしたためた調書の中には、「トラーのヒューマニズム、自由主義の誤謬はトラー自身によっても批判されており、寛容は決して革命の徳でないことを私は『カスタニエン』の読者に説こうとしたのであります」という文句があった。

その調書の文句が、山下検事の目にとまって、これはつまり、革命にさいしては、敵は容赦なくたたきのめせ、ヒューマニストのような甘いことを考えていてはいかんということか、と追及された。私は仕方がないから「そうです」と答えると、山下検事は、しばらく考えこんだの

ち、

「ごっつい意識を出したなあ」

と、うなるように言った。私は今さらのようにドキリとした。ごっつい意識を出したなあ、というのは、言いかえれば、ボルシェビイキの正体が、ばくろされたということであった。今まで、ひょっとしたら助かるかもわからない、ひょっとしたら起訴をまぬがれるかもわからないと、一縷の望みをかけていたのが、これでいよいよだめになったというような気がしてきた。すると急に、からだ全体がしんどくなってきて、椅子の上にしゃんとすわっていられなくなった。

私は山下検事に、しんどいからしばらくからだを横にさせてくれとたのみ、壁ぎわのベンチの上に身を横たえた。山下検事は、

「どうも和田君は、からだが丈夫でないようだなあ、そんなことで未決の生活にたえられるかい？」

と、なかば気づかうようように、あるいはいたわるようにいった。私はしばらく眼をとじて、じっとしていたが、考えているうちに自分の意気地なさが、はっきりしてきて、ええいこん畜生と思ってまた起き上った。

結果としては、エルンスト・トラーに関する事柄は、別にどうということもなかったのである。和田は起訴すべきものであるという方針がどこかでちゃんと決まっていて、山下検事にとっては多少納得できない面もあったようであるが——というのは、私のマルキシズム理論があまりにも幼稚であったから——結局起訴は決定された。私は取調べの最後の日に山下検事から因果

を含められた。

私の妻は、周囲の人たちが口ぐちに「和田さんは起訴になんかなりませんよ」というので、やはりその気になって、助かるのではないかと思っていたし、父はことに起訴になんかなるはずはないと堅く信じていた。面会にきた妻に、起訴がいよいよ最終的に決定したことを告げると、妻は
「そう？」

と言っただけで、特別悲しそうな顔もしなかったので、こちらもホッとした。明日からはまた留置場での退屈な日が始まることだが何日つづくことやら、せいぜい係長にたのんで、外へ出してもらうほかはない。それにしても京都の市民は、今一体何を考えているのであろう。前線向けの慰問袋は、さかんに作られているようだし、赤紙、そして応召ということになれば、大勢が集まって、万歳万歳と叫んでいるらしいけれど、そして新聞には日本軍が強くて、蔣介石の軍隊が奥地へ奥地へ追いやられているように書いてあるけれど、市民の本心は一体どうなのだろう。外から顔をのぞいてみただけでは、さっぱり見当がつかなかった。

ただ私なり私と同じ容疑者たちの家庭が非国民扱いされ、迫害を受けるということが全くなかったのは、何といっても仕合せであった。

私たちが、おそろしい「赤」であるはずなのに、市民からそういう風に扱われなかったという例を一つあげると、私は京都の町なかの商売人の娘に、家で週一回ドイツ語を教えていた。その娘は女子薬専の生徒で、なかなか熱心だったが、六月に検挙されたので、妻は多忙を理由にして、ことわりの葉書を出した。

するとその娘は大変悲しんで、自分が先生にことわられたのは、謝礼がすくな過ぎたからだ、自分の親が謝礼をケチッたからだと親をうらんだ。娘があまり強くいうので、ある日母親が、ぜひもう一度教えてやってくれといってたのみにきた。そこで私の妻は、仕方がないので、ありのままを打ちあけた。すると今度は、親が私に非常に同情してくれて、立派な御見舞をとどけてくれた。

これは、ほんの一例にすぎないが、新聞で、赤はおそろしいもの共産党はおそろしいものと教えこまれて、おそらくはその通り受けとっているであろう一商人の家庭で、私が赤の嫌疑で警察へ引っぱられたという報道が、ただちに非国民とか国賊とかいう考えに結びつかず、逆に御見舞を出すという方向がそこに生まれてくるというのは、不思議なことでもあった。妻が面会にきてくれるとき、二度に一度ぐらいは、誰それさんから御見舞をもらったという知らせがあって、その度ごとに私は、現在無収入だから見舞金をもらうことが有りがたいということ以外に、非国民だといわれそうな自分に、左翼的でも何でもない普通の人が、好意を示してくれることそのことがうれしかった。

戦争が進行してゆけば、現在のこうした状態もだんだん変っていくだろうし、軍人や国粋主義者はますます威張ることだろうし、国民はますます戦争への協力を強いられるだろうが、まあ当分、私が未決から出てくるころまでは、そうひどく変らないでおってもらいたいものだと願わずにはいられなかった。

新嘗祭の前日、十一月二十二日の午後、検事局から太秦の特高係あてに、和田の未決監入りは二十四日の午前に決まった、という電話連絡があった。係長は、

「和田君ともいよいよお別れか、おなごりおしいなあ。まあ明日は祭日やし、和田君にとってはさいごの日やから、どこへでも好きなところへ遊びにいったらどうや。おい、坂田君、君、明日は和田君のつき合いをしてあげてくれ」

といった。この係長は思想犯もしくは思想容疑者にたいする憎しみというものを全くもたず、思想問題そのものにたいしても強い関心をもたない人だった。そして私たちを、ただのお客さんとして扱っていた。したがってこの係長が「おなごりおしいなあ」といっても、それは皮肉でも何でもなかった。口先だけではなく、多少の実感もこもっているようにさえ思われた。

私が、はじめて下鴨警察署の門をくぐったのは、六月二十四日だったから、留置場生活は、ちょうど五カ月ということになる。われわれの仲間で期間がこんなに短い人は、過去において一人もなく、私と同じ日につかまった者は、いずれも私よりおくれて未決監にはいってくるわけだから、私が一番とくをしたような気もする。

留置場の冬を知らないですんだことも、私として有りがたいことのように思えた。留置場で一冬すごした先輩草野昌彦君の話によると、寒い季節のあいだは、囚人たちはいじけてしまって、さっぱり元気がないということだった。未決では、どうせ独房だろうし、火鉢はないにしても、家から暖かい布団の差入れがあるのだから、そうみじめではあるまいと思われた。

私は冷え性で、冬は人一倍早く足袋がはきたくなる方だが、今年は冷え性が一段とひどくなったもようで、留置場の中では、十一月の中ごろからもう足袋がほしかった。私は、今ごろから足袋をはくようでは、一年の半分足袋をはくことになる、まだ年寄りでもないのにと自分を叱りつけていたが、未決へはいったら足袋をはこう、それまでは我慢しようと、その晩考えた。

その翌日、坂田君と二人でおひるごろ街なかへ出た。まず裏寺町へ行って正宗で牡蠣のどて鍋を食べた。ひるまだったが、お銚子をつけてもらい、「うまいなあ、うまいなあ」といいながら飲んだり食ったりした。それからほろよい機嫌で外へ出、古本屋を一、二軒のぞいた。古本屋の棚に、ヴィクトル・ヘーン[54]の『ゲダンケン・ユーバー・ゲーテ』がならんでいて、私の注意をひいた。これは著名なゲーテ論[55]の一つで、いろいろな機会によく引用されていたが、私はこの本をみるのは初めてだったし、それにこの著者が、若いときに政治犯として刑務所にいれられ、そこでゲーテの作品を熱心に味読したことを知っていたので、私は、はっとしたのである。しかし買おうか買うまいかとしばらくためらったが、値段が相当高かったので結局やめた。自分の家には、買ったままで一度も読まずに書棚につんである書物が山のようにある。未決監入りの機会に、こうした書物を片っぱしからよんでいこう、収入もないのに、高い本など今買う必要はない、自分自身にそう言いきかせて、私は古本屋の店を出た。

それからあと二人は電車で東山五条へ出、そこからぶらぶらと清水坂をのぼった。風のない薄ぐもりの日で、祭日というのに、それほどの人出でもなかった。清水寺の舞台にあがって京都の街をみおろしていると、京都の町は死んでいるかのような、この町には楽しいこと、わっと声を出して笑うことは何もないかのような気がしてくるのだった。

清水寺から真葛カ原へ抜ける道をおりてゆく途中、汁粉屋にはいって汁粉を食べたり、寿司屋にはいって、にぎりを食べたり、そしてさらに祇園の石段下の八百文で果物を食べて、もう食べたいものはみんな食べたような気になった。それから薄暗くなってきた空を仰ぎながら、四条通りをぶらぶら西に向って歩いた。そしてさいごに四条小橋のたもとのフランソアという喫茶店にはいってコーヒーを注文した。

そこでしばらくぼんやりしていると、二人の学生がはいってきた。一人は同志社の学生で、私が検挙される直前まで教えていた学生であった。その学生は、私の存在に気がついて会釈をし、しばらくは入口の近くのシートにすわっていたが、やがて奥の方の私たち二人のところへやってきて、ぺこんと頭をさげ、

「すみませんが、この切符買って頂けませんか」

といった。その切符は同志社のマンドリンクラブの演奏会の切符で、その演奏会は一週間も先に行なわれる予定になっていた。私はその学生に「音楽会へは行ってみたいが、あいにくといいしゃばの生活は今夜限りなんで」といってやろうか、そうしたら学生の奴、さぞかしびっくりするだろうと思ったが、まあ今は何もいうまいと心に決め「都合が悪いから」とあっさりことわった。その学生はまたぺこんと頭をさげ、だまって引きさがったが、私としては、この学生は私が六月に検挙されたのを知っているのだから、ひとことぐらい御見舞の言葉をいってもよかりそうなものだ、だまって切符だけを売りつけるとは何事だ、と、そんな気持もどこかにあった。

太秦へもどったときは、もうまっくらだった。二階の廊下には、私の妻が立っていた。今夜がさいごだという連絡を朝、太秦を出るときしておいたので、何か珍しいものを私に食べさせようと思ったらしく、スープを作って、それを魔法びんにいれてもってきていた。

私は、そのときおなか一ぱいだったが、せっかくだったので、そのスープをぐうっと平らげた。

翌朝、Tという特高にともなわれ、二カ月間起居した太秦警察署をあとにし、柳馬場竹屋町のFという差入れ屋の店先にきて一服した。義弟の守屋典郎は、私より一足先に未決監入りをしたので、守屋の世話になっているFに私も同様世話になることをきめた。妻と妹が、さいごのお別れにやってきた。特高のTは、

「和田はんの奥さんは、どこへでもついてきやはんのやなあ、刑務所へいっしょにはいってもええいうたら、いっしょにはいらはるのやろう」

といって笑った。

私が子供のときから裁判所だと思いこんでいた八十メートル平方の一区劃、それは実は、裁判所と検事局と未決拘置所の三つに分れていたのである。京都の検事局によって起訴された者は、市外の山科刑務所へ送られる者と、裁判所うらの拘置所へまわされる者と二種類に分かれ、実刑が確定すれば全部山科で服役する。裁判所うらは正確にいえば未決拘置所であって刑務所ではないが、誰も彼も刑務所、刑務所とよんでいた。

未決拘置所は私を呼びよせておきながら、もったいをつけようとするのか、すぐには私のために門をひらかなかった。入所は午後だということだった。私と妻と妹とTとは四条へ出て、長崎屋でランチをくった。そしてゆっくり時間をつぶしてまた差入れ屋へもどってきた。

いよいよ入所せよという指令がとどいて、私はTとならんで拘置所の入口の方へ歩き出した。後日妻が語ったところによると、差入れ屋のおかみさんが、私の後姿をみて泣き出したそうである。妻の言葉をそのまま用いるならば「泣いてくれはった」そうである。

差入れ屋のおかみさんなどというものは、刑務所入りのお客さんなど、日常茶飯であるはず

なのに、どうして泣いたのだろうか。私の後姿が、威風りんりんでなかったことは容易に想像できるが、いやに物あわれで、それがおかみさんの涙をさそったのであろうか。あとできいて気になったが、そのときは何とも思わず、もちろん後をふりかえるようなこともせず屠所にひかれる羊にくらべれば、いくらかの自意識と誇りをもって、といって殉教者といったような気負った気持はさらさらなく、しずかに刑務所の門をくぐったのだった。

第四章

未決囚の苦痛

未決監へはいると、まず脱衣場で青い囚人服に着かえさせられる。思想犯も同様だ、ときいていたが、私の場合はそういうことはなしですんだ。ただ着ていたあわせの胸のところに「廿《にじゅう》一《いち》」とかいた布ぎれをぬいつけられただけだった。私は今後ここでは「廿一」という番号で呼ばれることになったのである。

囚人同士お互いに顔を見られるのを防ぐための編笠が私にもあたえられ、それをかぶって看守について二階へ上った。建物のまん中は空洞になっていて、その両側に二階も一階も、房がずらっとならんでいた。入口の扉と扉とのかんかくが比較的ながいのが雑居房、みじかいのが独房だろうと想像された。私にあたえられたのは南側の独房であった。

中へはいると、家から差入れた、あたたかそうなしきぶとんとかけぶとんがつんであった。独房の広さは六じょうじきぐらいだったが、たたみは四枚しかはいっていなかった。南に面して硝子窓がはめてあって、空の色や雲の流れをみることはできた。ただ残念なことには窓の位置がすこし高すぎた。下鴨署の留置場の窓とくらべると低かったが、それでも私の背より高いところにあった。しかし考えてみれば、窓が高いということで留置場や刑務所の気分が出るので、これを低くすると、アパートなみになってしまうということなのであろう。

未決へはいってからの一番の苦痛は、朝起きてから夜眠るまでのあいだ、じっとすわっていなければならないということであった。端座しているか、あぐらをかいているか、どちらかで、それ以外は立っても叱られ、横になっても叱られた。一日のうち何時間か椅子に腰かけることができたら、どんなにいいだろうと思ったが、だめだった。体操は朝晩二回、囚人全体が一つのかけ声でやるのだが、ひとりで勝手に体操をすることは許されなかった。

独房の中で、じっとすわらされていることが苦痛なので、独房の外へ出てわずかでも歩くということはうれしいことだった。毎日の日課としては、屋上へあがって、長方形の平面をぐるぐる走りまわる運動、時間は五分という制限であったが、足が弱るのを防ぐ意味で、私はスピードを出し、足を高くあげて一生懸命に走った。そして走りながら東山三十六峯や比叡や愛宕の峯を眺め、街なかのいらかを見下した。

山科刑務所では、独房の囚人たちが一度に十人ぐらい、相互にかくりされたまま、同時に運動をする設備があるので、運動の時間も三十分あたえられているということであったが、裁判所裏の未決拘置所には、そんな設備はなかった。

屋上での五分間の運動以外に、独房の外へ出ることといえば、一週に三回、手紙をかくために一階へおりるのと、五日に一度の入浴、月に一回の面会、散髪、それから不定期の出廷ぐらいのものであった。外へ出るとき、編笠をかぶるのを忘れると、看守が「廿一！　編笠！」と注意した。

ある日、出廷の命令があって、何事かと思って廊下へ出ると、両手に手錠をはめられた。手錠をはめられたのは、昨年六月検挙されたときいらい初めての経験であった。検事局へつれてゆかれて、そこで待たされていると、米田という三高時代のクラスメートで検事をしている男がひょっくりあらわれた。

「おい、助けてくれ！」

と冗談をいうと、彼はいかにも当惑したような笑い方をして、「弱ったなあ」とつぶやいた。そして傍にいた男に「わしの友達がつぎつぎに引っぱられよって、どうもならんわ」といって、さっさと姿を消してしまった。米田検事は真下君、新村君とは京都府立一中、三高いらいの友達だったのである。

私の出廷の用件というのは、私が留置場にいたころ、警察として私の写真をとっておくべきであったのに、忘れていたので、今、未決へとりにきたということであった。治安維持法違反の容疑者が大量につかまると、新聞は必ず号外を出し、容疑者の写真をずらっとならべるのが常であったが、私たちの場合、そういう意味では写真の必要もなかったわけである。写真をとりにきた私服は、私にとって見おぼえのない男であったが、その男は私の写真をとったのち「指紋はもうとってもらっているだろうねえ」ときいた。私が「まだです」と答えると、彼は「なんだ、指紋もまだか」といいながら、そのまま帰ってしまった。そのうち、また誰かが私の指紋をとりに、わざわざやってくるのかと思っていたが、誰もこなかった。

部屋の掃除は、毎朝一回することになっていたが、これはせいぜい丁寧にゆっくりやることにした。一分でもながくやれば、それだけすわる時間がみじかくなるからである。足が痛い痛いと思いながら一日中本をよんでいるので、勉強の能率にもだいぶんひびいた。

独房の中にいて、話をする相手がないということ、これは初めのうちはさほど苦痛ではなかったが、そのうち少しずつ苦痛になってきた。この未決には義弟の守屋がいるし、新村君も草野君もいるはずである。週に一ぺんぐらい、みんなと雑談する機会をつくってくれないものかなあ、と、まるっきり望みのないことを、何度も望んでみた。唯一の話し相手は看守で、これは用件をひとことふたこと簡単にしゃべるだけであった。

外部の者との面会は月に一回だけで、それも、ほんの三、四分しか許されなかった。はじめての面会のときは、接見室で私が待っていると、まもなく妻がはいってきた。二人のあいだには机がおかれ、その机の上には枠にはいったガラス板がたてかけられ、私は妻をガラス越しにみて話をせねばならなかった。夫婦の中をへだてているこのガラス板の存在は、何とも忌々しかったが、どうすることもできない。家内はまた、私が机の上においた編笠をチラッと見たしゅんかん、いやな顔をした。初めてだったからであろう。

二人のしゃべることを、横の看守が一いち筆記していた。私はガラス板が気になって、言葉数もすくなくなった。面会にきた者と囚人とがキスしたり、手を握りあったりするのをふせぐためであろうか、五、六年前に行った東京の市ヶ谷刑務所には、こんなばかげたものはなかったぞ、と思い、再会の楽しみは、どこかへ吹っとんでしまった。

未決の独房などというと、しいんとしずまりかえっていて、読書三昧にふけることができそうに思われるが、決してそうではなかった。未決全体としては百五十人から二百人に近い者が収容されているのではないかと想像されたが、毎日の出入はなかなかひんぱんであった。扉をあけしめする音、「何番出廷」「何番を頼みます」という看守のかけ声、出廷する者に手錠をかける音、手紙、面会、運動で階段を上ったり下ったりする足音、それが全部きこえてくる。私の房は、南側の中央に近いところにあり、私より西の房にいる者は出入にさいし、全部私の房の前の廊下を通った。中にはずしんずしんと大きな音をたてて歩く者もいた。

看守のちょっとした私語や、廊下を歩く者の気配、そんなものにまで耳をそばだてているうちに、私は新村君と草野君とが、私より西よりの独房にいることがわかってきた。番号もわかってきたし、したがってその番号が看守によってよばれると、あ、新村君が出てくるぞ、草野君が出てきて前を通るぞ、ということがわかるようになった。

食物に関しては、神経が異常に鋭くなってきた。ここでは友人と談笑する楽しみもない、音楽をきく楽しみ、映画や芝居、野球やラグビーの試合をみる楽しみもない。夫婦生活、旅行、登山、散歩、何もかも禁ぜられて、あとわずかに読書の楽しみと、食べる楽しみとだけがのこされているにすぎないとすれば、こののこされたものに関心が集中するのは当然のことでもあったろう。

三度の食事は、朝と昼はここで支給される麦だらけの官弁を食べ、夜だけ白いお米の差入れ弁当を食べた。毎朝の熱いみそ汁はおいしかった。しかし冬だとみそ汁はすぐさめてしまい、さめるとまずかった。みそ汁のぐ、昼飯の菜が何であるかも、私にとっては決して小さいことではなかった。家の者への手紙の中で、昨日はみそ汁のぐは何だった、今日の菜は何だったと一いち報告したところ、検閲係の看守から「つまらんことを一いちかくな」と叱られた。

差入れ弁当は、二十五銭にきまっているのかと思っていたところ、金さえ出せば、いくらでも上等の弁当を差入れ屋がつくってくれることも、おいおいわかってきた。果物の差入れも差入れ屋を通してなら認められたが、お菓子は未決拘置所の中で売っているものに限られ、その種類は二つか三つしかなかった。あるとき大分県日田に住んでいる私の教え子が、御見舞にといって土地の名産のお菓子を送ってくれた。家の方に送ってくれれば、家族の者が喜んで食べたのだが、刑務所内和田洋一殿で送ってくれたので見事に没収された。看守が、ちょっときてくれといって私を看守の控え室へつれてゆき、そこで九州からとどいた菓子箱を私の目の前であけ、中身を見せ「たしかにとどいたが、君にくわすわけにはいかん、送り主のせっかくの好意やよって、見るだけはしっかり見といてくれ」といった。私は食べたいなあとは思ったが、おあずけをくい、教え子のせっかくの好意は台無しで、ただ看守たちを喜ばすだけのことになってしまった。なお、この送り主は、私の寒さを案じて、電気ごたつも送ってくれたが、これは幸にして没収にはならず、ただその使用は勾留を解かれる日まで待たねばならなかった。

私の食物にたいする執着は、月日がたつとともにますます強くなった。今度外へ出たら、どこの店であれを食って、それからどこそこであれを平らげて、とそんなことばかり考えて、読書がおろそかになる日もないではなかった。未決の備え付けの本のリストの中に、お料理の本があったので、わざわざ借り出して、頭の中だけで、さまざまな豪華な料理を楽しんだこともあった。

書物の方は、差入れてほしいとたのんだ本がつぎつぎにはいってくるので、いうことはなかった。画集とか地理風俗の書物がひっかかってはいらないことがあったが、それは女人の絵がはいっていたからである。十五、六歳の女の子を描いた私宛ての絵葉書も危く没収されるところであったが、看守が首をふりながら「どうかと思うが、まあまあいいことにしてやろう」といってわたしてくれた。そうかと思うと『赤と黒』のような姦通事件を扱った小説が平気ではいってきた。

いい音楽がきけないということは、たしかに苦痛であった。そういう状態が何カ月もつづくと、神経系統のどこかが変調をきたしてくるように思えた。ここでは日曜日の午後は、囚人にレコードをきかせるならわしになっているのだが、いつも軍歌か童謡、でなければ浪花節や琵琶歌で、音楽らしい音楽などただの一度もきかせてくれたことはなかった。

未決の建物の南の方、五十メートルぐらいのところに、小学校があり、唱歌の時間に子供がうたう声が、風向きしだいで、ときには私の房にもきこえてきた。「兎追いしかの山、小鮒つりしかの川」というあの小学唱歌を、小学校で教わらなかった私は、ここへきたおかげでおぼえることができた。ただ子供たちの歌は音楽以前で、私の音楽への飢えをみたしてはくれなかった。

冬から夏へ

未決へはいったのは十一月の二十四日だったから、暖房のほしい季節はすぐやってきた。ここではお金を支払えば、湯タンポの熱いお湯を毎日入れかえてくれたので、それをひざの上において、手をあたためながら本をよんだ。

昭和十四年の元日の朝には、特別のおぞうにが差入れ屋からはいるということで、楽しみにしていた。しかし部屋に配られたときは、もうぬるくなっていて、熱いのを、ふうふう吹きながら食べるのが好きな私は、がっかりした。今年はしょうがないとして、来年また刑務所の中でぞうにを食うのは、かんにんしてもらいたいものだが、はたしてどうなることやら。

元日から三日間は、日課になっている屋上での運動も取りやめ、手紙もかかしてもらえず、独房に閉じこめられたままだった。四日には看守が「おい廿一！　歩くか？　歩きたかったら歩かしてやるぞ！」といった。何のことかわからなかったが、屋上には雪がつもっていてとても走れない。歩くだけならどうにか歩けるがどうする、ということだったが、私は一も二もなく「歩きます、歩きます」と返事をして、屋上にあがった。寒さは身にしみたが、白雪におおわれた山やまを眺めるのは気持がよかった。独房に閉じこめられている者にとって、五分間だけでも外へ出るということが、どんなに大切な意味をもっているかが、今さらのようにわかった。

一月がすぎ、二月十一日の紀元節を迎えたが、朝がた、寒さがあまりはげしいので目をさました。煉瓦だてのこの建物が、普通の木造の家よりずっと寒いということは、看守の一人が私に話してきかせたことがある。看守は真冬の真夜中でも、囚人がおとなしく寝ているかどうかを見てまわらねばならないが、そういうときは腰から下が冷えて冷えて、自分の足か何かわからなくなってくるそうである。私は看守のそうした言葉を思い出し、今朝よりもっと寒い日がきたら、一体どうなるだろうと恐怖に近いものを感じた。

しかし寒さのために睡眠もとれないというほどの日は二度とこなかった。三月一日という日を迎えて、何とはなしにホッとしたその日の午後、「面会！」という看守の声が耳にはいった。

この前、妻が面会に来てからまだ半月もたたないのに変だなあと思って、接見室へ行ってみると、面会にきたのは妻ではなくて、下の妹だった。今朝起きてみたら、母は冷たうなっていたという知らせで、「これからお葬式をせんならんというのに、そばにいるのは女ばっかり、兄さんもいやへん、虔二もいやへん、典郎もいやへん、お父さんは病気上りでひょろひょろしているし、みじめでみじめで」といいながら、妹は手放しで泣き出した。虔二というのは召集されて中支の第一線にいる私の弟、典郎というのは、私と同様、未決に閉じこめられている彼女のつれあいであった。

妹はまた、お葬式に兄さんだけでも帰ってもらおうと思って、予審判事にたのみにいったけれど、死んだ者はしようがないいうて、許可してくれなんだ、といってまた泣いた。私はどういっていいかわからず、「ぼくから予審判事にもういっぺんたのんでみよう」といって別れた。そして独房へかえると、さっそく看守を通して願い書を提出したが、やっぱりだめだった。母の死に目にあえないということは、予め覚悟していたので別にどうということもなかったが、年とった父ならびに二人の妹が心細さを味わっていることを思うと申し訳ない気がした。それに一日でも半日でも家に帰ることができれば、未決の中の様子を、あれやこれやと家の者に語ることができるし、それに何よりもうまいものが食べられるし、とそんなことをなかば本気で考えてみたが、許可がおりなければ、どうしようもなかった。

妹が帰っていったあと、しばらくしてから南の方角に、距離は何マイルか全く見当がつかなかったが、異様な音がして、しかもその音はわずかな間隔をおいて連続的にひびいてきた。それは火薬庫の爆発を思わせる音であったが、ラジオも新聞もない未決の中では、確かめようもなかった。その日は母の死、それから仮保釈が許可されるかどうかの問題、それに不吉な爆発の音などで、私の心はすっかり安定を失っていた。

やがて湯タンポの必要もなくなり、四月にはいると、桜の花が咲いているのが、屋上からかすかにうかがわれる。新緑の季節になると、東山全体が新しい生命にみちあふれ、緑の美しさが屋上をかけっている私の胸をつく。じっとしておれないような、無暗と解放されたいような、そしてつぎのしゅんかんには口惜しいような気持になって、思わず「こん畜生!」と口走る。

真夏になると、今まで五日に一度だった入浴が二度になる。拘置所の入浴は、つぎつぎと順番で追ったてられて、とてもゆっくりお湯の中につかっておれないが、それでも湯上りのあとしばらくはいい気持で、囚人であることをなかば忘れてしまう。団扇を使いながら、そして窓の外の青い空を仰ぎながら、誰か気をきかしてビールでももってこないかなあ、というような気分になる。

八月の上旬、新村君が出廷した。今日は判決だということを、一人の看守が他の看守にささやいているのが耳にはいって、私ははっとした。一時間ばかりたって、新村君がもどってきた。そして私の房の前を通って自分の房へ帰っていったが、その足どりがあんまり元気がないので、これはただごとではない、新村君は事によったら実刑を言い渡されたのではないかと思った。新村君を含めて、われわれは全部執行猶予になるものときめこんでいたのだが、あのしょんぼりした歩き方はどうしたことだろう。検事は実刑にはならないといっていたが、その後情勢がさらに悪化したのだろうか。私は不安になって、つぎの日看守の一人をつかまえてきいてみた。看守は、新村君は執行猶予になって、さっさと自宅へかえったと事もなげに返事をしてくれた。

ここで働いている看守で、私に接触のあったのは全部で十人ぐらい、そのうちの多数はお人よしで親切であった。私も段々なれてきて彼らと口をきく回数が多くなり、彼らもこちらから頼みもしないのに珍しいニュースを教えてくれたりした。平沼内閣がつぶれたことも知らしてくれたし、九月にはいってからは、ドイツ軍がポーランドに侵入し、ポーランドをドイツとソ連で分割したというニュースも伝えてくれた。そして「もう、こうなったら正しいも糞もないわい」と看守は付け加えた。

私にとっては、情勢を判断するための資料がなさすぎたが、平沼内閣がつぶれようがつぶれまいが、日本の事態は悪化していく一方だし、日本とともに世界が刻一刻、戦争地獄へおちてゆくのを感ぜずにはいられなかった。

予審・潜在意識

あと一日か二日で中秋の名月という日に、私は突如として転房を命ぜられ、南側から北側の独房に移った。草野君、新村君、私など思想犯がみんな南側の独房をあてがわれていたのは、一種の優遇だと思いこんでいた私にとって、またこれからだんだん寒くなっていくときに、日当りの悪い北側の房へ移されたということは、すくなからぬショックであった。私はそのときのうらめしい気持を「名月を見ずに移れり北の房《へや》」という句であらわし、これを石板の上にかきとめた。独房の中では鉛筆やペンの使用は禁じられていて、石板と石筆だけが、入所後九カ月目に許可されていた。

私がお月さんの全く見えない北側の房へ移ったすぐあとに、ぞろぞろとにぎわしく、何人かの新入りがはいってきた。これらの連中は、京都の府会議員か市会議員かの選挙で、買収をやってつかまったもので、京都の財界もしくは政界の名士たちであることがやがてわかってきた。これらの名士を優遇するために、京都の刑務所は私を冷遇する処置に出たと思うと、しゃくにさわった。この名士たちは差入れ弁当もぜいたくであった。弁当を配給する役目の雑役たちが、何房が二円の弁当で、何房が一円五十銭の弁当で、何房にまだ果物がついていないといって、廊下をあっちへうろうろ、こっちへうろうろしているのが、反対の側にいる私にもよくわかった。

十月十三日、私は予審判事によばれて出頭した。予審判事は私に、明日から調べを始めるから、考えをよくまとめておくように、調べはだいたいひと月ぐらいかかるだろう、といった。予審判事の部屋から、自分の独房へかえっていく私の足取りは軽かった。予審判事の言葉をきいて、すぐ私の頭にきたのは、これは年内に家へかえれるということであった。予定通りいくと、十一月中旬には予審終結、それからあと書類が裁判長の所へまわって、そこで何日かかるかわからないが、年の暮には判決言い渡しをやってくれるだろう。有りがたい、有りがたいと私はひとり心の中で喜び、さっそく手紙でこのことを家の者に知らしてやらなくてはと思った。

しかし私はすぐそのつぎに、予審判事の前でどの程度頑張るべきか、または頑張りうるかについて考えねばならなかった。検事の調べのときに認めたことを、もう一度予審判事の前で従順に認めるのだったら、何のひっかかりもないわけで、判決で有罪になっても執行猶予はまちがいない。それでいいような気もするし、あまりふがいないような気もする。太秦署にいたとき、木下巡査部長が、「和田先生はちっともたたかっとらんじゃないですか」といったのが、未だに耳にのこっているし、ここで頑張れば無罪となる可能性もないことはないという気もする。しかし頑張っていると、取調べにひまどって、二度目のお正月を拘置所で迎えるハメになるかも知れないし、無罪というのは、検事局や警察の敗北なのだから、そんな判決を裁判所はとても出すまい。いやそれにしても、今度は相手が特高や検事ではなくて、予審判事なのだから、どうでもこうでも罪におとしいれるというようなことはしないだろう、一応は公平そうな顔付きをして、こちらの言い分もきいてくれるだろう。予審の進行とともに、予審判事は私が共産主義者らしくないことに気がついてきて、有罪にするのは無理だという風に考え出すかもわからない。

　もっとも私は予審判事というものについては、全く予備知識も何にもないので、予審判事を職務としている人にあったこともなければ、予審判事の仕事はどういうものだという話をきいたこともない。ただ私は検挙されるよりふた月ほど前に、ドイツの現代作家フェルディナント・ブルックナーの戯曲『犯罪人』[56]をよんで、そこから予審判事にかんする一つのイメージをえていた。その戯曲の主人公である青年は、人殺しの嫌疑をうけて起訴され、未決へほうりこまれている。その青年はながいながい独房生活で頭がすこし変になりかけているところで予審が始められるが、青年がいくら本当のことをいっても、自分は決して人殺しなんかしていないといっても、予審判事はすこしも彼を信用しない。予審判事はいくらでも根気よくねばるし、態度は次第に冷たくなってくる。青年はしまいには、予審判事をうらむよりは気の毒になってきて、嘘の自白をして予審判事を喜ばしてあげようという気になる。そして人殺しをやりましたと言ってしまう。

これはワイマル共和国の裁判を扱った戯曲なのだが、私を取調べようとする予審判事も、あれと似たりよったりなのだろうか。そうだとすると私も『犯罪人』の主人公のように根負けしてしまって、予審判事のお望み通りの陳述をやりそうだが、まあ一つ頑張れるだけは頑張ってみよう、そう思ってその日は眠りについた。

翌朝からいよいよ予審が始まった。私を調べる松野孝太郎という予審判事は、年は四十をすこし越しており、背は私より高く、胸はばも私より広かった。おそろしく冷静で無表情で、一カ月のあいだ、朝から晩まで私と向い合いながら、ただの一度も笑顔をみせなかったのだから珍しい人にちがいなかった。といってこわい顔も一度もしなかった。そればかりか私にたいして、からだの調子はどうかとか、今日はいい天気だとか、そんな話しかけもしなかった。抑揚のない声で、ぼそぼそと職務上の質問をする、ただそれだけであった。

予審判事の横には、私と同じぐらいの年配の書記がいて、二人のやりとりを毛筆で速記していたが、この書記にたいしても予審判事は職務上必要な注意を、一日に一つか二つあたえるだけだった。ただの一度もあたたかい言葉を投げかけなかったし、どなりつけもしなかった。そして書記は書記で、自分はただ記録をとるだけが任務であり、それ以外のいかなることをもなすべきでないと心得ているかのごとく、朝から夕方まで全く口をきかず、予審判事にたいしてまた私にたいして、ただの一度愛想笑いをするでもなかった。裁判所もしくはお役所の冷たさというものを、今まで言葉できいて知っていたが、このとき初めて、身をもって経験することになった。

午前の調べがすむと、一度独房に帰り、ひるめしを食べて一休みし、それからまた出廷する。夕方帰ってくると疲れてたたみの上にぶったおれそうになる。取調べをうける者の気疲れもあったにちがいないが、今までたたみの上にすわってばかりいたのが、急に半日椅子の上に腰かけることになって、からだの方が面喰ったということもあったのだろう。とにかくへとへとになった。

取調べは、最初二週間ぐらいは順調にすすんでいたが、そのうちとうとう引っかかってしまった。反ファッショ文筆活動をやるにはやったが、日本に共産主義社会を実現するためなどとは全く考えていなかった、と私がいうと、予審判事は、いや検事局の調べではそういう目的でやったと自分で認めているじゃないか、という。そりゃ、検事局ではそういう風にいわなきゃ承知してくれないからそう言っただけです、といったが、相手はどうしても承知しない。本当はそんなことは意識の中に全くなかったのです、といったが、相手はどうしても承知しない。治安維持法違反で私が有罪になるか無罪になるかは、私が心の中で思っていたか、いなかったかにかかっていることが明白になってきているので、私としてもここで頑張らざるをえなかった。

予審判事としては、君がそういう意識はなかったというのなら、その通り認めよう、といってしまえば、特高や検事のながいあいだの苦心が水の泡になってしまう。だから頑張る、そうとしか思えなかった。予審判事というものは、すくなくとも原則上は、検事の取調べにまちがいはないか、一応は疑がってかかるはずだと思っていたのが、どうやら怪しくなってきた。自分を調べている予審判事も、ドイツの芝居の中の予審判事も同じことだ。私もしまいには投げ

だしたくなった。私はさいごに、

「共産主義社会実現のためということ、そりゃ潜在意識の中にならあったかもわかりませんが……」

といった。すると松野予審判事は、

「潜在意識!? うん、それでよろしい、潜在意識の中にでも、そういう目的があったのならそれでよろしい」

といった。かくして問題は解決した。私は潜在意識によって罰せられることになった。人を殺した夢をみたからといって、刑罰をうけた人のことを、私はきいたこともよんだこともないが、昭和の聖代において、潜在意識の中に共産主義社会の実現という観念がひらめいたかもわからんといっただけで罰せられる。一体何ということだろう。私は心の中で泣き笑いをしていた。


今一つ引っかかったのは、私は反ファッショ文筆活動をつづけていたが、勝てるとは思っていなかったと記述している点であった。松野予審判事は、勝つ見込みがないのに、たたかうというのは理くつにあわん、と言いだした。私はこれはおかしいと思って「日本の支配階級の力はとても強くて、歯がたたないと思っていた、しかしインテリゲンチャの一人として、侵略戦争というような悪の遂行をだまってみのがすことはできない、ドイツやイタリーで行なわれているような野蛮な独裁政治が日本で行なわれようとするのを、じっとみていることはできない、だからペンをとってたたかったのだが、そうかといって勝てるとは夢にも思っていなかった。新村猛君などは、その点私と大分ちがっていた。彼ははるかに楽観的であったし、いつも昂然としていた」と語ったが、予審判事は納得しない。角力だって、相手が強くても、ひょっとして勝てるかもわからないと思えばこそやるので、そうでなければ初めから土俵に上らないというのである。そうして、色をなすというほどではなかったが、若干不機嫌さを顔にあらわして「今日は調べをこれで打ちきる、君のような筋の通らんことをいっていたんでは調べはすすまん、今夜ゆっくり考えておくように」といって予審判事は部屋を出ていってしまった。

私はへこたれてしまったが、翌朝「日本の支配勢力は強大で、左翼がこれに刃向っても勝つ見込みはない、これは確信している。しかし左翼が弾圧されて、それでおしまいというのではない。何十年かのちにはまた立上ってきて、そのときは勝つかもわからない。私はそのことまでも否定するのではない」といったところ、予審判事は、「それならよろしい」とあっさり諒承してくれ、こちらもやれやれした。

予審が終結したときには、ああやっぱりだめだったという溜息が出た。しかしそのあとから、それでもひょっとしたら無罪ということもありうる、という希望的観測がかすかながら湧いてきた。

予審判事はさいごに、被告として過去の行為にたいする反省、ならびに今後社会へ出た場合どのような生き方をするかについてかけと命じた。いわゆる転向の手記である。私は心にもないことを書きたくないという気持と、どうせ書かなきゃかんにんしてもらえないんだから、あきらめるほかはないという気持と、二つの気持がたたかっているのを意識しながら手記を書いた。私は今まで日本の文化を軽蔑し、徒らに外国の文化ばかりを尊重し、外国の思想を最高のものと考えてきたが、この度検挙された機会に日本の古典文化を新たに見なおし、万葉集の立派さに驚異の目をみはり、芭蕉の世界に沈潜して、自分が今まで自国の文化をいかに不当に軽視していたかを知った、私は今後は今までとうってかわって、日本人らしい日本人として生き、日本の国を立派にしていくためにつくしたい、と書き、それ以上気まりの悪いこと、例えば天皇陛下の御為、滅私奉公するとか、マルクス主義をくそみそにこきおろすとか、そういうことは書かなかった。ただこれでは転向の意志を認められないなどといわれては困るので、転向の手記らしくみせるために、一番おしまいに「焼けぼっくいには火がつきやすい、という諺がありますが、私はまさにその焼けぼっくいであります。二度と再び左翼思想に迷わされないよう、十分気をつけるつもりであります」と付け加えた。

予審判事は、私の手記をよんで、別に不十分だとも何とも言わなかった。そしてさいごの〝焼けぼっくい〟では我が意をえたりというように「君自身が気づいている通りだから、今後は十分注意するように」といって、それでおしまいになった。

私の転向の手記は、そのあと法廷で裁判長からとやかく言われることもなく、無事にパスした。しかし裁判がすんで二年半もたって、私が住居を東京に移し、東京の保護観察所の門をくぐり、主任と面会したとき、初めて問題になった。その主任は御丁寧にも私が二年半前にしたためた手記に目を通したのである。彼は「あんなもの、転向の表明でも何でもないじゃないか、君はあの中でマルクス主義の批判を何もしてないじゃないか」と私につめよった。私は一しゅん寒気をもよおしたが、転向の手記がなっとらんから、もう一度刑務所へはいれとはまさか言うまいとたかをくくった。そしてただ神妙そうに、こうべをうなだれてみせた。主任もそれ以上は追及しなかった。

話をもとにもどして、予審終結とともに、接見禁止は解かれた。私はいろいろな人に面会にきてほしいと願ったが、妻は迷惑だからといって、取りつごうとはせず、結局は今まで月に一回だけ特別の御許しをえて面会にきていた妻が、自由に週一度ぐらいの割合でやってきたのと、上の妹が一度やってきただけだった。年とった父には、こんなところへ来てもらいたくないという気が私の方にあったし、父もこなかった。

第五章

判決

弁護士としては三高時代のクラスメートである小林寛君を依頼することにした。彼はさっそく打ち合わせに未決へやってきてくれた。私が「なんとか無罪にならんかと思っているんだ」と語ると、彼は「そうか」とにえきらん返事をしていた。しかしその後彼は私の調書をよんだらしく、三度目にきたときには「わしも罪にはならんような気がする、公判では大いに無罪を主張するつもりだ」といってくれた。

太秦署の木下巡査部長が、公判のときには証人に出てあげますといったのも思い出して、家の者を通してたのんでみることにした。現職の警官を思想犯の証人にするのは、無理でもあり気の毒でもあると思ったが、当人が自発的に証人になってあげると言ったことではあり、当人は私を起訴したのはまちがいであると確信しており、しかもその確信は、彼が下鴨署の特高として私をつけねらっていたときの調査にもとづくのであるから、証人として出廷してもらったら大変都合がいいと思ったのである。

私の妹は、太秦署に電話をかけ交渉したところ、木下巡査部長は、何か条件のようなものをもち出して、その条件がみたされれば証人として出さしてもらうといったらしいが、電話が遠くてよくわからなかったし、ぜひ証人になりたい様子もなかったので、もう結構ですといって、ことわったという話であった。

小林弁護士はまた公判のときには、えらい人の保証のようなものがあった方がいい、君の場合、えらい人は京大の成瀬清[57]先生だろう。成瀬先生が法廷に出て、君の今後のことを保証する言葉をいってもらえば結構だし、都合がわるければ書面でもいいといった。この方は私の妻がたのみにいったところ、成瀬先生は法廷へ出るのはかんにんしてもらいたい、といって書類をとどけられた。

法廷に出る日は十二月十四日ときまった。その前日差入れられた黒紋付の羽織と仙台平のハカマを身につけ、看守にともなわれ、編笠をかぶって出廷したときは、さすがに面はゆい気がした。一般の傍聴は禁止されていて、私の父と家内と、神戸からやってきた家内の父と三人だけが傍聴席にすわっていた。

検事の席についているのは、私を調べた山下検事ではなく、野呂という全然知らない男であった。彼は私の文筆活動をかぞえあげ、それが日本共産党ならびにコミンテルンの目的遂行の為にする行為であることを強調した。そして被告は甚だ危険な思想を所有しておりながら、そのことを十分自覚しておらない、それだけにいっそう危険であるというようなことをいって、懲役三年を求刑した。

そのあとで小林弁護士が立上った、彼はまず成瀬先生のかかれた保証文をよみあげた。それはつぎのようなものであった。

文学士　和田洋一

右の者本学在学中精励勤勉資性潔白廉直にして友誼に厚く然諾を重んじ常に儕輩の推すところとなりたり　然かも身を持すること謹厳和して同ぜず苟も軽挙妄動に走ることなく優秀の成績を以て業を了へたり　頃日書を寄せてその心境を吐露し或は独逸の古典に親しみ或は芭蕉の俳句に思いを潜め以て真に日本人らしき日本人としての思想信念を堅むべく努力しつつありと語れり　余は同人の平生に徴し人格に鑑みてこの言の真実なることを確信し其将来に対して聊も危惧の念を懐かざるものなり　仍て之を証す

昭和十四年十二月

京都帝国大学教授
文学博士　成瀬　清㊞

私のことを無暗とほめているのは、笑うほかないとして、この保証文の特徴は、私が不心得をしたとか、共産主義思想にかぶれたとか、そういう非難めいた文字を全く含んでいないということが一つ。つぎには検事局に御迷惑をかけたとか何とか、こういう場合ほかの人なら言いそうな御世辞ないし治安当局への迎合の調子が、ここには全然見出されないということである。ヒットラーのちょうちん持ちをさいごまでされなかったドイツ文学者の成瀬先生、自由主義者であったが、いかなる意味でも左翼ではなかった成瀬先生のレジスタンス、それを私は小林弁護士が朗読しているときは感じなかったが、大分あとになって気づくようになった。

小林弁護士は朗読をおえて、いよいよ私の弁論にはいった。彼は小柄で、特に風采が立派というではなく、言葉数もすくない方で、高等学校の学生のときから、あまり目立たない存在であったが、その彼が堂どうと弁論をやった。私は内心おどろきながらなかなかやるわいと感心してきいていた。彼は、自分も学生時代には『戦旗』をよんでいたし、左翼の出版物もいろいろよんだ。昭和のはじめに学生時代を送ったものは、多かれ少なかれ被告和田と似たりよったりの思想をもっている。被告和田にまで治安維持法を適用するのは、明らかに度をこえているといい、さいごに裁判長が無罪の判決を下されるよう御願いしたいといった。

裁判長はちょっとおどろいたような顔をして「無罪？」とききかえすと、小林弁護士は「はあ、無罪に願いたいです」と答えた。「そんな無茶を言うなよ、君」と裁判長の表情は物語っているようだった。この裁判長はファッショ的な傾向は全くなく、内心は私に同情しているという話を、小林弁護士を通して私もきいていたのである。

裁判長は、「判決言い渡しは来る十九日午前十時半に行なう、本日はこれで閉廷する」としずかに宣言した。私は実父と岳父とに目であいさつをし、編笠を手にとり、看守にともなわれて法廷を出た。

普通、私のような事態になった場合、実父にたいするのとはちがった意味で、岳父にたいして申し訳ないという気持を強くもつことになるのであろうが、私の岳父は一にも二にも治安当局が怪しからんと考えていたので、私としては楽であった。岳父は内村鑑三[58]の末弟で、まだ物心のつかないころ、一高の教師であった兄の鑑三が、陛下の御真影の前に頭をさげなかったため、非国民、国賊よばわりをされ、暴徒がおしよせてきて家に石を投げた。国賊、天子様に不忠な人間を兄にもつ少年の運命は明るいものではありえなかったが、周囲から冷たい扱いをうけ、特に小学校の教師からいじめられたりしているうちに、岳父の心の中には皇室中心主義や偏狭な国粋主義にたいする抜きがたい反感が育っていった。不敬事件を起した内村鑑三の弟ということのために、就職もできず、ついにアメリカに渡り、そこで農場労働者となった。過去にそのような経歴をもっている岳父は、だから日本の国の右旋回を苦々しく思っていたし、娘むこである私が警察につかまったからといって、ひとこともグチなどこぼさないようであった。今日の法廷で、実父と岳父とは、それぞれどのような感想をもったことだろうか、それを自由にきかしてもらえるときが、もう目の前にせまっている。

その日の夕方、ちょうど夕食を食べおわろうとしたときに、独房の扉が開かれ、看守が「廿一！　保釈や保釈や！　早う仕度をせえ」といった。保釈の話は小林弁護士を通じて前からあったので、当てにしていたが、夕飯どきになって何の音沙汰もないので、あきらめていたところだった。いずれあと五日、判決がすめば釈放されるとは思っていたが、五日でも早く出られるのは有りがたかった。私は大急ぎで、ばたばたと荷物をつくった。

入口のところまで出ると、妻が待っていた。タクシーも用意されていた。タクシーが動きだしたとき、ああこれで自由なからだになれたと思った。家へつくと、父が玄関まで迎えに出てきた。父は数え年七十であった。私は「どうもながいあいだ御心配をかけてすみませんでした」と、たたみの上に手をついてあやまり、父は「御苦労だったなあ」といってくれた。

判決の日までは、遠いところへ出かけないように、なるべく家にじっとしているようにとの注意が、裁判所からあたえられていたが、私は歩きたくてたまらないので、あるいは上賀茂の方へ、あるいは嵯峨野の方へ足を向けた。一年以上もほとんど歩かなかったのに、急にどんどん歩いては、からだがどうかなりはしないかと案じながらも、前へ前へと進む足を抑えることは困難であった。

消化力が特に旺盛というわけでもないのに、食べたくて食べたくて、そして何を食べてもおいしかった。出所した翌日の晩は、家でスキ焼をしたが、私がえらいスピードでがつがつと食べたので、横にすわっていた小学校二年の姪も、その勢いにつられてがつがつ食べ、その晩はおなかをこわして薬をのむという始末であった。

判決の日には、黒紋付の羽織と仙台平のハカマはもうやめて、背広で出かけた。定刻前に法廷にはいって待っていると、女学校の上級生らしい者が百名ぐらいぞろぞろと傍聴にはいってきた。引率している先生は私の顔見知りの人で、同志社女学校の先生であった。二人はあいさつをかわしたが、その先生は、私が今日被告として判決を言い渡されることなど全然知らない模様で、裁判所を見学させるために偶然、生徒をつれてやってきたに過ぎないようだった。

判決の言い渡しはかんたんだった。裁判長は、治安維持法違反のかどをもって懲役二年、執行猶予三年を低音で申し渡し、「不服はないだろうね」とやさしい眼付で言った。私は軽く頭をさげて、服罪の意志を表明し、すべては終った。傍聴している同志社の女学生にとっては、何が何だかさっぱりわからなかったであろう。

私としては未決勾留の状態から解放され、自分の家で自由にふるまうことができるようになったとたんに、もう無罪でも執行猶予でも同じことだというような気持になったことが一つ。つぎには私より先に執行猶予の判決をうけた友人たちがどうしたかを確かめたところ、誰も彼も服罪したということで、私ひとりが控訴するのは大分勇気がいると思ったこと、そして勇気を出して、あとであいつ生意気だ、謹慎しとらんということで、また検挙されてはたまらないという気持があった。それで小林弁護士が、わざわざ家へ訪ねてきてくれて、もし有罪の判決が出た場合は控訴してはどうかとすすめてくれたときも、いやもう、どうでもよくなったという返事をしたのであった。

裁判長の言い渡した有罪の判決にたいして、内心はもちろん不服であった。しかし今はおとなしく引きさがって、これからの生活、収入をえるための道を切りひらいていくほかはないと思われた。情ないけれども、あきらめるほかはない。これからの人生、敗北と諦念とともに始まるこれからの人生を、私は第二の人生と呼ぶ気にはなれなかった。私は転向したことになっているし、今後も転向をよそおわねばならないだろうが、しかし私はちっとも転向していない。私はただ今後数年間は、思想的な問題になるべく触れないようにして、目立たないようにそおっと生きてゆくほかはない。刑務所へもう一度はいるのは真平《まつぴら》だし、餓え死もしたくない、当分はだまって生きていよう、そのうちに……

だが〝そのうちに〟が何年先のことか、どんな形態をとってあらわれるのかは、私にも全く見当がつかなかった。

保護観察・就職

思想問題で引っかかって起訴されたものは、釈放されたとたんに保護観察法に付せられることになっていて、私も自由な身になると同時に、京都司法保護観察所によって保護され観察されることになった。別に警察は警察で私のことを気にかけてくれて、下鴨署の特高がちょいちょい私の家を訪問してくれた。訪問してくれるのは、もちろん顔なじみの連中で、「今日は」といって私服が玄関にはいってくると、私は、うっとうしいような、なつかしいような気持になった。

保護観察所では、私を調べた山下検事のところへ一度あいさつにゆくように、と地図を教えてくれたので、私はさっそく出かけた。山下検事は妙チキリンな顔をして私を迎えた。たたみの応接間でしばらく向い合って話をしたが、山下検事は、

「君と中井正一の二人は、どう考えてもマルクス主義者ではないので、起訴したのはまちがいだった。君を起訴する気は、実はぼくにもなかったのだが、塩貝のやつが、どうしても承知しよらなんだのだ」

といった。塩貝というのは京都府の特高で左翼を担当している警部であった。特高課長というのがその上にいたが、これは特高警察のエキスパートでも何でもなく、ただの役人で、二年つとめると今度は何とか課長、何とか部長になって他府県へ転勤してしまうので、実質的には京都の特高の左翼に対する政策にかんする限り、この塩貝が采配をふるっていたのである。山

下検事が塩貝警部に動かされたということは、私もありうることだと思った。

昭和十二年の夏、同志社大学予科の右翼学生が配属将校にそそのかされてストライキをおこし、そのため退学処分に処せられた。そのとき京都府の特高は、予科教授会に圧力をかけ、教授会の決定を取消させようとしたが、教授会は頑張り通した。そのため特高は同志社にたいして何らかの意趣がえしをするだろうことは、みんな覚悟していたし、教授会の中の左派と目されていた三人が特ににらまれているということも十分想像できた。塩貝警部としては、真下、新村をやっつけたのだから、和田もいっしょにやっつけろという気があったのだろうと、そんな臆測を私はしていた。

同時に、私は、山下検事が、良心の苛責のようなものを感じているにしても、ずい分思い切った告白をしたものだと思った。君を十三カ月未決にほうりこんでおいたが、あれはまちがいだった、おれの本心からやったことではなく、よその男におされてやむをえずやったということを、被害者を前において言うのだから相当なものだと思った。山下検事は私に対して、すまなかったとあやまりはしなかった。しかしその正直さ加減には好意がもてた。

私は保護観察所へたびたび顔を出さねばならなかったが、ある日、観察所の近くにある叔父の家を訪問した。叔父は「お前もこれでやっと一人前になった。めでたいめでたい。苦労もせずに、ひょろひょろっと育ったような人間はつまらん。人生はこれからじゃ、しっかりやれ」とはげましてくれた。そして帰るとき、ステッキを一本くれた。私はステッキをついて歩くという習慣はなかったが、せっかくもらったので叔父に礼をいって、帰途観察所に立ちよった。

ところが数日後、私と同様保護観察処分に付されている新村君が「観察所では君がステッキをふりまわしながら観察所を訪問したということで問題にしている。つまり態度が不謹慎ということらしい、観察所の所員というのは、そういう考え方をする連中だから、君も気をつけた方がいい」と教えてくれた。解放されたといっても、本当に解放されているのではなかった。私は前科者、日陰者として小さくなって生きることを要求されていたのである。私はこのときいらい、京都の保護観察所の役人たちにたいして、軽蔑と反感をもつようになった。私はできれば東京に就職しようと思ったが、東京へ行けば東京の観察所によって保護され観察されねばならないし、そこにもろくでもない小役人が沢山いるのであろう。私は憂うつになった。

一月末日には義弟守屋典郎が保釈になって出てきた。ながいあいだ私の家で、お父さんの帰りを待っていたひとり娘、私の姪は、お父さんはニューヨークへ行っていると言いきかされていた。そのニューヨークへ行ったはずのお父さんは、着ながしでぶらりと帰ってきた。そしてニューヨークからのお土産だといって、京都の街なかで買った西洋人形を子供に手渡した。

守屋の親子三人は、当分私たちと同居することになった。守屋も私も、あわてて職を探さねばならないほど窮迫してはいなかったが、といっていつまでもぼんやりしておれないので、私は単独で東京へ出かけて、職がありそうかどうか様子をみてくることにした。

東京では、友人の宅に世話になって、毎日出あるき、いろいろな人を訪問した。最初に、満鉄の建物の中で尾崎秀実[59]に出あった。彼は私に「岩波新書に自分はちょっとしたものをかいたが、予想外によく売れて、印税もばかにならない、あなたも何かかいてみられたらどうですか、喜んで御世話しますよ」といってくれた。しかし私は今どんな本をかくことができるだろう。私は観察されている身の上である。何かかきたいような気がしないではない、しかし何をかいても、向うが引っかけようと思えば引っかけることができる。私はもう当分かくということを断念するほかはない。翻訳ということも考えてはみた。岩波新書には、翻訳物がいくつか出ていた、しかし〝翻訳の意図は？〟などと追及されるのはもう御免だ。

改造社から出ていた雑誌『文芸』の編集者小川五郎氏にもあった。小川氏とは初対面であったが、私は小川氏の依頼をうけてドイツ亡命作家の作品を紹介する文章を二、三度『文芸』にのせたことがあったので、未知の間がらではなかった。

小川氏は京都で行なわれた検挙のことをうすうす知っている模様であった。「京都はひどかったようですねえ、ばかにしていますよ、もう京都なんか引きはらって、東京へ出ていらっしゃい、東京へ出てきて大いに仕事をされたらいいですよ」と小川氏は私にすすめ、かつ元気づけてくれた。たしかに京都はひどかった。小川氏も京都に住んでおれば、私たちといっしょに引っつかまったであろう。特高の眼からみれば『文芸』も人民戦線運動の機関であるにちがいなかった。しかし小川氏が親切に言ってくれるのはうれしかったが、京都も東京も五十歩百歩ではないのか、東京だって文筆活動の自由は、ほとんどもうなくなりかけているではないか、私はそんなことを考えながらだまってビールを飲んでいるうちに、急に胸のあたりが苦しくなってきた。顔色も悪くなってきたらしく、小川氏が心配してくれて「やっぱりながいあいだの刑務所生活でからだが弱っているのだなあ」と言っているのを、私は目をつぶったまま、きくともなしにきいていた。

それからあと、何日かをへだてて、友達といっしょにビールを飲んだ。そして途中で便所へいって小便をしているうちに意識を失ってしまい、気がついてみると、便所の戸にからだをくっつけて、ぶっ倒れていた。どれぐらいの時間倒れていたのか、自分でもさっぱりわからない。そしてこれと全く同じケースが数日後また起った。二度とも汚い公衆便所ではなくて、きれいな料理屋の便所だからよかったようなものの、これは気をつけないと危い、心臓が弱っているにちがいない、とそれ以後はアルコールにたいして特別警戒するようになった。

私はまた同盟通信社へも出かけていった。そこには三高時代に、私の所属している教会で洗礼をうけ、やがてまた教会からはなれていった旧友が二人も勤めていた。二人とも親身になって私の仕事のことを心配してくれたが、一人は、同盟通信社へはいる気があるなら運動してみる、望みがないことはない、ここにはもと左翼だった者、そして検挙されて一たん失業した者がじゃぶじゃぶはいり込んでいる。話のわかるのが多いし、仕事も気楽だ、ただ月給がおそろしく悪い、それさえ承知ならやってこないか、小遣いかせぎはほかにいくらも口はあるから、とそんな風に言ってくれた。私は東京へ出てくる決心がついたら、宜しくたのむといって別れた。

親戚へもあちこち顔を出したが、一人の叔母から、どうして控訴しないのか、そして無罪にしてもらわないのか、ときかれたのにはまいった。この叔母は、私が法律に違反するようなことはしていないと確信していたので、私が自由なからだになったからといって問題が解決したとは思っていなかった。罪を犯していない者が有罪の判決をうけたのだから、それにたいしてあくまでも相手に無罪を認めさせなければいけないと考えている叔母の健全な常識が、もう行なわれなくなっている日本の現状を私は改めて悲しまねばならなかった。

もう一人の叔母は、私のために有力な雑誌社の口を世話しようとしていた。その話は望みがありそうだった。その叔母は未亡人で、私は就職の世話など期待していなかったが、叔母の方はあたたかい気持で私のことを親身に考えてくれていた。思想問題で引っかかった者は、もう二度とまともな職にはつけないのではないかという危惧、そんな危惧はもう無用であるように思えてきた。誰もが私を災難にあった者として扱い、非国民としては扱わなかった。

ただひとり、父の親友であり畏友であった老哲学者だけは例外で、私に苦言を呈し私の反省をうながした。この老哲学者にとっては、けしからんのは日本ではなくて、アメリカでありイギリスであった。貧乏国であり後進国である日本が発展しようとするのを、金持国の英米が抑えつけようとしている、それにたいして日本はだまって抑えつけられていていいのか、君もひとつゆっくり考え直さなくてはいかん、といわれて、私はよく考えますとだけ答えた。生まれつき論争の苦が手であった私は、検挙され釈放されて後は、意識的に理くつっぽい話は避けるようにしていたし、老哲学者を相手にやりあう気など毛頭おこらなかった。ただ子供のときいらい、私を可愛がってくれたこの老哲学者の主張が、何程かは正しいものをもっていることを認めたけれど、「持てる国」と「持たざる国」との抗争という形で、世界のうごきをとらえることに、私として賛成できるはずはなかった。

東京に十日以上滞在して、何とはなしに明るい気持で京都にかえると、留守中に、三高時代のクラスメートの一人が就職の話をもってきてくれていた。大阪時事新報社へはいる気があれば、いつでも世話をする、大阪時事新報社の専務取締役は、京都市内のしかじかの場所に住んでいるから、一度あってみてはどうかという連絡であった。

大阪時事新報社というのは貧弱な新聞だと思っていたし、別に気はすすまなかったが、せっかくの友達の好意だから、あうだけはあおうと思って、その専務の家を訪ねた。するとその専務は、まっぴるまだったが酒が相当まわっていて、ロレツがまわらないほどだったが、「君が和田君か、くわしい話は何もかもきいている。大阪時事はこれからぐんぐん発展する。君もひとつしっかりやってくれたまえ、君の月給はフンデルト、フンデルト（百円、百円）……」と右手をふりあげていったが、あとは酔いつぶれてしまって、ものもろくすっぽ言えない状態だった。

この専務は勝手に私を採用することを決め、月給の額まで決めているのだ。私は当惑したが、相手が寝てしまったので、そのまま引きあげた。家へかえって相談してみたが、大阪時事への入社を誰も賛成もしなければ反対もしない。しかし私は、今後の就職運動がそう簡単にいくとは思えず、大阪時事の場合のようにあっさり決まることはまずあるまい、大阪時事に決めてしまえば面倒がなくていい、自宅から通えるという点でも面倒がなくていい、そう思って入社をひとりで決心した。

私は生まれて二度目の履歴書をかいた。賞罰の項には、正直に、治安維持法違反のかどにより懲役二年執行猶予三年の判決を受けたり、とかいて、大阪本社へもっていき、編集局長に手渡した。編集局長は、私を前においてその履歴書に目を通し、別に困ったような顔をせず、「明日から出てくるか？」ときいた。

月給のフンデルトには、私は内心苦笑していた。私は大学を卒業してすぐ同志社大学予科の専任の講師になったが、そのときの月給がやはりフンデルトであった。それから八年あまり勤めて月給も百三十円ぐらいにまであがったのが、また振り出しにもどったわけである。私はしかしまあ当分は我慢しようという気になっていた。編集局長が「ほかにいい口が見つかったら、かわってもいいぞ」と言ってくれたのも私の気持を楽にしていた。子供のときから、新聞記者になろうなどとは、ただの一度も思ったことのない私が、そして大阪という町をきらってあまり近寄らなかった私が、三月十日から新聞記者として大阪につとめ、大阪の街なかをうごきまわることになった。

私は大阪市役所や府庁の部長や課長、財界の著名な人たち、阪大の総長、恩師の成瀬清先生、作家の藤沢桓夫、[60] 貴司山治、[61] ドイツ総領事、東京からきて新大阪ホテルにとまっている政治家、その他多数の庶民諸君をつぎつぎインターヴューして、これを家庭欄の記事にした。自分の思想を出さないで、ただ相手のしゃべったことを手際よくまとめさえすればよいという仕事は、私にとって実に楽であった。それに毎日あっちこっち飛びあるいて、いろいろな人と会っているうちに、自分の世界が急に広くなってきたような気がしてうれしかった。同時に自分が今まで住んでいた教師の世界というものが、どんなにせまい、そしてうごきの鈍いものであるかということに気がつき出した。大阪という町にたいしても、すこしずつ愛情のようなものが湧いてきた。新聞記者になってよかった、当分はあまりものを考えないことにして、無邪気に飛びまわろう、そう思って私は毎日大阪へ通っていた。

転向

大阪へ毎日通勤するようになってから、私は、保護観察所という、うっとおしいお役所へ顔を出す義務を、ひとりでに免除されることになった。常の日に、勤め先の仕事を休んでまで顔を出せとは、観察所の役人も要求しなかったし、日曜日は、こちらがかりに顔を出す気があったとしても、観察所の門がしまっていたからである。観察所主催の集会が、ときどき夜分に行なわれているということも耳にしていたが、私の所へは召集状もこなかったし、かりに来たとしても、勤めで帰りがおそくなったといえば、欠席の申し訳はたつはずだった。

もっとも私は、学芸部の記者として、ときには京都で取材活動をすることもあったのだから、観察所が楽しい所でさえあれば、ちょいちょい顔を出したのであろうが、根性のいやしい小役人に、じろっと〝観察〟されるお役所に、足が向くはずはなかった。

京都大学の誰かに原稿をたのむ場合、私はついでに、そこで働いている真下信一君を訪ねて雑談する機会を何度かもった。京大の中に新たに人文科学研究所が設立され、真下君は嘱託の地位をあたえられていた。彼は小さい声で「アホらしうて」といいながら、購入した書物のリストをつくるとか、その他雑用をスローモーションでやっていた。正式職員でないのだから、毎月の収入は一人前であるはずはなかった。しかしともかくも、彼は職にありついた。新村猛君の自宅へも私はときどき出かけて、新聞社内であった出来事を話したり、友人たちの噂話をしたりした。新村君は、父君である出先生の『辞苑』の改訂の仕事を手伝うことになったので、さしあたり就職のことを考える必要はなかった。

私と同じ時期に検挙され、私よりおくれて起訴された連中も、つぎつぎに釈放されているらしかったが、私はこれらの連中を訪問することは差しひかえた。そんなことをしていると、また古い仲間がごそごそ連絡をとっていると思われそうだったからである。私は訪問の範囲をかつての同僚である真下、新村両君に限定した。そして両君を通じて、他の友人たちの動静を知った。

梯明秀、熊沢復六の両君は、一番しんがりになって、昭和十五年の夏に出てきた。梯君の住居は、留守中に私の家の近くにかわっていた。彼は『世界文化』のメンバーではなく、彼と私とは、検挙される前は、面識があるという程度であった。今度の事件で彼は日大専門や相愛女子専門の講師の地位を失い、釈放されて急に勉強する気にもなれないというわけで、夜分私のところへ何度もだべりに来た。彼は哲学者で、『唯物論研究』に哲学の論文を掲載したことで引っかけられたのだが、彼は人民戦線運動にかんしては全く無知であった。そのため、取調べの係官から〝学生以下〟だと叱られた話、その他留置場時代のアホウらしい話をぼつりぼつりきかせてくれた。

彼は一高、京大哲学科の出身だったが、このごろは一高の卒業生の名簿を毎日みているんだという話もしていた。就職の世話ということになると、京大哲学科の奴はさっぱり役にたたん、一高の奴の中にはたのもしいのが沢山おるなどといっていた。そしてその年の暮に、彼は北支那開発会社の調査局東京支局に職を得、京都を去っていった。世話をしたのは、やはり彼の一高時代の仲間であった。調査というような仕事をあたえられたことを、私は彼のために喜んだ。彼も刑務所を出るときには、むりやりに転向の手記をかかされたらしかったが、彼が転向していないことは明らかであった。政治的意見を発表せずに、だまって調査さえしておればいい仕事を、私は羨しいとも思った。

真下君や新村君と話しあうときは、お互いに以前とくらべていくらか遠慮深かった。しかし両君が転向していないことは明白だった。両君だけでなく、私たちの仲間は誰ひとり転向していないらしかった。私は内心安堵した。私たちの仲間の誰かが、急に奇妙な日本主義者になったり、侵略戦争を積極的に支持しだしたらたまらないと思った。

　京都の人民戦線運動でつかまって起訴された者のうち、百パーセントの転向をしたのは、『リアル』の田中忠雄ただひとりであった。彼の転向が本物であることは、山下検事も折紙をつけていた。田中が東京に住居を移し、そのあと私も上京しようとしたとき、山下検事は「東京へ行ったら、まず田中のところへ行け、あれといっしょにおればまちがいはない」といった。私は東京で彼を訪問し、どういう経過をたどって転向したのかときいたとき、彼は「未決の独房で、道元のものをよんでいるうちに、ぐうっと世界観が変ってきた」と答えた。しかし彼は留置場にいるとき、すでに天晴れな、模範的な手記を書いていたのだから、未決で道元をよむ前に、転向の下地はできていたとも考えられる。彼は別に私を国粋主義者の仲間に引きいれようとか、私をきたえなおそうとか、そんな素振りはみせなかった。彼は、私が翻訳をして小遣い銭をかせぐ世話を一、二度してくれた。ただそれだけであった。『世界文化』の同人ではなかったが、初期に論文を寄稿したことのある清水三男[62]も、私より三カ月前に検挙され、私が釈放されたときには、彼はとっくに自由なからだになっていて、保護観察所の仕事に積極的に協力しているらしい気配を私は感じさせられた。彼は私にとっては、親しい友人の友人にすぎず、直接に話し合ったことは一度もなかったが、私は彼にたいしては、かねがね一つの疑問をいだいていた。

　それは彼が、新村猛君や臼井竹次郎君、その他二、三の『世界文化』の同人と親しい関係にあったにもかかわらず、仲間入りしなかったこと、依頼をうけて論文一篇を寄稿したが、合評会その他に一度も姿をみせなかったこと、そればかりか、彼が『世界文化』の運動をあきたらなく思い、非合法の一面にクビを突っこんでいたらしいからである。

合法主義者、もしくは合法的運動をやっている者を、意気地なし、卑怯者として軽蔑し、やっつけるのは、昭和の初めから日本の左翼の伝統になっていた。合法政党をめざした大山郁夫[63]がひどくやっつけられ、そのどぎつさに河上肇[64]が立腹して党へのカンパを拒否すると、すぐ〝裏切者河上肇〟という大きな活字が無産者新聞の上にあらわれる。その河上肇ものちには非合法運動にふみきり、そしてつかまることになる。かりに合法主義者が意気地なしで、非合法主義者が天晴れな闘士であるとしても、その天晴れな闘士が片っぱしからつかまえられ、そして転向を表明して出獄してくる。そういう事態をまのあたりみながら、それでもなお若い学生たちが、ヒロイックな気持、やむにやまれぬ気持で非合法活動の中にとびこんでいくのを私は理解できた。しかし清水三男の非合法活動を私は理解できなかった。当時彼は大学を卒業してすでに五年も六年もたっており、和歌山商業の教諭という地位にあった。それに彼は小学校を五年で中学へ、中学を四年で高校へと、当時の最短コースをあゆんだ秀才であり、そういう秀才は危なっかしいことはやらんはずだったのに、それに彼は学者肌で『世界文化』のグループに加わることが相応しいように思えたのに、その彼が非合法活動にクビを突っこむということが、私にとって不可解だったのである。

日本の特高網の完ぺきさの前に、さしもの共産党の運動も全くかげをひそめたと思われる時期に、一人のインテリゲンチャが自己の良心に忠実であろうとして、日本帝国主義の中国侵略を阻止する運動の中にとびこむ。しかし日本の特高は必ず彼の行動をかぎつけ彼をとらえてしまう。彼はとらえられたしゅんかん玉砕したことになるであろうか。否、決してならない。彼は警察の取調べの中で自白を強要される。自白しなければ、ただちに拷問ということになる。何びとが日本の特高の拷問に、さいごまでたえうることができるだろう、特にひよわい秀才がどうしてたえることができるだろう。彼は非合法の新聞を誰と誰と誰に配布した、と一いち名前をいう。そして起訴されて、釈放されるまぎわには転向の手記を書かされる。釈放され保護観察法に付されてからは、手も足も出ないし、転向したことを身をもって示さなければ、またつかまる危険もあるので心にもない言動をする。玉砕どころか、全く惨たんたることになってしまう。そんなことは見えすいているではないか、というのが当時検挙される前の私の気持であった。

清水三男は当初『世界文化』を軽蔑し、その運動をインテリゲンチャの自慰的行為にすぎないとみていたが、のちにコミンテルン第七回大会の決定を知るにおよんで『世界文化』にある程度理解をもつにいたった、と彼の一友人は語っているが、はたしてその通りだったのかどうか、今日たしかめることは困難である。それは当人の清水三男がもはや此世にいないからであり、彼のもっとも親しい友人Tもまた彼のあとを追ってしまったからである。いずれにしても、彼はほぼ私が予測していた通りのルートをあゆんだ。保護観察所に彼がよく出入りをしていることをきかされたとき、私はそう感じた。

彼は自由な身になってから四年目の昭和十七年（一九四二年）に『日本中世の村落』を公にし、日本の史学発展の上に劃期的な業績をうちたてた。「国民学術協会賞」がその直後著者に贈られたことを、多くの人は記憶しているであろう。『日本中世の村落』のはしがき、あるいはそのあとに発表された『素描祖国の歴史』を、彼がどの程度まで本気で、どの程度まで思想検事や特高の顔色を気にしてかいたかということも、今となっては、ほとんど誰にもわからない事柄である。

『世界文化』のこと

私は、昭和十年以後の日本の条件の中で、『世界文化』の運動こそが唯一の正しい形態であって、これに協力しないで、非合法活動に従事し、とらえられた清水三男が愚かしいなどという気は毛頭ない。愚かしいという言葉をもし使うとすれば、それは当然『世界文化』にも向けられるであろう。

『世界文化』の仲間は、自分たちが警察のブラックリストにのっていることは自覚していたし、大部分は学校関係者であったため、何かの機会に辞表の提出を求められることもあるだろう、失業することもあるだろうぐらいの覚悟はしていた。しかし治安維持法に引っかけられて一年半も二年も拘禁されるとは誰も予想していなかったし、もし予想がついていたとすれば、あのような運動は中止していたであろうから、その意味でまず愚かだったといわねばならない。

京阪神在住のクリスチャンで社会的関心をもった人びとによって発行されていた『社会的基督教』にたいしては、警察から廃刊をすすめ、もし廃刊しないのなら何らかの措置をとるといって脅かしたそうである。『社会的基督教』はかくして昭和十六年に消え去ったが、仮に『世界文化』が同じような警告をうけたとしたら、議論は硬軟両派に分れるとしても、さいごは『社会的基督教』と同じ結果をたどったのではないかと考えられる。私たちは、警察や内務省の検閲課から一度も警告をうけないということで安心していたし、言論の抑圧がはげしくなったといっても、まだわずかの自由は残っていると考え、学校をクビになるぐらいの危険をおかしてもと思ってやっていたに過ぎないのである。

私たちは法律に違反しない地帯で活動していたのに、検事と特高はむりやりに私たちを法律に引っかけようとし、私たちはとうとうさいごに、法律に違反する行為をやりましたと言わせられてしまった。このことも愚かしいことであり、インテリゲンチャとして恥かしいことである。

私たちはまた乏しい収入の中から、各自、外国の新聞や雑誌を購入し、これらを材料にして『世界文化』の記事をつくっていたが、出来上った雑誌を売りさばくという点では、不熱心であった。

固定読者はおそらく二百名には達していなかっただろう。店頭売りもごく僅かで、広告収入もいうに足りないものであったし、印刷屋の払いは、いきおい維持会員（同人）の会費にまたねばならなかった。維持会員の数はおしまいごろは十六人だったと思う。私たちはポケットマネーで材料を買い、原稿料なしの原稿をかき、毎月雑誌の印刷代を負担していたのだから、一方で大いに売って、マイナスをプラスにすることを考えるべきだったのに、そうはしなかった。売るということは収入をあげるというだけではなく、反ファシズムの宣伝がそれだけ多くなされるのだから、その意味からも馬力をかけるべきであったのに、やらなかった。これも愚かしいことの一つである。『世界文化』は自己満足にすぎないという批判は、こうした点にあてはまると思われる。

『世界文化』は内容がいくらか難かしく、ききなれない外国の作家や学者の名前がふんだんに出てくるし、文章がかたいということもあり、それらが売れない原因の一つであったことは確かである。しかしもっとやさしくして、大勢の読者によんでもらおうという話は、合評会などでもあまり出なかった。こういう雑誌を買う人はどうせ選ばれた少数である、と決めてかかっていたような気もする。

その点『リアル』は文学的で、親しみやすかったし、同人たちが販路拡張に熱心だったので、部数も初めのうち千部だったのが、おしまいには二千にまでのびた。京都の街をあるいていると、垣根や電柱に手製の宣伝ビラがはってあったりして、『リアル』をひろめようとする意欲が私たちにも感じられた。

『学生評論』は千二百あるいは千三百部ずつ印刷されていたので、これも『世界文化』より売れていたことは確かである。『学生評論』の編集発行に参加していた京大の学生たちは、京都以外のあちこちの大学にも雑誌をもちこんで、売りさばくことに努力していた模様である。

『世界文化』の重要な特長の一つは、人民戦線内閣の成立したフランスにおいて、知識人、芸術家がファシズムに抗してはなばなしい活動をしている姿を、日本の読者に伝えたという点、当時の日本のジャーナリズムがサボッていたことを進んでやったという点、単にフランスの事情を伝えるだけではなく、自分自身もフランスの知識人、芸術家にならって反ファシズムの運動を推し進めようとした点であろう。

コミンテルン第七回大会で書記長ディミトロフがどんな演説をしたかということを、かなりはっきり知っていた者が『世界文化』の同人の中に二、三名いたかどうか、あるいは一人もいなかったのか、よくはわからない。ともかくも『世界文化』は、フランスないしヨーロッパの知識人の反ファッショ的行動に刺げきされ、はげまされた運動であって、コミンテルンの方針にそおうとした運動ではなかった。当時のディミトロフの演説の内容を今日よんでみると、インテリゲンチャの活動など、ほとんど問題にしていないことに気がつく。ディミトロフは、人民戦線運動を成功させたフランスの共産党とフランスのプロレタリアートを称讃しているが、フランスの知識人のことには一言もふれていない。ディミトロフはまた、われわれは勤労インテリゲンチャにたいし、彼らの職をうばい、彼らを街頭に投げ出すのは誰かということを説明してやらねばならないともいっている。

説明してもらわなければわからないような勤労インテリゲンチャは、もちろん当時どこの国にも沢山存在していたであろう。それはそうとして、ディミトロフにおいてみられる知識階級へのあのような軽蔑もしくは軽視の態度がまちがっていることは明白だ。そのような態度が、当時の日本の最左翼の中に存在していたことも事実である。そしてそのような態度もしくは立場から、『世界文化』の運動をみた場合、それはとるにたりないインテリの自慰行為としてしか映らなかったであろう。

『世界文化』は、フランス人民戦線派の作家たちによって発行されていた週刊誌『金曜日』についても詳しく報道していたが、それがきっかけとなって京都に週刊誌『土曜日』が生まれた。『世界文化』のメンバーがこれに協力したことはいうまでもない。『土曜日』は庶民にとって親しみやすい形式内容のものであったし、特に日本の政権担当者、軍部、警察、国粋主義者などにたいするあてこすりやからかいが好評をはくした。京都市内のあちこちの喫茶店に『土曜日』が三十部五十部とおかれていて、それがみるみるうちに売れてゆくという噂を私たちはよくきいた。また『世界文化』は読者が少なく限られているからたいしたことはないが、『土曜日』は大衆を相手にしていて影響力が大きいというので、警察がひどく目を光らしだした、という噂も一度ならず耳にした。

『世界文化』の同人たちは、毎月雑誌が出たあと、合評会に集まるほか、さまざまな御客さんをかこんでの座談会にもよく出席した。御客さんというのは、『世界文化』のグループの人たちと話をしたい、グループの人たちに力になってもらいたいという人びと、あるいは京都へみえた機会にこちらから会見を申しこんだ人びとなど、さまざまであった。外国からの御客さんではアメリカの劇作家エルマー・ライス、[65]ドイツの中国研究家カール・ヴィットフォーゲル、[66]日本人では演劇関係で千田是也、[67]松尾哲次、[68]学者文筆家では林達夫、[69]小松清、[70]清水幾太郎、[71]高沖陽造、[72]戸坂潤[73]その他主として東京在住の人たちだった。また当時大阪朝日の学芸部にいた白石凡[74]氏が『世界文化』の人たちに会いたいといって京都へやってきて、私たちを前にして「みなさんもタダの原稿ばかりかかないで、すこし原稿料をかせがれたらどうですか」といって朝日の学芸欄に定期的に原稿を送るようにすすめ、一同かわるがわる原稿をかいたというようなこともあった。ともかくも『世界文化』が、小さいながら一つの運動であり、一つの勢力であり、一部の人にとっては心の支えであり、とりでであったことは否定できない。

新聞社・ドイツ大使館

さいごに、私自身のその後の行動について手短に語ることにしよう。新聞記者としてインターヴューを試み、相手のしゃべったことを記事にしている限り、良心の悩みはなかったのであるが、そうとばかりはいかなかった。私が新聞社に入社してまもなく、ドイツ軍はノルウェー作戦に成功し、つぎには北仏に侵入して、またたくまにパリを占領してしまった。ドイツ軍の強さに日本国民は目をみはり、どの新聞もこの新聞も、ドイツは何故強いか、について連日解明の記事をのせた。

そうした時期に、大阪時事新報社でドイツ語のできる唯ひとりの記者として、私はドイツ総領事館をしばしば訪れ、さまざまな資料の提供をうけ、ドイツ人の会合に出席しては、そのさかんな模様を記事にし、またヒットラー・ユーゲントの団長をはじめ多くのドイツ人とインタヴューを行なった。大阪朝日のドイツ総領事館担当の記者は、東京外語で英語をやった男でドイツ語は全然できなかったし、大阪毎日の記者は、東大独文の出身者であったがしゃべることはさっぱりだったので、私は大いに優越感を感じ、得意になって仕事をした。反ナチ運動をやっていた自分が、今は結果的にナチに貢献する仕事をしていることを思えば、それはもちろん苦痛であったが、そういうことは成るべく考えないことにした。真下君は研究所の中で雑用ばかりやっている。だから思想上の問題で自責の念にかられるということはないだろう。『辞苑』の編集にたずさわっている新村君としても同様である。しかし自分は新聞社の中へはいってしまった。新聞記者は自分のかいたものに一いち署名はしない、だから外にたいしては誰がかいたかわからない、しかし当人の良心の問題としては、署名していようといまいと同じことである。といって、新聞社にはいりながら、国策に反した記事をかこうなどと考えるのはナンセンスである。だとすれば自分は新聞社にはいるべきではなかったのか、そんなことも、ときには考えないではなかったが、新聞社をやめてしまおうとまでは、つきつめて考えず、一方ではドイツ語を武器にして毎日取材活動することの楽しみもすてがたく、インテリゲンチャを廃業したような気持で、毎日飛びまわっていた。

ドイツの軍隊の中に〝快速部隊〟と称するものがあった。それが実戦にさいして、いかにすばしこく、機動的に活躍しているかをのべた文章があって、それを私はドイツ総領事館でもらい日本語に訳した。新聞社では、別に時事問題を扱った旬刊の雑誌を発行していて、その雑誌に私の翻訳は掲載された。するとまもなく総領事館から連絡があって、〝快速部隊〟の文章の掲載されている旬刊雑誌を、ドイツ大使館が五千部買いあげるから至急増刷してとどけるようにとのことであった。出版局長がにこにこしたことはいうまでもない。私は京都でドイツ文学の友人たちと雑談していた機会に、この話をもちだした。いくらか手がら話のような調子もまじっていたかも知れない。すると先輩のSが低い声で、

「和田君も、ドイツ大使館に感謝されるような仕事をすることになったか」といった。

それは意地悪さから出た皮肉ではなかったが、私の心のどこかに、一つのトゲとして突きささった。Sにたいして何か言葉をかえすとすれば、「いやもう、やけくそですよ」というようなことであっただろうが、そんなことも口に出さず、笑いでごま化してしまった。Sも無口な人で、それ以上何も言わなかったが、彼の言葉は私の心に突きささったまま、いつまでものこっていた。そして機会あるごとに、そのトゲが意識され、私はかすかな痛みをおぼえた。

大阪時事新報と夕刊大阪とが、上からの命令でいっしょになり、大阪新聞として発足してからまもなく、私は大阪新聞の東京支社づめになった。支社は銀座四丁目の近くにあって、私は世田谷のアパートから毎日、井ノ頭線と市電で通った。赤坂見附から三宅坂をへて日比谷に出

るまでは、両側に人家がごちゃごちゃしていなくて、街路樹もあり、市電の窓から外を眺めていても楽しかった。しかし桜田門をすぎるとまもなく車掌が「宮城前でございます」と声をかける。そうすると乗客は、立っている者もすわっている者も、いっせいに宮城の方に向っておじぎをせねばならなかった。明治神宮の前を通るときも同様で、私はゆきかえり四回もおじぎをさせられた。

日がたつうちに段々やりきれなくなってきて、私はとうとう市電のルートを変更することにした。青山六丁目から右にまがって霞町、六本木、溜池を通って新橋に出る線、この線は両側に小さな家がごたごたあって目を楽しませてくれるものがなく、それはそれで苦痛であったが、しかし宮城や神宮の前に頭をさげさされるよりはましであった。

皇室中心主義や忠君愛国にたいする私の反発は、私がクリスチャンの家庭に育ったことと深い関係があるように思われた。「人は二人の主に兼ねつかうることあたわず」と聖書にかかれているのに、天上の神と地上の天皇とを、ともに絶対の者としてあがめているクリスチャンの多いことが、私には納得できなかった。天皇の名によって行なわれる侵略戦争を、キリストのしもべとして是認できるはずはないのだが、聖戦といわれると、もうそれでごま化されてしまっているのか、二人の主に兼ねつかえる矛盾など、あまり感じられていない様子だった。宮城や明治神宮の前で頭をさげたくないというのは、そうした現象にたいする私の一種の抵抗だったのである。「天皇に帰一し奉る」とか「大君の御為」とか「国体護持」とか、そういう言葉を私は転向の手記の中で使わなかったが、こういう種類の言葉は、さいごまでどんなことがあっても口にしたくない言葉であった。そんなことを口にするよりは盟邦ドイツをもちあげている方がまだ気が楽であった。転向を表明しながら、一向に忠君愛国の精神をもっておらんと叱られたら、私はかえす言葉がなかったであろう。しかし盟邦ドイツが強いとか、たのもしいという記事をつくったり翻訳したりしていて、それで転向の実が認められるというのなら、その方がずっと有りがたかった。

特高は、月に一度は必ず訪ねてきた。しかし別に私の前にすわりこんで、意地悪い質問をするということはなかった。ただ一度、世田谷区から杉並区へ引越したとき、「なぜ黙って引越した!?」といって、こわい顔をした。保護観察所からの出頭命令は、二年間の東京滞在中二度きただけだった。

昭和十八年の夏、新聞社は突然私に解雇の通知をしてきた。私はそのころ仕事にすっかりみがはいらなくなっていたし、クビをきられてもひどく不自然でないような気がした。それに今となって哀願するのもしゃくだったので、おとなしく辞表をかいて出した。クビになる理由は別に問いただささなかった。仕事に不熱心であるためかもわからなかったが、しかしその点では私に輪をかけた怠け者が社内に沢山いることを知っていたので、どうもすこし変だと思った。ちょうどそのころ、大阪毎日新聞の記者が左翼運動に関係したということで検挙され、そのため当がい部長や編集局長が責任を感じてその地位を去ったということがあったので、私のような前科者は早く追っぱらってしまわないと枕を高うして寝られないと上層の連中が考えたのか、とも思った。いずれにしても私は新聞社に三年三カ月つとめて、また失業することになった。

しかし東京という町は、小遣い銭かせぎをしてでもなんとか食っていける町で、私は失業したからといって、たいしてあわてなかった。そのうちドイツ大使館の翻訳の仕事を世話してくれる人があって、そこに落ちつくことにした。大使館は定額の月給をくれたわけではなく、翻訳した枚数に応じて謝礼をくれたが、毎日平均六時間ぐらいの割合で仕事をしていると、新聞社のときの収入の倍ぐらいの額がふところにはいった。翻訳の材料は、すべてベルリンから打ってくる政治、軍事、経済にかんしての電報であった。

私はその以前からすでにドイツの必敗を信じていたので、ドイツ大使館の話があったときも多少ためらった。ドイツはあと一年か、せいぜい二年しかもたないのではないか。しかしヒットラーが手をあげる時期と日本が降伏する時期とのあいだは、そう開くまい、それまではともかく収入の道をみつけて、食いつないでいかなければなるまい。そう思って大使館の仕事を引きうけたのだが、最初の日に手渡された最初の電報が、ムッソリーニの失脚、叛乱軍による逮捕を伝えたものであったので、流石にヒヤリとした。

それからあと、日に日に落ちめになってゆくドイツの首都から、毎日強がりの電報がいくつもときどき、私は心の中でさびしく笑いながら、表面は何気ない顔をして、これを日本語になおしていた。

そのようにして一年あまりの月日が過ぎ去ったとき、京都の老父が永眠し、私はやがて空襲されるであろう東京にサヨナラをして、京都の家にかえった。昭和十九年の秋のことである。

（一九五八年）

II　私の昭和史

昭和初期の政治風景――山本宣治と水谷長三郎

労働農民党・水谷長三郎の当選

一九二八年（昭和三年）二月二十一日は、普通選挙法による最初の衆議院議員選挙が行なわれた日である。当時、京大の学生であった私は、与えられた選挙権を行使するに当って、投票用紙の上に、経歴も顔もなんにも知らない候補者、水谷長三郎[1]の名前をかいた。

なんにも知らないといっても、水谷が労働農民党の候補者であること、その労働農民党が三つの無産政党のうちでもっとも尖鋭な政党であることだけは知っていた。キリスト教の家庭に育ち、旧制高校の時代には陸上競技の選手であった私、マルクスの著書を一さつも読んだことのない私がどうして労働農民党の候補者に票を投じたのか。京都府第一区からは、水谷のほかに、穏健な社会民衆党の候補者吉川末次郎[2]も出馬していた。私の父などは、水谷の選挙用ポスターをみて、ああいう闘争的なのはよろしくないといって吉川末次郎に一票を投じたのであるが、私自身もどぎつい闘争性に反発するということは確かにあった。しかし、学生という人種は一般的に、どっちつかず、妥協性よりも、すっきりした姿勢、断乎たる態度を好むというところがあり、社会民衆党は学生層を惹きつけることができなかったということがある。

投票の結果、水谷長三郎は当選し、吉川末次郎は落選した。京都府第二区から出馬していた労働農民党の候補者山本宣治も当選した。最左翼の労働農民党としては、京都府以外で立てた候補者は全部ダメだったが、ともかくも二名の代議士を国会に送ることができた。水谷が三高、京大の卒業生であり、従って私の先輩であること、京大時代に神戸の貧民窟で伝道をしていた賀川豊彦[3]から洗礼を受けたことなどは、だいぶんのちに知った。山本宣治が、同志社中学、三高を卒業しているという意味で私の先輩であること、キリスト教の家庭に生まれ、少年時代に、キリスト教から深い影響を受けていたことに関しても同ようのちになって知った。水谷長三郎が大宅壮一[4]とともに大正の中期、一九一八年に京都から神戸まで足をはこび、賀川豊彦に洗礼をさずけてくれと頼み、賀川は二人の願いを受け容れた。しかし昭和のはじめには、大宅は左がかった社会評論家に成長し、水谷は労農党の代議士に当選して有名となったので、賀川は頭をかいたらしく、水谷、大宅に洗礼をほどこしたのは一生の失敗であったと述懐したということである。水谷の求信と入信は、一時の気まぐれのようなもので、たいして問題にすることはあるまい。ただ、大宅の受洗ほどこっけいな感じはない。

“ダラ幹”の語感と意味

先にものべたように、私はマルクスの著書には近づかなかったが、プロレタリヤ小説を読むことによって、すこしずつ赤い色に染まっていった。同志社大学内でプロレタリヤ文学講演会が行なわれるというので出かけたことがある。一九二八年だったと思うが、何月であったか、はっきりしない。弁士は作家の江馬修[5]、左翼演劇の演出家佐野碩[6]など四、五名だったが、坊主あたまの佐野が威勢のいい話をしたのが印象に残っている。話のさい中に「ダラ幹」という言葉を佐野が口にしたとき、聴衆はどっと笑った。ダラ幹という言葉が、労働者や左翼学生のあいだでちょうど流行語になりはじめた時期だったのである。私は活字の上で、ダラ幹という言葉を知っていたが、耳できくのは初めてであった。ダラ幹とは、ダラクした幹部のことらしい、資本家に買収されたり、頭をなでられたりして、闘争を放棄し仲間を裏切った労働組合の幹部のことにちがいないと戦前から戦後にかけて、私はずっと思いこんでいた。私とは別に、ダラ幹のダラはだらしないのダラだと思いこんでいた人もあったようであるが、比較的最近、今津菊松[7]著『労働運動一夕話』を読んで、ダラ幹という言葉が生まれたいきさつを知ることができた。

一九二五年（大正十四年）四月から五月へかけて、総同盟は革新派（マルクス主義系）と現実派（社会民主主義系）の両派に分れて激しく争っていたが、革新派は現実派に向かって「君たちは思想的に堕落したのか」と繰り返しさけび、偏狭潔癖に現実派を攻撃した。偏狭潔癖というのは著者今津氏の表現であるが、今津氏は当時、現実派の中央委員の一人だったのである。「幹部の思想的堕落」という言葉が新聞記事にも現われるようになり、革新派の山本懸蔵[8]がこれをちぢめて「ダラ幹」という新語をつくり出したのだ、と『労働運動一夕話』の著者はのべている。

つまり、この場合の堕落は、資本家に買収されるとか、頭をなでられて軟化するとか、そういう階級的道徳的な意味ではなく、思想的な偏狭潔癖の立場からマルクス主義者が、勇気にかけている社会民主主義者を「堕落した」という風にみなしたということであり、マルクス主義・共産主義と社会民主主義とは、共存する二つの世界観、二つの闘争方法ではなく、高潔な勇気ある精神とそのような精神を失って味方を裏切った堕落分子との二つが、マルクス主義者の頭の中にあったのである。

コミンテルンの日本に関する決議〔二七年テーゼ〕を読むと、共産党の社会民主主義に対する闘争の重要性が強調されていて、「ダラ幹」という言葉こそ見られないが、ブルジョアジーの代理人、妥協主義と愛国主義と社会帝国主義の毒素、議会主義的幻影の流布、左翼的言辞を弄するだけの「左翼的」社会民主主義者、日和見主義者、裏切り政策、アメリカの妥協的組合主義を日本に移植しようとする改良主義者の努力などなど、悪罵の言葉にみちあふれている。

これに対して現実派は革新派に向かって、社会民主主義者はマルクス主義者に対してやり返す言葉をもっていなかった。口頭のけんか、ビラ、ポスター、文書の上でのけんかでは、社会民主主義者は完全に敗北していたのである。

大学生といっても思想的には全く幼稚であった私は、『戦旗』など雑誌の影響で、社会民主主義や社会民衆党をしだいに軽蔑するようになっていった。しかし、ソ連共産党を中心にヨーロッパ各国の共産主義者が集まって日本の情勢を分析し、コミンテルンの名前で日本の君主制廃止の闘争を指令してくるということに関しては、私は容易になっとくできなかった。天皇、皇室に対する日本国民の感情がどんなものか、君主制（天皇制）廃止の闘争を現実に行なうとすれば、どんなおそろしい結果が生じるか、そんなことが外国人にわかるはずはないと私は考えたのである。大正の末期に、皇太子狙撃犯人難波大助[9]の両親、親戚一同がどんなつらい目にあったか、かつての難波の恩師、彼を一晩とめたその県の知事たちも片っぱしから被害者にされてしまったが、モスクワで会議をしている青い目の連中に、そんな事情がわかってたまるかと私は思い、君主制廃止をスローガンにして日本人をたたかわせておいて、おそらくは責任を負わないであろうコミンテルンのおえらがたに対して腹立たしい気持にもなった。

マルクス主義者である私の友人は、いや、モスクワの会議には日本共産党のえらい連中が三名も四名も参加している、外国人であってもマルクス主義の立場に立って日本の歴史、日本の政治経済の分析を見事に正確にやっていることなどを語って、私をなっとくさせようとした。私は、そういうものであろうかとちょっぴりなっとくする気持にもなったが、しかしそのあとも半信半疑はつづいた。

「山宣ひとり孤塁を守る」

一九二九年（昭和四年）三月四日、代議士山本宣治は、大阪市天王寺公会堂で開かれた農民組合の大会に出席した。暗殺されるその前夜のことであって、有名なセリフ「山宣ひとり孤塁を守る」は、大会の聴衆を前にして語られた、ということになっている。会場に居あわせた小岩井浄[10]弁護士は「その言葉はいまも私の耳朶にはっきりと残っている」と二五年後に書いており、私はその言を信じたいが、暗殺の直後、朝日新聞の記者は小岩井から直接談話をとっており、朝日の三月六日朝刊には小岩井弁護士談として、山本が「階級的な立場を守っているのは自分ひとりになってしまった」と語ったということになっており、「ひとり孤塁」が怪しくなってくる。当日会場に居あわせた故辻村茂治が生前親友の児玉誠に語ったところによれば、「孤塁」ではなく「赤旗」だったということであり、小岩井同よう弁護士であり、同じく会場に居あわせた大矢省三氏にも過日たずねてみたが、すでに八三歳のお年で、記憶ははっきりしないようであった。

いずれにしても、水谷長三郎が山宣から離れたために、「孤塁を守る」もしくは「階級的な立場を守っているのは自分ひとり」という言葉が出たことは確実である。つぎに、山本宣治自身が自分のことを山宣と呼んだというのは、おかしいともいえるし、おかしくないともいえる。大正の初め、私は京都市内の小学校で級友から「和洋」とよばれていた。柴田熊二郎はシバクマとよばれていた。和洋とよばれて、私はうれしくもなかったし、腹も立たなかったが、昭和の初め、左翼の連中が、渡辺政之輔[11]をワタマサ、山本懸蔵をヤマケン、徳田球一をトッキューと呼ぶのを必ずしもいい趣味だとは思っていなかった。愛称のつもりでヤマセン、ヤマセンと言っていた人がたくさんいたことは確かであるが、今日、ミヤケンなどという言葉は流行っていないし、流行らないことを望んでいる。敬愛の意味をこめてヤマセンといい、軽蔑の意味をこめてミズチョーと呼ぶということが、戦前戦後を通じて確かにあったが、一九六三年に刊行された『水谷長三郎伝』を読めば水長には水長の言い分があったことがよくわかる。水長は合法の範囲で階級闘争をやるつもりで、山宣もそのことに賛成してくれたのに、共産党の圧力で山宣は自分から離れていった。「裏切者はたれか」と水長は語っている。共産党の側からすれば、昭和三年、四年頃の水長は、ダラ幹であり、ブルジョアの手先であり、裏切者であり、卑怯者であったことは改めて言うまでもない。「卑怯者、去らば去れ」という左翼の側に、英雄的な闘士がたくさんいることを当時の私は知っていた。しかし、拷問を怖れ、無期懲役、死刑を怖れる卑怯者と英雄的な闘士と、人間を二種類に分けるとすれば、前者の数は後者の何百倍多いことか、そんなことも私は考えずにはいられなかった。一九三三年(昭和八年)以後、獄中で頑張っていたかつての英雄的な闘士は、転向を声明して釈放され、うなだれた姿で帰ってきた。卑怯者が多過ぎて、卑怯者というレッテルをはること自身がおかしくなっていったのであるが、水長は山宣を孤立させ、右翼に狙われる状況をつくったということのために、そして命を賭けた山宣と脱落した水長とのコントラストのために、水長は特別はげしく卑怯者よばわり、裏切者よばわりされたということがあった。

「許してやれ!」と「許さん!」

山宣は、天王寺公会堂の集会に出席したあと夜汽車で東上し、翌日神田の旅館で右翼の兇漢の訪問を受け、短刀で刺し殺された。私は、右翼を怖ろしいと思う気持と憎む気持とでからだ中がいっぱいになったが、それから数週間たったのち、京都市の岡崎公会堂で左翼による政治集会が開かれた。どういう団体が主催し、どういう名目で人を集めたのか思い出すことはできないが、私は友人を誘わないでひとりで出かけていった。公会堂の中は超満員だった。京都の住民で、左翼を支持する者、左派をもって自任する者は、ひとり残らず集まっているという感じだった。

選挙演説で顔見知りの奥甚（府会議員奥村甚之助）がまっさきに激しい調子で演説を始めた。労働農民党は、とっくに解散を命じられていて、彼は無所属であったが、命がけで治安維持法の成立をくいとめようとして戦った山宣をたたえ、山宣を孤立させた卑怯者水長を弾がいした。聴衆のあいだからは、待ってましたといわんばかりに、そうだそうだという声がわき起こった。ところが思いがけないことに、私の後の方から「許してやれ！」という声がかかった。「許してやれ！」というのは、寛容の立場からの発言であって、水長が正しいと認めた上での発言ではない。非寛容は左翼の特徴であり、非寛容であることが左翼の魅力でもあったが、左翼的な集会の中で裏切者を「許してやれ！」というのは、非常に勇気のいることにちがいなかった。「許してやれ！」のあとに誰かが「許さん！」とさけんだ。しかし、それに対してそうだそうだという同調の声は起こらなかった。寛容の声も非寛容の声も孤立したかっこうになったのは、聴衆が「許してやれ！」という思いがけない発言のために戸まどったからであろうか。それは聴衆一人ひとりに何か考えさせるものをもっていたのではなかろうか。

臨席の制服警官から「弁士中止！」を命ぜられて奥甚は後方の出口から姿を消したが、そのあとに奇妙なことが起こった。聴衆のあいだから十人、二十人、三十人の男がつぎつぎに立ち上って前方へあるき出し、演壇のところまでいくと、からだをひねって壇上につぎつぎととびあがったのである。ひとりとして後を振り向く者はいなかったので、人相はわからなかったが、彼らが私服警官、特高警察官であることは説明してもらわなくてもわかった。彼らは奥甚のあとを追うようにして後方の出口からつぎつぎに姿を消した。多数の私服が聴衆の中にスパイとしてもぐりこんでいたのである。聴衆のあいだからは、うめき声とも溜息ともつかぬものが生まれたが、それは言葉にはならなかった。先ほど「許さん！」とさけんだ男も、特高の奇妙な行動に対して抗議しようとはしなかった。

一九三五、三六、三七年という時期に、私が友人たちといっしょに出していた『世界文化』という雑誌の刊行を、反ファシズム人民戦線運動と規定するのは大げさ過ぎるという気がするが、すくなくとも私自身は「許してやれ！」という発言をその間思い出し、「許してやれ！」がなければ、寛容の精神がなければ、人民戦線運動はできないと何度も考えたのである。

（一九七五年）

『世界文化』とトーマス・マン

『世界文化』の創刊号を手にしたとき、みすぼらしい雑誌だという感じを抑えることができなかったが、その後、表紙、印刷のあがりなどいくらかきれいになった。創刊の日からかぞえて四十年ぶりに復刻版が小学館の手で刊行されることになり、堂どうとした三巻の書物になっているのを見たときには、さすがに感慨なきをえなかった。

『世界文化』は一九三五年（昭和十年）二月から三七年十月までの寿命であった。京都の町で出されていた小さな月刊誌と、ドイツが生んだ世界的な大作家、八十年のながい生涯を送ったトーマス・マンとを結びつけて話をするということに奇異な感じを抱く人もすくなくないと思うが、今年〔一九七五年〕はトーマス・マンの生誕一〇〇年に当っており、『世界文化』の同人たちは、スイスで不安定な生活を送っていた時期のトーマス・マンに強い関心を抱いていたということがあり、マンの誕生日とほぼ同じ時期に『世界文化』の復刻版が世に現われたということもあるので、両者を結びつけることの意味をいくらかでも理解していただけると思う。

一九三五～三七年――ファシズムと反ファシズムの時代

『世界文化』創刊の年、一九三五年はどういう時期であったかといえば、日本では二月には美濃部達吉[12]の天皇機関説へ向けての激しい攻撃が貴族院の中で開始され、インテリゲンチャはその報道に接して強いショックを受け、暗たんたる気持におちいっていた。『世界文化』が創刊されたのは、同じ年の二月である。トーマス・マンがスイスのチューリヒ湖畔の仮り住居で還暦を迎えたのは六月六日で、それから半月後、パリでは文化擁護国際作家大会が開かれ、フランス、ソ連、アメリカ、イギリスをはじめ三十八カ国の代表が参加した。ヒットラーに追われて、国境の外で暮していたドイツの著名な作家たちも、ほとんど全部といっていいぐらいこの大会に顔を出し、会議は非常なもりあがりをみせたが、トーマス・マンはナチ政権に気がねをして参加を見合わせた。文化擁護とは、ファシズムの野蛮から文化を守るという意味であり、トーマス・マンも当然出席すべきであったと思われ、彼が壇上に立ったとすれば会議はさらにいっそうもりあがったであろうと思われるが、彼は祝電を打つことすらさし控えたのである。

七月十四日のフランス革命記念日には、共産党、社会党、急進社会党の大デモがパリの市中を行進し、人民戦線の威力を発揮した。七月二十五日から八月二十日にかけては、モスクワでコミンテルンの第七回大会が行なわれ、書記長ディミトロフが反ファシズム統一戦線を呼びかけ、人民戦線戦術について演説し、それが決議として採択されるということがあった。反ファシズム人民戦線の高揚は、三五年の後半から始まったといってよろしいかと思われる。

翌三六年二月、日本では二・二六事件と呼ばれるあの重苦しいできごとが起った。夏にはベルリンで国際オリンピックがにぎやかに開催され、ヒットラーは、にこにこした顔を何度も何度も公衆の前にみせた。一方、スペインでは新しく成立した人民戦線政府に対してフランコ将軍が叛乱を起こし、スペイン国民は、ファシズムと反ファシズムの両陣営に分かれ、血を流しながら戦うという事態にたちいった。秋には日独防共協定の成立、そして十二月二日には、ナチ政権によるトーマス・マンの国籍はく奪、財産没収が行なわれた。それまで約四年のあいだ、トーマス・マンとナチ政権との間には一種の妥協が成立していて、トーマス・マンの書物のドイツ国内での発行と販売は黙認され、その代わりトーマス・マンはナチ政権への批判をさし控えていた。

ついで十九日、ボン大学文学部長は、書面を通して、トーマス・マンにいったん与えた名誉博士の称号を撤回するという通知状を発送した。トーマス・マンとしては、ナチ政府が自らの国籍をはく奪し、著作を禁止するのはやむをえないとしても、知性のとりでである大学までが、という気持になったようで、今までの隠忍自重をすて、良心の疾しさからは解放され、ナチズム、ファシズムと正面切ってたたかう決意を固める。

三七年一月には、ボン大学文学部長の通知状と、トーマス・マンのこれに対する反ばく、反撃の文書とを合わせた小冊子が『往復書翰』というタイトルのもとに、チューリヒから刊行された。日本では『世界文化』が不完全な抄訳を四月号にのせ、『新潮』には吉田次郎氏による全訳が掲載され、そのほか第一書房の『セルパン』、改造社の『文芸』にも訳文が掲載された。フランス文学者の渡辺一夫[13]がフランス語からの重訳を高志書房の印刷物の中で発表するということもあった。これらは、今までヒットラーに対して歯切れのわるい態度をとっていたトーマス・マンが、すっきりした反ヒットラー、反ファシズムの立場に立ったことを、日本の知識階級が好感をもって迎えたことの現われとみなしてよいかと思われる。

七月には北京郊外蘆溝橋で銃声がとどろき、いよいよ日中戦争ということになる。トーマス・マンは、フランコに対するいきどおりをこめて「スペイン」という文章を発表したが、それが何月に執筆されたのかは明らかでない。十一月には『世界文化』の中心メンバー五名が相ついで検挙され、あとに残った同人は集まって相談をし雑誌の発行継続を断念する。十月号が最終号になったわけで、やがて日本軍の南京占領、万歳万歳のちょうちん行列、そういうことで三七年は暮れていった。スペインの市民戦争は、ヒットラー、ムソリーニがフランコの叛乱軍に対して公然たる軍事援助を行ない、一方、英仏は不干渉をとなえて人民戦線政府を助けようとしなかったため、形勢は悪化、スペインの人民戦線だけではなく、世界の人民戦線勢力の士気は衰え始める。

反ファシズム——トーマス・マンと『世界文化』

以上のべたことによって、三年間の空気を大体察していただけたと思うが、つぎにこの時期のトーマス・マンと『世界文化』のあり方とを見くらべ、どういう点で両者が共通していたか、ちがっていた点はどういうところにあったかを考えてみようと思う。

まず第一に、ファシズム反対、戦争反対という点で両者は一致していたけれども、反対をすっきりと大胆に言い切ることができなかったという点でも両者は妙に似通っていたということができる。三五年、三六年の日本では、〝ファシズム反対〟はかろうじて口に出せたけれども、〝戦争反対〟はとてもとてもといった状況だった。一方、ドイツの亡命作家の日常生活そのものは最大限に不安定で、脅かされていたけれども、彼らはファシズム反対、戦争反対を率直に大胆にさけぶ自由だけはもっていた。トーマス・マンもさけぼうと思えばさけべたのであるが、彼はドイツ国外に居住していながら、国内の検閲に拘束されるという奇妙な状態を三六年の暮までつづけたのである。ナチの側からトーマス・マンの国籍をはく奪し、著書を禁止する措置に出たことによって、トーマス・マン自身にようやくふんぎりがつき、自らの言論の自由、ナチ批判の自由を獲得したということは、決して名誉なことではなかったと言わねばならない。

一方、『世界文化』の同人たちは、内務省警保局の検閲にひっかからないように、注意の上にも注意を払って原稿を作成していた。一例をあげるならば、われわれ同人は「革命」という文字の使用は危険であると考え、××も好ましくないと考え、「改革」という文字を使うことにしていたが、読者の方は、「市民的ヒューマニズムと市民改革との関係」などと書かれていると、わかりにくくてクビを振って考えただろうと思う。そのような心づかいをしていても、『世界文化』はコミンテルンの方針にそって編集発行されている雑誌とみなされ、同人のうち十二名が治安維持法違反の疑いで検挙され、そのうち六名は起訴され有罪の宣告をうけたのである。

第二に、ファシズム反対、戦争反対はモスクワの合言葉だったが、モスクワと『世界文化』との関係、モスクワとトーマス・マンとの関係をとりあげてみたいと思う。

『世界文化』の同人は約二十名、年齢は三十歳前後、思想的にはマルクス主義者が三分の一、中井正一、和田洋一などはマルクス主義者でないことは、はっきりしていたが、ではどういうレッテルが適当だったのか。中井正一にはモダニストというレッテルもはられているが、彼は私よりずっとたくさんマルクス主義の本をよんでいたように思う。ファシズムとたたかわなくてはという気持だけからすると、私の方が強かったと思うのであるが、このほか穏健な自由主義者、ヒューマニスト、平和主義者が半数近くいたと思う。マルクス主義者が仮に三分の一いたとして、そしてその連中が日本共産党の方針にそって雑誌を編集するということになれば、どういう結果になったか、そういう推測をすることはおそらくナンセンスであるにちがいない。一九三五年には日本共産党は事実上壊滅していて、ただ関西には地方的な非合法組織がともかくも存在し、『世界文化』の同人個々に対して働きかけを行なうということはあった。左翼インテリが合法雑誌を出して何になるのかとか、マスターベーションはやめろとか、あるいは非合法運動をやっている自分たちにカンパしてもらいたいとか。

しかし、『世界文化』同人の一人ひとりは、第一には、自分の身を守るという意味で非合法組織とのあいだにつながりをもつことを極力警戒していたということがあり、非合法運動に参加すれば必ず特高にかぎつけられ、必ず検挙される、何年か留置され、未決監にいれられ、ときには実刑を科せられ、さいごは、もう今後はいっさい共産主義運動はいたしませんといって頭をさげ、しょんぼり家に帰ってくる姿が、みえすいていたからでもあったと思う。同人一人ひとりが非合法運動のために、こっそり資金を提供していた、そういうことはなかったとは断言できないけれども、『世界文化』の編集方針にかんしては、外部からの指導、指令は全くなかったことだけは、はっきりしている。フランスやスペインの人民戦線の勝利に学び、勝利によって励まされ、反ファシズム勢力の結合を願っていたということ、それ以外、それ以上のものは何もなかった、と断言できる。

ただ、同人たちが、強い弱いの相違はあっても、モスクワを支持していたということ、国際共産党を支持していたというとそれは明らかに言い過ぎになるが、平和のとりでとしてのソ連、地球上の唯一の社会主義国としてのソ連にモーラル・サッポートを送っていたということは認めていいだろう。

アンドレ・ジッドの『ソビエト訪問記』

『世界文化』同人の気分をあらわしている一つの例をあげてみようと思うが、それは例のアンドレ・ジッド[14]の『ソビエト訪問記』がもたらした混乱である。

アンドレ・ジッドはソビエトを訪問し、社会主義国ソ連を一方ですばらしいと思い、他方で失望をも感じた。彼は帰国後、すばらしいと思ったことをすばらしいとかき、がっかりしたことはがっかりしたとかいた。ところが、各国の新聞、特にナチ・ドイツの新聞、フランコの新聞、一部のブルジョア新聞は、ジッドが失望したという部分だけを大きくとりあげ、反共反ソの宣伝に最大限に利用しただけではなく、共産党に近い人民戦線派の作家が、ソビエトに対してこのような失望を示したということをとりあげることによって、人民戦線運動に水をさそうとした。日本の保守的知識人はジッドの再転向などといってよろこんでいる始末で、この問題をどう考えるか、一度意見の交換をしようじゃないかということを中井正一が言い出した。それで、十人近く喫茶店へぞろぞろはいりこんで一時間たらず話しあった。そのとき、ジッドは正直すぎて政治的配慮がなさすぎた、彼は高度のマルクス主義者ではない、と誰かが言うと、新村猛君は、自分たちはジッドを初めからそういう意識の高い作家として紹介していない。過大評価をしていたわけでは決してない、と強い語調で語ったのが特に耳に残っている。その場には物理学の武谷三男、美術史の辻部政太郎、英文学の米田三次、哲学の富岡益五郎、フランス帰りのねず・まさし〔禰津正志〕などの諸君がいたと思うが、久野収君はいなかったのではないか、もし彼がいたとすれば勢いこんで弁じたてたであろうし、私の印象に残らないはずはなかったという気がする。全体の空気としては、党機関紙プラウダのジッド攻撃がどぎつ過ぎるという感じをうけながらも、地上唯一の社会主義国ソ連の存在を大切に考えたいという気持は共通していて、ソ連に対するジッドのにがい忠告にかなりの程度に同感を示しながらも、それを公表して反動陣営をよろこばす結果になったということは、やはりまずかったというところに落着いたように思う。

雑誌『世界文化』としては、ジッドの『ソビエト訪問記』にかんする三人の外国人作家の批判を掲載した。一人はドイツの亡命作家フォイヒトワンガー[15]で、彼は、プラウダと同じような調子でジッドを痛烈に批判していた。もう一人は同じくドイツ亡命作家のクラウス・マン[16]で、彼は、ジッドがソ連に関して真実を語ったことを最大限に評価し、「真実こそがわれわれ（ファシズムに反対する者）の武器ではないのか」とのべ、ジッドを支持した。三番目はアメリカの作家マーカム・カウリー[17]で、彼の立場はジッドを擁護しているようでもあり、非難しているようでもあった。同人の積極的な意見表明はさし控えるというのが、当時の『世界文化』の護身的編集方針であった。

つぎにトーマス・マンとモスクワとの関係であるが、彼の『パリ日記』をよんだことのある人は、彼が一九二六年にパリを訪れ、そこに住んでいる亡命ロシア人と会見し、自分もいつかは赤い政権によって国外に追放されるかもわからないと本気で考えるあたりの部分、トーマス・マンのモスクワに対する、ロシアに対する強い警戒心の表明を記憶しているにちがいない。彼はそれから七年目に、赤い政権によってではなく、褐色の政権によって追放されるのであるが、三五年、三六年、三七年という時期に彼がモスクワについて、ロシアについて、ソ連について、コンミュニズムについて、ほとんど全く語っていないのは何故であろうか。慎重であったことだけは確実であるが、その慎重さが何にもとづくか、彼は想像以上に反ソ的であったか、あるいは親ソ的であったかは、彼が親しい友人たちに宛てた手紙を綿密に調べることによって、明らかになる可能性もあるが、私は現在までのところそこまで綿密に調べていないので、彼がモスクワについて語ることがあまりにもすくなかったことを指摘するだけにとどめておこう。

トーマス・マンをどう扱ったか

トーマス・マン個人と雑誌『世界文化』との比較はこのぐらいにして、つぎに『世界文化』が誌上でトーマス・マンをどのように扱ったかについてのべよう。

まず扱った回数から言うと、二年九カ月のあいだに四回だけで、すくな過ぎるように思う人もあるかもしれないが、『世界文化』は文学の雑誌ではなく、哲学、美学、歴史学、映画、演劇、音楽、物理学、化学、生物学などさまざまな分野を扱ったということがあり、ドイツ亡命作家の動向には大きな関心を示し、ルードウィヒ・レン、アーダム・シャラー、リオン・フォイヒトワンガー、ベルト・ブレヒト、ハインリヒ・マン、クラウス・マン、エルンスト・トラー、エー・エー・キッシュ[18]、さらに亡命作家の雑誌『ザムルング』などのことをつぎつぎにとりあげていたのであって、トーマス・マンはそのうちでもっとも重要な扱いをうけたことは認めねばならない。

第一回目の記事は、三五年の九月号に「トーマス・マンとその近況」と題したもので、彼がいよいよナチ政権によって国籍をはく奪されたことを報道したものであった。これは早まった報道であり、まちがったニュースではあったが、トーマス・マンの国籍はく奪は、一九三三年いらい何度も日本の新聞や雑誌によって報道されており、この記事の筆者新村猛君は、フランスの新聞か雑誌を信用して、今度はいよいよ本当だと思って書いたのだろうと想像される。トーマス・マンはヘルマン・ヘッセ[19]宛の手紙の中で、自分の国籍はく奪が新聞にしばしば伝えられているが、正式にはまだ通達はとどいていないなどと書いている。

第二回目は、三六年の十月号と十二月号で、ジェルジェ・ルカーチ[20]の「トーマス・マンと文学遺産」論が二度に分けて紹介されている。この頃ルカーチは、モスクワ発行の月刊誌『国際文学』のドイツ語版に、『ヒューペリオン論』、『クライスト論』、『ハイネ論』など矢つぎばやに発表していて、読者としてのぼくは、マルクス主義者の作家論にひどく感動させられた記憶があるが、「トーマス・マンと文学遺産」はその頃発表された論文の一つで、前半は、マンの

「市民時代の代表者としてのゲーテ」、後半は、「リヒャート・ワーグナーの苦悩と偉大さ」に対するルカーチの批判である。この論文については、ルカーチ自身戦後になって、「深さ」が足りなかったと反省しており、著作集にいれていないが、一読の価値もないようなそんなつまらないものではない。

三七年の四月号には、先にちょっと触れたように、トーマス・マンの『往復書翰』の抄訳が掲載されている。学部長のデカーンを固有名詞だと思って「デカン氏よ」などとやったり、ナチス・アカデミーなどありもしないものの名前をあげたり、醜態にちがいないが、誰が訳したのか現在のところ不明である。同人の訳ではなく、外部からの投書だという説もあるが、いずれにしても、マンの手紙の前半の部分、マンが自分自身について語っている非常に興味ある部分が全部省略されていて、後半のナチの戦争政策に対する批判の部分だけが訳されているので、この訳者はすくなくともドイツ文学者ではないという推定はできる。

ひとつ付け加えておきたいのは、われわれは侵略戦争反対、帝国主義戦争反対をさけぶ自由はなかったけれども、トーマス・マンがナチ・ドイツの戦争政策に反対していることを日本の読者に伝えることはできたということ、その程度の自由であってもこれを生かすことが『世界文化』を存続させる意義であるというふうにわれわれが考えていた点である。

『世界文化』は千部以上刷ったことは一度もなかったし、影響力はまことに微々たるものであったが、英語、ドイツ語、フランス語あるいはロシア語のよめる同人はそれぞれ各国の新聞雑誌の予約購読者となり、諸外国の反戦の声、反ファシズムの声、文化擁護の声をききとって、それを日本の知識人・学生に第三者的に伝えたのである。

〝亡命〟か〝国外移住〟か

ついでにもうひとつ付け加えておくと、ドイツの作家のEmigration、これを国外移住と訳すべきか、移民と訳すべきか、亡命と訳すべきかについて、当初日本のジャーナリズムのあいだではまちまちであった。『世界文化』の同人の中では久野収君ほか一、二名は移民作家、移民学者というような言葉づかいをしていた。私はおもに亡命という言葉を使い、ときには故国を追放された作家たちと言い、移民だけは一度も使用しなかった。上京して東大独文出身の野上巖[21]（ペンネーム新島繁）に会ったとき、「亡命というふうに言ってよろしいのでしょうか」ときかれ、私は「よろしいと思います」と単純に答えたのだが、問題はやはりあった。それはトーマス・マンをはじめ、アルフレート・デプリーン、ルネ・シッケレ[22]など亡命とはどうも言いにくい状態の作家が何人かいたからである。

亡命はEmigration の訳語として、明治の初期に日本人が考え出した言葉ではなく、中国から伝わってきた言葉である。中国の学者によれば、命は名なり、であって、権力者からにらまれているために名前が出せない状態が亡命である。トーマス・マンは権力者からにらまれていたとはいっても、三六年十二月までは、ともかくも国籍はく奪にはいたらず、著書もドイツ国内で販売され、印税はベルリンのフィッシャー書店からどっさりはいっていたのだから、亡命とは言いがたいと思うのは、もっともな意見だといわねばならない。ハインリヒ・ハイネ[23]の場合を考えてみても、一八三一年に彼はパリへ移住したのであって、亡命ではなかった。舟木重信[24]、ハイネはパリへ亡命したとは決してかいていない。ハイネはパリでしゃあしゃあと暮らし、ドイツ国内の新聞に寄稿したりしていたのであるが、やがてハイネの著書がドイツ国内で禁止されることになり、このあたりからハイネは亡命客に変わっていく。一九三〇年代の日本の知識人は、亡命生活そのものの苦渋にかんしてよくわかっていないところがあり、『世界文化』の同人もそうだったのだが、戦後になって山口知三[27]君のような亡命作家研究家が現われ、雑誌『希土』（南江堂刊）にりっぱな研究発表をつづけ、われわれ先輩をして感嘆させるということになったのである。

（一九七五年）

太平洋戦争下の抵抗——明石順三の『灯台社』を中心に

戦時下抵抗と世代

私は最近、藤原彰[28]編『戦争と民衆』(昭和五十年刊)に目を通した。その中に「戦時下の抵抗」というタイトルをもった一節があったが、その戦時下は太平洋戦争下の意味に限定されていた。筆者は大学院博士課程の若い研究者である。この筆者は、自分が生まれる前のことを、たくさんの資料をもとにして調べ、そして書いたのであろうと察せられる。昭和八年から十二年までの時期の抵抗にかんしては別の執筆者が担当しているのであるから、太平洋戦争下を担当した筆者に対して、何も言うことはないが、ただ私のようなれっきとした戦前派、満州事変が始まったときにはすでに一人前のおとなであった者が、太平洋戦争下の抵抗について書くということになると、その時期の抵抗だけに筆を限定するということでは、すまされないということになってくる。

昭和十二年の頃までは、ともかくも抵抗の名に値いする抵抗、特に組織的抵抗があったのだということを語りたいし、太平洋戦争下ではもうそれが見られなくなったということを、それにくっつけるようにして語りたいという気がする。そのように語るのでなければ意味がないとも思う。

戦後派の若い研究者は、太平洋戦争下の抵抗について執筆するに当っては、資料を調べ客観的に記述するであろう。それは当然のことである。しかし私のようにおとなとして十五年戦争を生き抜いてきたものが、自分自身の戦時下の姿勢について全く触れないまま記述するということは、許されることなのかどうか。戦時下の抵抗について語る場合は、自分と直接関係のない戦時下の労働事情、農村事情について語る場合とはちがうはずである。

あの戦争を無邪気に聖戦と信じていた人は別として、懐疑的であったり否定的であったりした知識人にとって、抵抗するかしないかは、一人ひとりの決意の問題であった。私は、太平洋戦争下の抵抗一般を語るに当って、私自身の特殊な弱よわしい抵抗あるいは無抵抗についても客観的に語っていくつもりである。

革命と抵抗

戦争がおわってから十六年目に、私は同志社大学の内部に、戦時下の抵抗について調査し研究する小さなグループを組織した。メンバーは最初三、四人に過ぎなかったが、三年、五年とつづけていくうちに十四、五名に達し、共同研究の成果は二冊の本にまとめられて、みすず書房から刊行された。抵抗という概念をどう規定するかについては、グループの中で若干異論もあったが、私の見解は研究成果の第一冊の中でくわしくのべられている。簡単化して言えば、つぎのようなことになるだろう。

強者が弱者に対して力を加えたとき、弱者は心ならずも従順な態度をとる。さからえば痛い目にあうと思うからである。しかし強者の言いなりになっていたのでは自らが破滅する、強者の無理わがままを通させるのはくやしいと思ったとき、弱者は不従順な態度をとることもある。それが抵抗であって、抵抗は受け身の立場に立つ者が危険を意識しながら自覚的に行なう行為である、というのが私の見解である。そしてこの見解を私は現在も変更する理由を認めていない。このように考える限り、革命運動は抵抗運動ではない、ということになる。昭和初期の共産主義者は、帝国主義戦争に反対しファシズムに反対した。その限りでは抵抗運動を行なったということになるが、共産主義運動の主目的は反戦、反ファシズムではなかったはずである。ブルジョア・地主の政府打倒、そして労働者・農民の政府樹立こそが主目的だったのであるから、これを抵抗運動などと呼ぶことはできない、ということになる。フランスのレジスタンス運動を見てもわかるが、フランスの民衆はドイツ占領軍の支配と抑圧に対して果敢な抵抗をくりひろげ、さいごには自らを解放するが、解放後のプログラムというものは、もっていなかったのである。

日本の共産主義者による革命運動は、昭和八年の暮をもって大体おわったと見なしていいのであろう。同じ年、八年の春から夏へかけての京大法学部滝川事件は、まさに歴史的な大闘争であったが、それは国家権力とファシズム勢力をバックにもった文部大臣鳩山一郎[29]が、教授会を無視して滝川幸辰教授をひ免しようとしたことに対する反対運動であった。それは抵抗運動ではあったが断じて革命運動ではなかった。結果は法学部教授会と学生の敗北におわったのであって、この時期には、ドイツではすでにヒットラーの独裁が始まっており、焚書事件なども起こっていた。日本国内では共産党が度重なる弾圧によって無力化し始め、そのような情勢の下で、文部大臣は強硬な態度をとりえたのである。

戦時下抵抗の研究を開始した頃、私は、京大滝川事件を念頭におきながら昭和八年以後にまなこを向けていた。抵抗がおわったのは昭和十二年あたりではないかという風に見当をつけ、十三年以後、特に十六年十二月の真珠湾攻撃以後にかんしては、ほとんど問題にしていなかった。それは私の戦時下の体験にもとづいての判断であったが、しかし、共同研究をつづけていく過程で、私の考えがまちがっていたことが明らかになってきた。日本国民が真珠湾での大戦果、マレー沖での英戦艦二隻の撃沈、シンガポール陥落などで有頂天になっている時期に、誰も知らないところで、無名の英雄が不屈の抵抗を行なっていたことが、研究会の同僚の調査によってわかってきたからである。太平洋戦争下の新聞は、そのような英雄たちの抵抗について一行の記事も書かなかったし、書けなかったのだから、それはそれでいたし方ないとして、新聞・ラジオが報道すべきことを報道しない時期に、真実が流言の形でもうすこしわれわれの耳に入ってもよかったのにといまにして思うのである。

抵抗らしい抵抗、特に組織的抵抗は昭和十二年をもっておわったという説に対しては、大体において異論はないと思う。治安当局は、反ファシズム人民戦線方式はコミンテルン第七回大会の決定にもとづく戦術である以上、日本共産党とは直接関係がなくとも人民戦線運動を弾圧するという方針を日中戦争の始まった年の秋に打ちだした。私が同人として参加していた雑誌

人文書院

刊行案内

2025.7

紅緋色

映画が恋したフロイト

岡田温司著

精神分析と映画の屈折した運命

精神分析とほぼ同時に産声をあげた映画は、精神分析の影響を常に受けていた。ドッペルゲンガー、パラノイア、シェルショック……。映画のなかに登場する精神分析的なモチーフやテーマに注目し、それらが分かち合ってきたパラレルな運命に照準をあわせその多彩な局面を考察する。

購入はこちら

四六判上製２４６頁　定価２８６０円

ネオリベラル・フェミニズムの誕生

キャサリン・ロッテンバーグ著
河野真太郎訳

女性たちの選択肢と隘路

すべてが女性の肩にのしかかる「自己責任化」を促す、新自由主義的なフェミニズムの出現とは？果たしてそれはフェミニズムと呼べるのか？アメリカ・フェミニズムのいまを映し出す待望の邦訳。

購入はこちら

四六判並製２７０頁　定価３０８０円

人文書院ホームページで直接ご注文が可能です。スマートフォンで各ＱＲコードを読み込んでください。注文方法は右記ＱＲコードでご確認ください。**決済可能方法：クレジットカード／PayPay／楽天ペイ／代金引換**

〒612-8447 京都市伏見区竹田西内畑町９　TEL 075-603-1344
http://www.jimbunshoin.co.jp/　【X】@jimbunshoin（価格は10％税込）

新刊

英雄の旅
――ジョーゼフ・キャンベルの世界

ジョーゼフ・キャンベル著
斎藤伸治／斎藤珠代訳

偉大なる思想の集大成

神話という時を超えたつながりによって、人類共通の心理的根源に迫ったキャンベル。ジョージ・ルーカスをはじめ数多の映画製作者・作家・作品に計り知れない影響を与えた大いなる旅路の終着点。

購入はこちら

四六判上製396頁　定価4950円

共産党の戦後八〇年
――「大衆的前衛党」の矛盾を問う

富田武著

党史はどう書き換えられたのか？

スターリニズム研究の第一人者である著者が、日本共産党の「公式党史」はどう書き換えられたのか」を検討し詳細に分析。革命観と組織観の変遷や綱領論争から、戦後共産党の理論と運動の軌跡を辿る。

購入はこちら

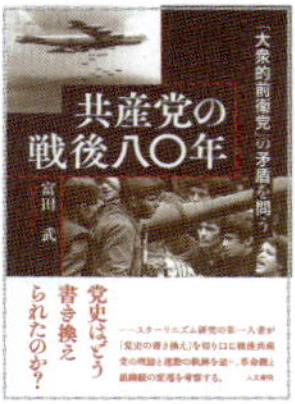

四六判上製300頁　定価4950円

性理論のための三論文
（一九〇五年版）

フロイト著　光末紀子訳　石﨑美侑解題
松本卓也解説

初版に基づく日本語訳

本書は20世紀のセクシュアリティをめぐる議論に決定的な影響を与えたが、その後の度重なる加筆により、性器を中心に欲動が統合され、当初のラディカルさは影をひそめる。本翻訳はその初版に基づく、はじめての試みである。

購入はこちら

四六判上製300頁　定価3850円

『世界文化』は、中心のメンバー五人が突如として検挙されたため、刊行のけいぞくを十月号限りで断念せざるをえなくなった。翌十三年六月には、さらに七名が検挙され、最終的には、私をふくめて七名が治安維持法違反のかどで有罪の判決を受けたのである。

『世界文化』の同人は、マルクス主義者、左翼的あるいは戦闘的自由主義者、穏健自由主義者、ヒューマニストなどさまざまであったが、雑誌そのものは明白に合法的出版物であった。検閲にひっかかるとか、呼びつけられて警告をうけるかということはただの一度もなかった。それが思いがけなく逮捕者を出したのである。最初に逮捕された五人はひと月たってもふた月たっても帰ってこなかった。南京陥落で新聞社はセンセイショナルな紙面をつくり、奉祝のちょうちん行列が各都市で行なわれるということもあって、翌十三年の正月を私は全く絶望的な気持で迎えた。もう、反ファシズムを口にすることさえできなくなったと観念しているところへ、著名演劇人杉本良吉[30]、岡田嘉子[31]の二人が樺太の国境を越えてソ連領への脱出に成功したというニュースが伝えられた。私もできることなら日本を抜け出したいと願った。十二年と十三年との切れ目は、私個人にとってははっきりしていたし、客観的状況からいっても、十三年以後は、文化運動だけではなく、労働運動も農民運動も、国の大方針にさからうような方向では、もう何もできないことになってしまった。

宗教団体『灯台社』の抵抗

太平洋戦争の時期に、抵抗の名に値いするような抵抗はなかった、そんなことができるはずはなかったと思っていた私を、戦後、びっくり仰天させたのは、宗教団体『灯台社』の中心人物明石順三[32]と周囲の人びととの超人的な戦いであった。その戦いは留置場内、法廷内、刑務所内、兵営内、陸軍刑務所内で行なわれたのである。灯台社の人びとの受けた責苦の連続とそれに耐ええた精神の強さを語るに当っては、どんな形容詞、どんな言いまわしもじゅうぶんではないという気がする。灯台社の人びとの抵抗の実態をうかびあがらせるために、私を含めての『世界文化』の弱よわしい抵抗を引きあいに出してみよう。

　太平洋戦争が始まった翌年、昭和十七年四月、被告明石順三は第一審の法廷で、自分が発行した出版物は全部当局の検閲を受けている、自分が今までやってきたことは、すべて合法的な方法手段を採ってきている。自分は今まで法律に触れるようなことはしていない、とのべている。この点にかんしては、灯台社と『世界文化』とは全く同じであって、突如として治安維持法違反の疑いで逮捕され起訴されたという点でも同じである。起訴処分にするための調書に心ならずも拇印を押した（肉体的精神的拷問に耐えかねて押した）という点でも同じである。ちがうのは留置場生活に入ってからの心構えないし姿勢である。『世界文化』の同人たちは、合法活動しか行なっていなかったことが明らかである上に、半数は大学専門学校の教授講師の肩書をもっていたので、肉体的拷問を加えられるということはほとんどなかった。そのかわりに、特高は、自分たちの望む通りの調書作成に協力しない限り、何カ月でも何年でも留置場に入れておくという態度を明らかにした。そのため同人たちは、敵の捕虜になった、生殺与奪の権を相手ににぎられたと感じ、無力感におちいり、相手のやり口があまりにも無法なのでばかばかしいとも感じ、抵抗の姿勢を放棄した。あっさり断念した者、かなりねばったあとに断念した者の区別はあったにせよ、『世界文化』の同人たちは、要するに自由なからだのときは文筆による反ファシズムの戦いをたたかったが、からだの自由を奪われるとともに戦いを放棄したという結果になったのである。

ところが灯台社の諸君は、身体の自由を奪われたあとに、むしろいっそう強い抵抗精神を発揮した。法廷で裁判長が明石順三に対して、「しからば被告は灯台社運動継続中においては、天皇陛下および皇室の尊厳性を認めておったか」と問うと、明石は「尊厳神聖というようなことは全然認めません」と答え、「天皇陛下のご地位についてはどうかね」という質問に対しては「天皇のご地位などは認めません」と答えている。なんという大胆さであろう。

明石はまた「私の後についてきている者は四人しか残っていません。私ともに五人です。一億対五人の戦いです。一億が勝つか、五人がいう神の言葉が勝つか、それは近い将来に立証される事でありましょう。それを私は確信します」とのべている。明石の予言の正しさは三年四カ月後の敗戦によって立証されるのであるが、エホバの神を信じ、聖書の教えの正しさを信じる者のこのような強さと迫力は、『世界文化』同人のあいだには見られなかった。

灯台社に対するいっせい検挙は十四年六月に行なわれ、百三十余名が取調べを受けることになったが、新聞記事差止め令が出たため一般国民は知らされないままであった。『世界文化』の場合も同様で、公判の行なわれるさいは両者の場合ともいつも傍聴禁止であった。国論の統一を妨げる不逞分子の続出を懸念するということもあっただろうし、治安維持法違反のかどで有罪にしうるかどうか、思想検事、特高警察の側に自信がなかったということもあったのであろう。

明石順三の「一億対五人」という言葉、これまた太平洋戦争下を象徴するものであって、『世界文化』の同人は、知識人のあいだで孤立しているという意識はないではなかったが、まだまだそれほど深刻ではなかった。昭和四年三月に右翼の兇漢によって暗殺された代議士山本宣治の有名な言葉として「山宣ひとり孤塁をまもる、だが私はさびしくない、背後に大衆がひかえているから」があるが、明石の背後にはもはや誰もいなかったのである。

　灯台社のいっせい検挙のとき、つかまった者の数は百三十余名、長期の留置場生活と拷問の苦しさに耐えかねてつぎつぎと脱落していき、さいごに五人だけが残ったのであるから、明石としては当然脱落していった人たちを意識しながら「五人」といったのであろう。しかし「一億」といったときには、皇軍の大勝利、大戦果でうきうきしている日本国民全体を、敵としてではなくとも、対立するものとして受けとっていたにちがいないのである。完全に孤立した明石ら五人の頑張りについて知らされないまま、太平洋戦争下に抵抗らしい抵抗はなかったと決めていたのは、全くとんでもないことであった。明石らの肉体的苦痛だけを考えてみても、それは『世界文化』同人の受けたものの百倍二百倍にも当るであろう。

　英雄は五人だけではなかった。〝兵役を拒否した日本人〟村本一生[33]、彼もまた灯台社のメンバーであった。日露戦争のとき、入隊・出征を拒否して銃殺の一歩手前までいったキリスト者矢部喜好[34]にかんしては、小さな本が出版されているが、村本一生のおそるべき受難にかんしては『兵役を拒否した日本人』（岩波新書）の中でくわしく語られている。昭和四十七年九月、「一億対五人」の五人の中の一人である隅田好枝、明石順三の未亡人、そして村本一生の三人を訪ねて私は栃木県鹿沼町まで出かけた。相当ながい時間をさいてもらって、あれやこれやと話をうかがったが、接している限り村本、隅田のご両人は、ただの庶民でしかなかった。どうしてあれほどの抵抗、超人的な抵抗ができたのであろう、人間は弱いものだ、自分自身ももちろん弱い、そう思っていたけれども、私はともかくも強い人間、しかし見ためには普通の人に接することができたのである。明石順三の獄中の思い出がしるされている小冊子を拝借して、帰りの列車の中でよんだが、そこには彼と獄中生活を共にした共産主義者春日庄次郎[35]のことが書かれていた。彼もまた明石に劣らないぐらいの強い人物だったのだ。神を信じる者と信じない者とが、刑務所の中で仲よく語り合っている姿を、私は心の中に美しい風景として描いてみた。

さまざまな抵抗の形

話をもとへもどすと、私自身は昭和十四年もおしせまった頃、一年半ぶりで自宅にもどった。保護観察所によって監視される身の上となったが、もちろん特高警察は独自に私を監視するだろう。やがて一月元旦、配達された新聞の一面、二面、三面、そして四面をみて呆然とした。それは昭和十五年元旦の新聞であり、一九四〇年一月一日の新聞にちがいないのだが、目に入ってくるのは奉祝紀元二千六百年、奉祝皇紀二千六百年の文字ばかりであった。新聞がこの調子では、日本国民の頭はおかしくなるばかりだとそのとき思った。

その翌年の六月二十二日に独ソ戦が始まった。日本軍の真珠湾攻撃に先立つこと半年である。その頃私は大阪新聞の記者を勤め、政治部に所属していたが、セビロを着た陸軍大尉、その男は政治部嘱託だったが、独ソ開戦で昂奮していたらしく、われわれの机の前へやってきて、ふとい指を二本ギュッと突き出し「ソ連は二週間、二週間で崩壊する」とさけんだ。私は心の中で、ソ連が二週間でつぶれてたまるか、と思っていたが、新聞社内では「ドイツはすごいなあ」とか「ソ連はとてもながもちはすまい」というようなやりとりが交わされていた。そのあと新大阪ホテルの入口でドイツ国総領事に出あったが、彼は、半年、戦争は半年でおわると言った。私は陸軍大尉の二本の指を思い出しながら、ドイツ人はさすがに日本人よりは程度が高い、と思った。その後気をつけてベルリン特電をみていると、ドイツ陸軍高官の見透しは、ひと月で崩壊、ふた月、六週間とまちまちのようであった。英仏軍を相手にしてのドイツ軍の強さは、私にとって想像以上であったことは確かで、ソ連との不可侵条約を守りつづけていく限り、ドイツのヨーロッパ制覇は相当ながくつづくものと思っていた。しかしソ連を敵にまわしたことによって、ドイツの敗北は決まった、と私は思った。ドイツが敗北すればドイツをたよりにしている日本も敗北する。その日までせいぜい自重して生きながらえようと私はひそかに思いさだめた。

十二月八日真珠湾奇襲成功、そのあとしばらく日本国民の大部分は緒戦の勝利に酔っていたが、そして日本の海軍はやっぱり強い、陸軍もやっぱり強いと上きげんだったが、そのうち戦況の悪化に気づいてくる者もぼつぼつ出てきた。いや戦況が好転しようがしまいが、無理な戦争をつづけている日本の国内で、民衆の各層、労働者、徴用工、農民、都市の給料生活者、商工業者がそれぞれちがった条件の中で物資の不足に苦しみ、労働の過重に苦しみ、自と他との待遇のアンバランスに腹をたて、生活の前途に不安を感じ、しかもそれらをどこへももっていきようがないという状況、特高警察もしくは憲兵に対する恐怖もあり、そういう中で弱者がまっ先に頭にうかべるのは逃亡であり逃避である。逃亡、逃避、もしくはそれに類する行為を抵抗の一種と見る人もかなり存在することは事実である。もしも逃亡を抵抗の一種として認めるならば、太平洋戦争下の抵抗は、はかり知れない数になるにちがいない。私が、太平洋戦争下に抵抗らしい抵抗はなかったというとき、逃亡・逃避は抵抗とは認めていないのである。

『朝鮮人強制連行の記録』には、朝鮮人一般に対する徴用が実施される旨発表されると、一部知識階層ならびに有産階級中にはいち早く支那満州国方面に韜晦し、あるいは住居を転々して当局の住居調査を至難ならしめ、一般階層においても医師をろうらくしてけ病入院し、またわざわざ花柳病にかかり疾患の故をもってまぬがれんとする者、自分の手足を傷つけ不具者となり忌避せんとする者等が続出した、と記されている。

日本の官憲にさからうことなど恐ろしくて考えられないので、朝鮮人は、ひたすら徴用を免れることばかりを考えたであろう。しかし逃亡・忌避に成功した者はおそらくほんの一部分であっただろうし、あとは日本内地へ強制連行され、苛酷な労働を押しつけられ、牛か豚のように扱われ、苦しさに耐えかねて逃亡し、つかまってまた連れもどされ半殺しの目にあう、これが七十万人あるいは百万人といわれる朝鮮人強制連行者の運命であったとみていいのではないか。彼らの逃亡・忌避が抵抗であったとするならば、太平洋戦争下の朝鮮人は、ものすごい量の抵抗をしたことになるが、朝鮮人労働者、徴用工は、日本人使用者の目からすれば牛であり豚であり、抵抗するにはあまりにも非人間的な状態におかれていたと見る方が正しいのではないか。

ただ、明石順三と共に頑張りつづけた非転向の同志四人のうちの二人は朝鮮人であり、この二人は獄死したが、彼らこそまさしく殉教者であり抵抗者であった、と言わねばならない。

日本人労働者・徴用工の逃亡成功の率は、朝鮮人の場合とくらべれば、はるかに高かったであろう。さまざまな形態のサボタージュも行なわれたであろう。意識的な不良製品の生産もあったであろう。無自覚的抵抗、そんなものまで抵抗とは認めたくないが、そういう種類のものもあったであろう。しかしそれらが日本の敗戦促進に決定的な役割をはたしたとは、とうてい考えられない。

小山宗佑と桐生悠々

太平洋戦争末期の十カ月あまりを、私は京都の独逸文化研究所の研究員として過ごした。研究所には常勤のドイツ人が二人いたが、そのうち一人はナチの党員であった。お隣りには日仏学館があり、フランス人が一人、二人中に住んでいるということで、憲兵や特高は二つの建物を目あてによくやってきた。外国人の動静を探るつもりだったから、われわれ日本人にも話しかけてきた。昭和十九年の暮には、ドイツ人二人は、もはや勝つ見込みはないとあきらめたようだった。日本人研究員三人は、国民服を着用せず、脚にゲートルをつけず、頭を坊主にすることもしなかった。憲兵には、それが戦争への非協力のしるしのように見えたであろう。「なぜゲートルをまかないのか」と私たちに詰問したこともあったが、これは聞き流した。研究所へときどき顔を出す特高が、私のかつての思想事件を知っているのかどうか、これも不安の種であった。研究員の一人大山定一[36]は昭和五年頃、共産党員への資金提供が発覚して検挙された前歴をもっていた。彼はある日「犬死はしたくない」と語ったことがある。その意味するところは明りょうであった。

戦後に知ったことであるが、参議院議員の高良とみ女史[37]が戦争末期に「犬死してはだめですよ」と一人の若者に自重をうながし、その若者は軽挙を思いとどまったという。まもなく戦争はおわる、それまではおとなしくしていなさいというアドバイス、私など誰からもアドバイスを与えられなくても、おとなしくして戦争の終了を待っているつもりだったのである。日本のどこかに、ちょっとした反戦的行為のために捕まり、犬か猫のように撲殺された人、その死について新聞は一行も報道せず、日本国民は誰も知らない、そういうことがおそらくあるのだろうと当時の私はぼんやり考えてはいたが、それはぼんやり考えているだけのことであった。戦争がおわってから二十年、戦時下の抵抗を調査し研究する過程で、私は一人の若い牧師補が、太平洋戦争開始の直後、〝犬死〟をした事実、憲兵によってむざんに殺された事実をつきとめることができた。

それは、函館の護国神社へ毎朝輪番で参拝するその順番がまわってきたとき、参拝をおことわりをした、ただそれだけのことであったが、隣組の誰かが密告したのである。〝犬死〟という言葉と共に、私はいつも函館の青年、牧師見習いの小山宗佑[38]を思い出すのであるが、犬死したくないとは、良心のやましさを感じながらも神社参拝をするということであった。

抵抗を語るときに忘れてならないことは、抵抗した当人が傷つき、倒れるということだけではなしに、被害が家族の者、まわりの人たちに必ずといっていいぐらいおよぶということである。

昭和四十六年十月の新聞週間のさい、NHK教育テレビは、戦争中あっぱれな抵抗をしたジャーナリスト桐生悠々[39]の特集番組を放送したが、そのとき悠々の未亡人寿々さん（いま生きておられたら八十八歳（一九七六年当時）が現われて、ひとことふたこと話をされた。「私がいくら言うたって、言うことをきく人じゃあなし」と頑固だった夫君のことを語りながら、男の子五人、女の子五人あわせて十人に食べさせなければならない母親の苦痛にも軽く触れられたが、桐生悠々が抵抗の姿勢をつらぬくためには妻の従順とギセイが必要だったし、子供たちはひもじい思いをさせられたのであった。桐生悠々が信濃毎日新聞の主筆であった頃、信州郷軍同志会は悠々の反軍的論説に反発して不買同盟を組織するということがあり、社への強硬な申し入れもあり、悠々は社長や社員たちに迷惑をかけることを避けて退社を決意した。いかに頑強なジャーナリストでも、そのへんでペンを折って、あとはまちの片隅でほそぼそと暮らすというのが普通かもしれないが、六十二歳の悠々は個人雑誌『他山の石』を刊行して、矢折れ刀つきるまで戦った。発禁また発禁で「他山の石廃刊の辞」をしたため、これを活字にしようとしたところ、その廃刊の辞がまた当局によって禁止された。禁止令がとどいたのは悠々病死の直後であったが、彼の抵抗が、戦後の若いジャーナリストをどれだけ励ましたか、はかり知れないものがある。

　悠々の死は十六年九月であった。彼が死のうと生きていようと、[40]彼の言論は太平洋戦争の時期にはいる前に、完全に息の根をとめられていたのである。正木ひろしの言論による抵抗は、ともかくも終戦までつづいた。つづけえたのは個人雑誌であったことと、表現の上で苦労に苦労を重ねたことによるものである。「暗夜には、一本のローソクでも尊重される」そう思って彼は一生懸命に雑誌『近きより』の原稿を書いていたのであるが、京都に住んでいる私たちは、この一本のローソクについても全く知らないままであった。

（一九七六年）

終戦の年、敗戦の年

〝終戦〟という表現

敗戦後の日本人は、戦争に負けたことをすなおに認めようとせず、終戦という言葉でごまかした、というふうに今まで何度も何度も言われてきた。しかし終戦という言葉の使用即ごまかし、と決めてしまうことはまちがいである。戦争の末期に、もういいかげんにやめてもらいたいと思い、八月十五日の玉音放送でほっとした国民の層は相当に広かったはずで、この層にとっての関心は、戦争が近いうちにおわるか、まだまだつづくかであって、勝つか負けるかではなかったのである。〝戦争はおわった〟を最初に意識し、そのつぎに敗戦を意識したのであって、〝終戦〟はすなおな表現であり、ごまかしでもなんでもなかったのである。

日本人の終戦にあたるドイツ語は〝フリーデン Frieden〟である。フリーデンは普通〝平和〟と訳されるが、〝終戦〟と訳さないとしっくりしない場合が出てくる。終戦の翌年のお正月に、私の長女が生まれたとき、神戸在住のドイツ人はその赤ん坊を〝フリーデンスキント〟

Friedenskind と呼んでくれた。ドイツ語をかじっている日本人は、これを〝平和の子〟と訳すだろうが、戦争がおわってすぐあとに生まれた子供という意味だから〝終戦の子〟と訳した方がより正しいということになる。

ドイツの作家エルンスト・グレーザー[41]は、第一次世界大戦がおわった時期、一九一八年十一月からあと数カ月間のドイツの社会的、思想的混乱を小説の中で描き、〝フリーデン〟という題名を与えた。日本のドイツ文学者大野敏英は、この小説を訳して春陽堂から一九三三年に出版したが、題名は〝平和〟ということになっていた。今ふりかえってみれば〝終戦〟とすべきだったと思われるが、当時は終戦などという日本語は存在していなかったのである。

独逸文化研究所の思い出

ところで八月十五日以前の私の記憶は、かなりはっきりしているのに反して、以後の記憶はどういうわけか、もうろうとしている。そのもうろうは日本国民全般の虚脱に通じるものであろうが、私の場合は、さいごの勝利を信じていたとか、玉砕を覚悟していて、そのあとでがっくりして虚脱状態におちいったということではない。私は独ソ開戦のときいらい、ドイツと日本の必敗を信じていたので、ただいつ、どういう形で負けるのか、敗戦直後にどのような混乱が起こるかだけが関心事であった。それとは別に、敗戦をこの目で見ることなしにむざむざ死んでたまるかという精神状態もあって、八月十五日までは張りつめた気持で生きていたのである。「終戦の年、敗戦の年」という題で語るとき、私の場合は、ほとんど敗戦前の話、一九四五年一月から八月までの期間の話になってしまいそうである。

京都市左京区東一条電停前に社団法人独逸文化研究所の建物がたっていて、私は敗戦の前年の九月からそこに勤務していた。ドイツ人が二人いて、一人は研究所主事の肩書をもつハンス・エッカルト、彼はナチの党員で、一時は当るべからざる勢いであったが、ドイツの敗色濃厚となるとともに元気を失い、四五年を迎えたときは、きれいさっぱり勝利の望みを棄てていた。彼はある日、私と私の同僚谷友幸君[42]を前にしてつぎのように語った。

「われわれドイツ民族は、第一次大戦で敗北したあと、もう一度立ちあがるために一生懸命頑張った。いいところまでいったんだが、しかしもうだめだ。われわれはふたたび破れた。しかし見ていてくれ、このつぎの第三次の大戦争を、そのときこそは必ず勝ってみせる」

われわれ日本人二人は、その根性と執念にただただ驚くだけであった。もう一人のドイツ人は非党員でおとなしい人であった。日本人の研究員は大山定一、谷友幸、和田洋一の三人、研究所の事務的な仕事は和田、谷の二人が分担し、ドイツ語の講習会では三人と三浦アンナ夫人が講師を勤めた。

独逸文化研究所の北隣りには関西日仏学館があり、ここは敵性国の建物であり、フランス人が内部に居住していただけに、憲兵も特高警察も警戒の目を光らしていたが、盟邦ドイツの運命がだんだん危くなってくると、憲兵・特高は独逸文化研究所も気がかりになりだしたようである。彼らが研究所に出入りする回数は目にみえてふえてきた。

敗戦まぢかのころ

当時の日本の男性は、国民服にゲートル、頭は坊主がりにして戦闘帽をかぶる、これが決戦下にふさわしい身なりだとされていた。しかし大山、谷、和田の三人はセビロ姿で無帽、ゲートルはまかず、髪の毛はながいままだった。憲兵が顔をしかめて、ゲートルぐらいまいたらどうや、と私に言ったが、それ以上しつこくは言わなかった。私が六年前に治安維持法違反で有罪の判決を受けたこと、現在も保護観察法に付せられていることを憲兵は知っているのか知らないのか、知っているとすればこちらもいっそう言動に気をつけなければと思っていたが、ある日、憲兵隊から私宛に呼出し状がきた。憲兵隊の詰所は、七条大宮の龍谷大学の近くであったと思う。私は途中七条烏丸の七条警察署に立ちより佐藤という警部と立ち話をした。彼は私の旧制高校時代のクラスメートで、私の思想経歴については、ひと通りのことは知っていた。別れぎわに、憲兵隊から出頭命令が来たのでこれから行ってくる、とひとこと言った。

憲兵隊に顔を出すと、顔なじみの男が柔和な表情で応対したので私はほっとした。「君は七条署の佐藤警部と三高時代に同級生だったらしいなあ。さっき電話がかかってきて、和田という男がまもなくそちらへ行くが、あんまりいじめんといてやってくれ、と頼んできよったよ。学生時代の友達というものは、ありがたいもんやなあ」。憲兵は私にそんなことを語った。佐藤兵太郎警部は京大法学部出身で、本来ならとっくに警察署長になっているはずであったが、大正デモクラシーの時代に受けた自由教育が身につきすぎて、戦時下の警察の中では出世できないのだ、とクラスメートたちは話しあっていた。

独逸文化研究所に時たま顔を出す憲兵が私の思想経歴について知らないにしても、特高は知っているだろうと思われたが、これもはっきりしなかった。いずれにしても今度検挙されたら、何もかもおしまいのような気がしていたので、蔵書にかんしてはいろいろと配慮をした。一九三八年六月に私は特高警察官の訪問を受けたが、そのときの家宅捜索は、今にして思えば、ずい分寛大であった。彼らは横文字はにが手だったので、ドイツ語の左翼文献は大部分そのままにしておいてくれた。モスクワで発行されていた"Internationale Literatur"という雑誌、表紙にマルクスとレーニンの顔が出ている書物、そういうものも全部助かった。私は父と同居していたのであるが、父の書斎には手を触れず、妻や妹の私物も引っかきまわすということをしなかった。おかげで奇蹟的に助かった貴重な文献、これをじっと所蔵していることの危険は、十分わかっていたが、といって焚書を決行する気にはどうしてもなれず、ドイツ語の書物雑誌は、この前無事だったんだから今度もいいだろうとそのままにし、日本語のものは妻のタンスの中、衣服の下へ隠すというようなことをした。何ひとつ目立ったことをしないで暮らしている私をまさか検挙したりしないだろうと安心してみたり、日仏学館のフランス人が川端警察署に留置されたという情報に接すると、ひやっとしたりした。

京都市民が家財道具の疎開を始めたのは、大阪の大空襲、神戸の大空襲のあとだったと思う。京都は大丈夫という楽天的見透しは、市民のあいだに根強く存在していたが、それがゆらぎ始め、家財道具を積んだ荷車が列をなして連日東山通りを南から北へと動いていった。私は研究所の二階の窓から、はてしなくつづく荷車の列を黙ってながめていた。車を引っぱっている人、後から押している人も黙々としていた。彼らはただ自分の所有物を安全な場所へ、それは大原か鞍馬か貴船かどこかわからないけれど、運んで、そして戦争のおわるのを黙って待っている。そうとしか思えなかった。身軽になった上で決戦に備える、そんな気はくは、みじんも感じられなかった。応仁の乱以後、何度も何度も兵火に焼かれた京都の住民は、災難を避けるすべだけを心えているのだ、というふうに私には思えた。疎開の車が、来る日も来る日も研究所の前を通って北行するのを見ているうちに、私もついつられて研究所の蔵書の疎開を思い立ち、大山定一先輩に相談したところ、「みんな焼けてもよろしい、ろくな本はないから」という返事がかえってきた。ナチ・ドイツの機関から寄贈された書物がたくさんあったので、大山さんはそういったのだと思う。私はつられたが大山さんはつられなかった、そういうふうに思って私は大山さんに敬意を表した。

玉音、そして……

八月十三日、米軍機のまいたビラは研究所の屋根や庭の上にも落ちてきた。「日本の皆様」と題した文章を読み、日本政府が連合国を相手に降伏条件にかんして打診を行なっていることを知るにおよんで、戦争ももうあと数日でおわると思った。

八月十五日の玉音放送は研究所の屋上で、ドイツ人二人をも含めて全員で聴いた。なんという歯切れのわるさ、負けたということを正直に言えないのである。だからこそ〝終戦〟という言い方はごまかしだ、正直に敗戦というべきだ、という意見もあとになって出てきたのであるが、研究所の中には、ドイツが負けたあと、日本がさいごまで頑張って勝つと思っているような人間は一人もいなかったし、放送を聴いて表情を変えた者もいなかった。女事務員の口もとにかすかなほほえみが浮かんだようにさえ思われた。

その翌々日ぐらいに、特高のひとりが研究所に現われ、私たちを前にして「アメリカの科学者は原子爆弾を発明したのに、日本の科学者は一体何をしていたのか」と言ってテーブルをどんとたたいた。「日本は原子爆弾のために負けたのだ」。そういって彼は京都帝国大学の方をにらみつけた。彼は法経文の研究室ではなく理学部研究室の方を向いていたのであるから、彼のにらみは正確であった。私は、あははと笑うのはまだ早過ぎることを知っていた。いままで隠忍自重してきたのは何のためか。私は、敗戦後、東条英機を初めとして大きな顔をしていた軍部のおえら方がどんな顔をするか、わが世の春というような顔をして日の丸の扇をばたつかせていた右翼の連中がどんな顔をするか、私たちを留置場へほうりこみ、未決監、刑務所へほうりこんだ思想検事、惨虐の限りをつくした特高の刑事がどんな顔をするか、これを見ずには死ねないと思いつづけてきたのだが、いよいよその日が近づいてきた。もうあとしばらくのしんぼうだ。そう思って私は、きょとんとしたまま特高の悲憤こうがいのおさまるのを待っていた。

（一九七六年）

III　スケッチ風の自叙伝

父と子

子供のころ、私は源平合戦の話をきくたびに胸をおどらせた。八幡太郎源義家が和田家の祖先であることを父からきかされていたので、私はいつも源氏びいきであった。

長男に生れた私の手もとには、現在、和田家の系図一巻がのこっていて、それを開いてみるとたしかに鎮守府将軍八幡太郎源義家の名前が出てくる。義家の末子義時は、河内国石川郡に城をかまえ、郡名をもって姓とし、石川義時と名のった。二五代目の義成は零落し、世間ていがわるくなって石川姓を和田に改め、西のはて長州に流れた。そして毛利家の家老福原に仕える身となり、以後厚狭郡宇部村に定住することになったもようである。義成から九代目の和田義方が、寺子屋を開いて村の子供やおとなに読み書きを教えたこと、寺子屋が繁昌していたことは、今日わが家に伝わっている「厚狭郡旧福原氏領地内寺子屋取調表」によって明らかである。義方は私の曽祖父にあたる。祖父義章は曽祖父の助手を長くつとめ、明治五年、義務教育の実施とともに宇部村梶返小学校の訓導となった。

父は、明治三年の生れで、名は琳熊《りんくま》、琳はしばしば淋と書きあやまられ、淋は淋病（性病）を連想させるということから、このような名前をつけた親をうらんでいた。熊などというけだものの名前も父の好みにはあわなかったようである。息子の私に「おーい、りんくま」などとからかう奴がまわりにいて、迷惑は孫にまでおよんだ。

教育者の家庭に育った少年琳熊は、明治一八年山口中学校の入学試験をうけることになった。県下諸町村から集まった受験生の数は一四六名、そのうち三三名が入学を許可された。和田琳熊の名も、その三三名の中に含まれていたが、これら小さなエリートのうち、国木田亀吉（独歩）はのちに天下に名をなすにいたった。

少年琳熊は、両親のそばを離れ、中学生としての生活を山口町で送っているうちに、キリスト教会の門をくぐるようになり、受洗の決意を固めた。祖父は、息子がキリスト教徒になることを容認できず、学費の仕送りを絶ったらしいが、息子は意志を通した。そのうち祖父が病死し、父は次男であったけれども、長兄が早くこの世を去っていたため、家督を相続することになった。和田家は貧乏士族であったにちがいないが、どういう無理算段があったのか、父は山口中学校、山口高等学校を卒業して東京に出、帝国大学文科大学に入学して哲学を学んだ。日清戦争のおわったすぐあとの時期である。

大学を卒業した翌年、父は石州津和野出身のクリスチャン女性磯江衣子《きぬ》と結婚し、東京で家庭をもった。ある日、大学時代の恩師中島力造から声がかかり、三つの学校から教員を求めてきているが、どうするかということだったので、父は三つのうちの一つである京都の同志社を選んだ。

同志社がキリスト教主義の学校であるから、父の心が動いたことは容易に想像できるが、父はかつて息子の私に、「同志社へ行けば、懇親会の席で酒をむり強《じ》いされる心配はないと思って決めた」と語ったことがある。クリスチャンだから酒は飲まないといっても承知しないで、飲め、飲め、というのが明治、大正の気風であった。恩師中島は、同志社英学校で新島襄[1]から直接教えをうけた人であり、そのことも父が同志社に行ってみようと思った理由の一つであったにちがいない。

一九〇〇年（明治三三年）四月、二〇世紀が始まるとともに父の同志社生活は始まり、それは敗戦の前の年まで、四四年つづいた。恩師を前にしての父の選択は、父の後半生を決定する結果となったが、同時に、それは長男である私の運命をも決定した、と今になって思うのである。

敗戦後、同志社にも教職員組合がつくられ、法学部教授の高橋貞三が委員長に、予科教授の私は副委員長に選ばれた。高橋はある日私にむかって「あなたは琳熊先生とは、顔のつくりから立ちいふるまい、性格性質にいたるまで、似たところは一つもない」と語ったことがある。

父は小柄だったし、私は中肉中背である。父はすらすらとよどみなく話し、私はどもり気味ということもあった。父は熱心なクリスチャン、静かで温厚な先生として通っていたが、私はクリスチャンか共産主義者か判らないようなところがあり、闘争的でもあったから、なるほど高橋さんの言う通りだとそのときは思った。しかし、古稀をとっくに越えてしまった今日、自分が今まで歩いてきた道をふりかえってみると、二人の妹、一人の弟とはちがって、長男の私だけは特別父によって生活の針路を決定されたこと、遺伝もないようで案外あったことを認めずにはいられない。

私にとってのキリスト教

父は、京都へ赴任すると、同志社のすぐ近く、室町通り武者小路下ルに住居をきめた。一九〇三年（明治三六年）九月二二日、私はそこで生れた。室町通りをずっと南へ歩いていくと左側に教会があり、その教会は日本基督教会（略称日基《にっき》）という教派にぞくしていることから、父はこの教会を自分の教会とさだめた。私の幼児洗礼は、誕生後まもなく父の意志、両親の信仰によってこの教会で行なわれた。

　父は、組合教会派の同志社に職を奉じたにもかかわらず、同志社の人たちから繰りかえし、同志社教会に籍を移すよう勧められたにもかかわらず、さいごまで日基から離れなかった。当初、何かのきっかけで門をくぐった山口教会がたまたま日基であったということが先ずあって、その後、組合派だとか、メソジスト派だとか、聖公会派だとか、いろいろな教派を知るにおよんで、父は、自分のぞくしている日基派が結局いちばんいいと思ったようである。日基の人たちは一般に、自分たちの神学は、カルヴィンの流れをくんでおり正統的である、生活態度においても自分たちはまじめであるが、他教派は、水をわったぶどう酒であり、世俗的であるという風に考えていた。しかし、私の父が正統的、福音的信仰に生きていたとは、とうてい考えられない。父の教会である室町教会の日高善一牧師、この人は植村正久[2]の直弟子で、まちがいなく正統派であったが、「和田長老のキリスト教はプラグマティズムですよ、どうも困ったものです」と教会員に洩らしていたということである。私もその話を間接に耳にして、プラグマティズム、たしかにその通りだったと思うのであるが、父はそれでも日基と室町教会をさいごまで離れず、四〇年間長老の地位にいたのだから奇妙といえば奇妙である。

　私のかよった室町幼稚園と室町教会とのあいだには垣根も何にもなかった。園長はアメリカ人宣教師の奥さんで、私は満四歳のときからキリスト教的な雰囲気の中で教育されたことになる。日曜日の朝は、幼稚園、小学校、中学校を通じて室町日曜学校の生徒であった。家庭では、三度の食事の前に、めいめいがお祈りをした。親戚は、父方も母方もクリスチャンだらけ、一人の伯父は牧師、一人の叔父は神学科教授、子供たち、つまり私の従兄弟姉妹四〇数名はほとんど全部日曜学校へかよっているという始末だった。

小学校を卒業するという段になって、私が、府立一中の入学試験をうけてみようと思う、と言ったところ、父は全然問題にせず、そりゃあ同志社中学だ、と言った。同志社中学の毎朝のチャペルの時間には、別にいやとも何とも思わないで出席していたが、日曜学校の方は、三年生になったころ、そろそろ倦きがきて、もういやだと言いだした。学校の勉強もいくらか不熱心になり、その代り野球が好きになり、映画気ちがいになり、親の目をごまかして映画館に通い、ひと月のあいだに一五回という記録をつくったこともある。

父は、経済的にどんなに苦しくても学費だけは出してやるから大学までいけ、ただし法科はつまらん、法律の条文をまる暗記しなければ試験が通らんようなところはやめておけ、やはり文科がいい、金もうけはできないかも知れないが、人生をいかに生くべきかをまじめに考えるのはやはり文科だ、というようなことを言い、私自身は自然科学系の科目が不得意だったので、自分のいくところは外国語学校か、大学の文科か、それ以外にはないと考えるようになっていた。

同志社中学を五年生の一学期をおえたときに退学したのは、四年生の課程さえ修了しておれば旧制高校への入学資格は認められるということに日本の学制が改められたからである。私は、浪人の身の上となり、鳥打帽をかぶって映画館へいき、友達といっしょに野球をし、受験勉強もすこしはした。翌年、京都の旧制高校（三高）の入学試験をうけたが不合格、そのあと、自分がいかに実力がないかに今さらながら気がついて、これから一年間真剣に勉強しようという気になった。それで家にとじこもって英語、数学、国語、西洋史など受験科目の勉強に精を出したが、二度目もまただめ。これにはすっかりまいってしまった。歯医者をしている叔父が、二回失敗したぐらいでへこたれてどうする、もう八回受けてみろ、それでもだめだったらあきらめたらいい、と言って励ましてくれた。私は、あほうらしくなってもう一回だけやってみます、という返事をした。

毎日曜日のおとなの礼拝に出席するように母から勧められて、教会へいき出すと、日高牧師の方から、そろそろ信仰告白をして正式の教会員になってはどうかと二度三度催促をうけた。私は、幼児洗礼をうけ、キリスト教の雰囲気の中でずうっと育ってきたのだから、そしてこれからもクリスチャンとして生活していこうという心構えはだいたいできているのだから、信仰告白をしてもいいような気になった。明治以来、キリスト教の世界では「救われる」、「神さまに救って頂く」ということがよく言われた。しかし私には「救われた」という実感は全くなかった。クリスチャンの家庭に生れ、幼児洗礼をうけたものは、始めから救われているのであろうか。いやそんなことはない。しかし、物心ついたあと、神の存在、神の愛について迷うとか疑うとかいうことがなく、ばくぜんと聖書の教えを正しいものとして受けいれている場合、いつ救われたのか判らないし、使徒パウロのようなきわだった回心などあるはずはない。ゲーテ作『ファウスト』の中の女主人公マルガレーテは不義の子をうみ、自分の手で殺し、牢屋にいれられる。天上から彼女に「救われた！」という声がかかる。この「救われた！」は私にも理解できた。しかし私は、救ってほしいような状態の中にいないし、私の周囲の人が、深刻な人生体験も何にもなくて、わたしは救われましたなどといっているのがそらぞらしかった。無宗教の家庭に育ったものが、青年期にキリスト教を知って感激し、洗礼をうけ、数年たつとまた教会から離れていく、そんな連中と私はちがうのだ。私はそう思い、感激も何にもないまま、ただキリスト者としての生活をいつまでもつづけるという決心だけはして、信仰告白をし、正式教会員となったのである。

入学・落第・特別及第

三度目の入学試験にやっと合格したときは、うれしい気持と、長い受験勉強による疲労と、半分はんぶんであった。一九二三年（大正一二年）四月、三高生としての新しい生活が始まったが、一週間三四時間の授業中、ドイツ語は一一時間を占めていた。これは私がドイツ語を第一外国語とするクラスを選んだからである。浪人生活を送っている中でハウプトマン[3]作、森鷗外[4]訳の『寂しき人々』をよみ、この作品が大変気に入って、将来ドイツ文学をやろうという気持になったのであるが、全く他愛もない話であった。

ドイツ語の勉強はやる気があってやっていたのだし、そのほか友だちとだべる時間、小説を読む時間はいくらでもあって、たのしいといえばたのしい毎日であったが、一抹のくろい雲が遠くの方から私をおびやかしていた。それは、〝徴兵検査〟というしろものであった。検査をうければ甲種合格はまちがいなし、そのあと徴兵猶予の特典はあるにしても、大学卒業後の愚劣で野蛮な兵営生活を思えば気はめいった。甲種合格をまぬがれるための方法としては、近視の度を強くすることが一番手っとりばやいように思え、私は暗い電灯の下で、毎晩こまかい活字をよみ、映画館へ行って眼鏡をかけないで画面をじっと見つめることを始めた。おかげで本籍地の山口県宇部市で受けた徴兵検査の結果は第二乙種合格でほっとしたが、第二乙種を宣告された者は兵営生活はまぬがれても戦争が始まれば狩り出される心配は残っていた。

夏休みは、札幌郊外の真駒内牧場で草刈りなど肉体労働をした。学生アルバイトのはしりである。日本各地の大学生、高校生が四〇名近くそこに集まっていて、一つ屋根の下で寝起きしていたが、八時間労働というものがどんなに苦しいものであるかを私は知ることができた。食事もまずかった。たまにはごちそうが食べたいと思って札幌市内までテクテクあるいていって知人の家を訪ねると、主人公は、うすぎたないようすの私を見て、「やあ、不逞鮮人がやってきた」と言ってからかった。不逞鮮人というのは、そのころ流行語になっていて、新聞紙上には毎日のように、不逞鮮人がかっぱらいをしたとか、不逞鮮人が工場から集団逃亡したというような記事が出ていた。

八月下旬東京までもどって、青山六丁目の叔母の家で遊んでいると、九月一日の正午ごろ、家屋がにわかにぐらぐらと揺れ始めた。

京都に家のある私がたまたま関東大震災を経験することになったのである。朝鮮人が井戸に毒を投げ入れようとしているので気をつけて下さい、と誰かが戸外でさけんでいるのを耳にしたのは、九月の三日だったと思う。その日から自警団が組織され、私も町内の人と交替で見張りに立つことになった。ただ、青山六丁目あたりはかなり冷静で、朝鮮人を日本刀でたたき切ったとか、その他流言蜚語で神経をとがらせるということはほとんどなかった。日本人にたいして日ごろうらみをもっている朝鮮人の中には、このどさくさの中で井戸に毒を入れる者も一人や二人はいてもおかしくはないだろう、私は最初その程度にのん気に考えていたが、下町の方では朝鮮人がぞくぞく殺されて、死がいが道ばたにごろごろころがっているという話だった。

私は、そういうむごたらしい情況を自分の目で一度みておこうかと思った。しかし次のしゅんかんには、惨殺された人間の姿をみにいくということ、好奇の目でながめるということは好ましいことではないだろう、そう思ってやめた。しかし、だいぶあとになって私は考え直した。日本人が朝鮮人にたいして行なった惨虐のあとを、やはり自分の目でしかとみておくべきだった。それは朝鮮人問題にたいする私の弱い認識にいくらかでもしげきを与えたであろう、忘れようにも忘れられない傷口を私の心に残したであろう、そう思うようになった。

上野駅を立って、軽井沢、篠井、名古屋を経由して京都へ帰ったのは九月一七日だった。京都のまちは、関東大震災とは何の関係もないかのように、平穏なたたずまいをみせていた。三高の生活も天下泰平で、申しわけないみたいだった。大正デモクラシー、大正リベラリズムということばは、そのころなかったが、あの時期を振りかえってみれば、デモクラシーらしいものがまだあった、リベラリズムがまだ生きていたと思わざるをえない。

学年末に私は、数学一科目のために進級できないのではないかという不安におそわれ始めた。試験の答案がさっぱりできていなかった上に、私が数学の教師の心証を著しくわるくしているということがあったからである。

結果は落第で、私はそのあとしばらくつらい思いをせねばならなかった。父は、歎いたが、わりにあっさりしていた。母は、どうしようもなく悲しんだ末、自分が頭のわるい子供をうんだのだからとあきらめたらしかった。私は、数学は、中学校時代にならったのと受験勉強とでもうたくさん、ドイツ文学をやろうとするものに数学は不要、と思っていたところ、その数学のために進級不可能になったことがくやしくて、学校なんかやめてやろうとも考えた。しかしやめたあとどうして生きていくのか、自信のもてるはずもなく、四月から新入生とともに、もう一度全科目をやりなおすことになった。毎時間出席をとられるので、ばかばかしくても、教室には出ていなければならなかった。

天下は引きつづき泰平であった。私はドイツ語を身につけるために、時間とエネルギーの大部分を費した。五名の友人をさそって週二回ドイツ古典文学をよむ集まりをつづけたが、辞書を引きながら下準備をすることで月曜日火曜日の夜の時間を完全につぶし、水は読書会、木金はまた下準備、土は読書会、おかげでドイツ語の力がつき、ドイツの著名な文学作品を次つぎに読破することができたが、ドイツ語以外の勉強はさっぱりだった。ともかくも学生が気を散らさないで一つのことに集中できたということは、戦後にはみられない特色の一つであった。

進級を決定する学年末の教授会で、私の数学の点数がまたもや問題になった。五〇点以下の科目が一科目でもあれば落第させるという規定に引っかかったのである。しかし私は前年落第させられているという事情があり、点数がたりないといっても五〇点にやや近いということで特別及第（おなさけ及第）という処置が決まった。三高の教授の中に父の親しい人がいて、その人がそおっと父に会議のようすを知らせてくれ、父は話をきいてきもをつぶし、私に「あぶない綱わたりはもうやめてくれ」と言った。二度つづけて落第したものは放校処分にするという規則も、当時の三高には存在していたのである。

大正リベラリズム

国会で治安維持法が成立したのは、一九二五年（大正一四年）三月である。当時の新聞の紙面を今の時期になってしらべてみると、衆議院そして貴族院での法案審議の過程が一面に大きく報道されている。私は一三年後、治安維持法違反の容疑ではからずも検挙され起訴されるのであるが、法案成立の当日、私は学校のうらのトラックで、汗をかきながら走っていた。私は陸上部にはいり、中距離ランナーを志していたのである。治安維持法への無関心は、私ひとりだけではなかった。クラスの中でも治安維持法を話題にするものは一人もいなかった。大正の非政治的教養主義のあらわれという風に考えていいのであろう。

この年の四月、陸軍省から全国の中等学校、高等学校、専門学校、大学にたいして、いっせいに現役将校が派遣され、彼等はそれぞれ軍事教練を担当することになった。早稲田大学で軍事教練反対の騒ぎがあったことは、われわれも知っていたし、三高の掲示板にも配属将校受けいれ反対の檄文がはられた。軍縮の世論におされて、陸軍省は将校の頭数を減らさざるをえなくなり、あまった将校をクビにする代りに、これを全国の中等学校以上の学校に配属させ、軍事教育を行なわせることにしたのであるが、三高の学生が特に強い反感をもって彼等を迎えたということはなかった。

配属将校の側からすれば、古い歴史をもった官立高校の学生は、苦が手であったにちがいない。彼等将校は高圧的な態度に出ることを避け、ものわかりのよさを示した。ときには学生のきげんをとることさえあり、トラブルはほとんど起らなかった。軍事教練の時間には、ズボンの上にゲートルをまくことになっていたが、ある日私はゲートルを忘れてきたので、友達のゲートルを片一方だけ借り、右脚にまきつけて教練に参加した。その友人も仕方がないので片脚にゲートルをまいて出た。配属将校は「そんなみっともないことはやめとけ」と言ったので、われわれ二人はゲートルなしで教練をやった。大正のおわりに始まった軍事教練は、最初はこのような気楽なものであったが、満州事変以後になると、びっくりするような変り方をみせた。私はその時はすでに同志社大学予科の教師になっていたが、配属将校にどなられるのではないか、ぶんなぐられるのではないかと思いながら緊張して、行進したり立ちどまったりしている学生の姿をみて、時の流れの速さにおどろいたのである。

京都学連事件第一次、第二次は、一九二五年一二月、二六年一月に起り、検挙されたのは主として京都大学、同志社大学の社会科学研究会のメンバーであったが、この頃から三高の掲示板にはり出される檄文も、ようやく政治的、闘争的なものが目立ってきた。

三高を卒業する前年のくれ、イエス・キリスト降誕の日に天皇の死去ということがあり、新しい元号は昭和と発表された。昭という文字は、日常まったくといっていいぐらい使わない文字で、昭代ということばは「よくおさまっている御代《みよ》」という意味であることぐらいは知っていたが、これから世の中がしだいに乱れそうな気配なのに「昭和」なんて、いい気なものだ、そぐわないという感じだなあ、とそのとき思った。私の予感もときには当ることがあって、この予感はまさに当った。

大学ではドイツ文学を専攻することを、三高入学のときいらい決めていたのだが、神戸高商の教授をしている私の叔父が、ドイツ文学では卒業後とても職はみつかるまい、英文学だと中学校、女学校の英語の先生の口があるから、英文学をやった方がいいと言った。父は、私が一生けんめいドイツ語を勉強してきたことを知っているので英文学をやれとは言わなかった。日高牧師は、信仰のやしないになるという意味では英文学だ、ドイツ文学は異端的だという意見だった。私は動揺したあとドイツ文学をやることにふみきった。

東大、京大のどちらを選ぶかという問題もあった。東大ドイツ文学の教授青木昌吉[5]、この人は文学などやるがらの人でないと私は兼ねてから軽蔑していた。しかし東京へ行けば築地小劇場の芝居がいつも見られていいということはあった。京大ドイツ文学の助教授成瀬清、この先生は著書をよんでも講演をきいても魅力があったし、京大だと自宅からあるいて通学できて親孝行だということもあり、京大に決めた。

大学生としての三年間

一九二七年（昭和二年）四月から一九三〇年（昭和五年）三月までの三年間、私は京大文学部の学生として、ドイツ文学の勉強に専念するはずであった。しかし、半世紀前にかいた自分の日記を今よみかえしてみると、いっこうに専念していないことに気がつき、にが笑いを禁ずることができない。

第一に、これは三高のときからのけい続であるが、私は室町教会の各種集会に熱心すぎるぐらい熱心に出席したというだけではなく、礼拝のオルガンをひき、日曜学校の校長をつとめ、生徒たちといっしょに遊び、ときには教会堂のふき掃除をし、教会員が病気をして入院すれば見舞にいき、教会員の家庭を訪問してよもやま話をし、ごちそうになり、といった調子であった。教会を通じての知人友人の名前ばかりがやたらと日記の中に出てくるが、ドイツ文学のクラスメートの名前は、ほとんど出てこない。

第二に、大学の中でドイツ文学を勉強するということになると、どうしてもゲーテ、シラー 6
ということになり、一九世紀末の自然主義が精いっぱい新しいところで、私自身の日常生活とのへだたりがあり過ぎるということがあった。時の流れにかんして私は決して敏感ではなかったが、外国の古典文学ないし古典になりかかっている文学の研究に没頭することを許さない空気のようなものが、昭和の始め、古い京都の町にもあったのである。三高時代に私と同様、社会科学にたいして無関心であった友人が、思いがけなく私にマルクス主義の本を貸してくれるとか、左翼的な会合への出席を勧めるとか、その他さまざまな働きかけがあって、ドイツ文学に専念するはずの私が、実際はそうはならなかったのである。

一九二八年（昭和三年）二月二〇日は、普通選挙法による最初の投票日であったが、私は労農党の候補者水谷長三郎に一票を投じた。その前々日の日記をよむと、私が当局の選挙干渉に腹を立て、「あれでは誰だって労農党に同情するようになってくるだろう」とかいており、私の左傾は、普通選挙を公正に行なおうとしない政友会内閣、内務大臣、警察にたいする感情的反発から始まったようである。

日本共産党にたいする最初の大弾圧、三・一五事件が記事解禁になったのは翌月の一一日であったが、私は号外の文字に目を通しながら、切ない思いにかられた。

私は、日本共産党が君主制廃止をスローガンに掲げているのを知ったとき、壮快をおぼえると同時に、天皇陛下をありがたく思っている国民があまりにも多いこと、日本の警察があまりにも強力であることに思いをはせ、こんなスローガンを掲げるのは、おそらくまちがいであろうとひそかに思っていたのである。壮快を感じたというのは、明治以来、日本のクリスチャンが天皇制に屈服してしまっていることをもの足りなく思っていたからであるが、そうかといって、プロレタリア革命の成功など私にはとても考えられなかった。

その前後の時期に、中国の山東半島に見られる排日の動きを威圧しようとして日本の軍隊が出動するということがあり、それは第二次山東出兵、第三次山東出兵などということばで呼ばれていたが、ある日、京都市内下鴨神社の近くの電柱に一枚のビラがはられているのを見た。そこにはスミで〝大陸侵略反対！〟とだけ書かれていたが、一枚のビラによってあれほど強い衝撃をうけたということは、その後の私の長い生涯の中でついになかった。マルクス主義者の分類によれば、私は二つの階級の中間に浮動するプチ・ブルであるわけだったが、プチ・ブルにふさわしく私は、ブルジョア・地主政府の転覆のスローガンには、それほど強い共感をおぼえなかった。しかし〝大陸侵略反対！〟という文字を山東出兵のさ中に見たとき、私は〝おれも反対だ〟と心の中で強く思った。軍国主義、日本軍による中国大陸侵略に私が強い不快の念をもっていたのは、第一にはキリスト教の感化、弱いながらも平和主義者であった父の感化によるものであり、第二には大正デモクラシーの空気の中で学校教育をうけたことから来ていたと思われる。電柱に危険なはり紙をしたのは一体誰か、おそらく共産主義者であろうとは思われるが、電柱にはっている現場を警官に見つけられたらもうおしまいのはずである。私はそのようなビラはりの勇気にも衝撃をうけたのである。

室町教会の青年会のメンバーの中にもマルクス主義に接近する者が出てきた。クリスチャンも社会科学を身につけねばだめだと私に説教をした一人の友人は、その後しばらくの期間をおいて、ある日しょんぼり「おれはやっぱりアナだ、ボルにはなれない」と語った。昭和三年、四年という時期に、「おれはアナーキストだ」と胸をはっていう学生、知識人は一人もいなかったと思うが、私にとって、アナかボルかの選択はなかった。ただ、キリスト教的人生観、世界観の中に安住して、ものを考えることのすくなかった私は、ようやく心の落着きを失ってきた。

京大ドイツ文学のクラスメートの数は全部で一五名であったが、出身高校がそれぞれちがい、それぞれ非社交的で、三年間を通じてたがいに親しみあい、啓発しあうということは稀であった。ドイツ文学助教授の成瀬無極〔清〕先生を私はえらい先生だと思っていたところ、ある日の京大学生新聞は無極先生の文学への理解がプチブル的であるといって、こてんぱんにやっつけている記事をのせた。私には、マルクス主義の学生が驚異的に感じられた。

プロレタリア芸術連盟の機関誌『戦旗』が創刊されると、私も店頭で買い求めるようになり、階級的な観点にたった新しい小説、評論の魅力にひかれ、一方、そのどぎつさについていけないものを感じた。京大の法経大教室で行なわれる公開講演会にはしばしば出席し、中野重治、大宅壮一、河上肇、大山郁夫などの話をきいてその度ごとに感銘をうけた。山本宣治が右翼の兇漢によって暗殺されると、私の思想が一段と左翼化するということもあった。

三回生になれば、そろそろ卒業論文のテーマを決めねばならない。私は、トーマス・マンの短篇をいくつかよみ、不思議な魅力にとらわれていたが、何分にも著作の分量が多すぎるので、第一次世界大戦以前の作品に限定して勉強を始めることにした。クラスメートの田木繁[7]は私に向って「ブルジョア作家のトーマス・マンも、最近いよいよ左傾したらしい、和田君も頑張れ」というようなことを言った。田木繁の詩「拷問を耐える歌」は『戦旗』に掲載され、彼はすでにプロレタリア詩人として認められていたのである。

　夏休みは信州の木崎湖畔で過ごすことにし、トーマス・マンの著作を数冊もちこんだ。安ぶしんの別荘がみづうみの西側にならんでいて、その一軒を借りたのであるが、同じく東大の学生三人もその近くで自炊生活をしていた。三人はそろってマルクス主義者であったが、特に帆足計[8]は、私にいろいろと話しかけ、私を啓蒙しようとした。彼は、ロシア革命のとき血が流れたといっても、死者は僅か数十名に過ぎない、第一次世界大戦のときの死者は数百万ではないか、帝国主義者は第二次世界大戦を起そうとしており、これを食いとめるためには内乱・革命以外にないと言って私を説得しようとした。ロシア革命のときに流れた血はそんなにすくないものであったのかと私は思い、無血に近い革命によって第二次世界大戦が食いとめられるものなら、革命も是認せねばならないと思ったが、それから六年、七年後にスターリンによって粛清された人間のぼう大な数は、帆足計や私のお人好しを嘲笑しているように思えた。

　あとの二人の東大生河合篤と守屋典郎は、私を啓蒙することに興味はなかったらしく、秋の司法官試験にそなえて法律の勉強に励んでいたようであった。三人のところへは党の新聞が定期的に送りとどけられていて、私の日記によれば、八月一九日にとどいた新聞は、合法政党を樹立しようとする大山郁夫らの行動を裏切りだとして激しく批判しており、帆足はがっかりし、河合、守屋はそれみたことかという顔をした。私には、合法政党としての新労農党をつくることが望ましいように思えたが、論争するだけの力はなかった。

秋になって、河合、守屋は試験に合格し、近い将来に二人のプロレタリア弁護士の誕生が約束された。一一月一四日、トーマス・マンがノーベル賞をうけることに決まったという新聞記事を、たまたま兵庫県城ノ崎の近くでよんだ。明けても暮れてもトーマス・マンをよみ、トーマス・マンのことばかり考えていた時期だったのでうれしかったが、よろこびを共にしてくれる人は、そばには誰もいなかった。

卒業論文をかきあげ、学校に呈出したあとの関心は、ドイツ語教師の口が見つかるか見つからないかだけであった。三月の二〇日になってもいい話はなく、いよいよだめかと思っているところへ思いがけなく、同志社大学予科のドイツ語教授が突然辞表を出したということ、後任としては私の採用が内定していることを父が知らしてくれた。父が文学部の古参教授で、予科長とも親しかったため、そういうことになったのである。

ドイツ語を教えながら

同志社大学予科の専任講師に就任したとき、私は、ドイツ語を教えながら月給をもらい、かたわらドイツ文学の研究をする、小説の翻訳をして本にするとか、ドイツの作家についての評論をかいたりする、それで一生をおわっても、まぁいいのではないかと考えた。大学内でドイツ文学の講義を担当している教授は、日本中を見まわしても、せいぜい五、六人しかいないし、多数のドイツ文学者は、ドイツ語の初歩を教えながら給料をもらい、そのかたわら研究活動、文筆活動をやっているのだから、自分も京都という町、そこは東京のように活気はないし、刺げきもないけれども、そこに腰を落着けて勉強しようと考えたのである。

同志社大学予科のドイツ語は第二外国語であって、学生は三年間まじめに勉強したからといって、ドイツ語の原書がすらすらよめるようにならないことはわかっていたが、学生はドイツ語にたいするもの珍らしさもあってかなりよく勉強した。私も、始めのうちは、はりきって教えていたが、五年、六年とたつうちに熱がすこしずつさめてきた。貧乏してもいい、東京へ出て、文筆で何とか食っていきたいと思うようになった。毎年四月になると、またアーベーツェーの繰りかえし、学生は変るけれども、教師は同じことの繰りかえしばかり、それに京都は刺げきがなさすぎる、そんなことをまたしても考えるようになった。

学生たちと私との関係は、年齢のへだたりがすくないだけに、かなり親しかったといっていいだろう。最初の年は、クリスチャンの学生が自分たちの聖書研究会に出席してくれるように頼みにきた。彼等は、私が教会に行っていることをどこかできいてきたのである。私は快く引きうけて、マルコ伝をいっしょによんだ。私の教えているクラスの中に、マルクスをよんでいる学生がいたのかいなかったのか、すくなくとも私は気配を感じることがなかった。翌六年の五月には、全予科生によるストライキがあった。当時、学生のストライキといえば、指導部は左翼系ということに決まっていたが、同志社大学の場合、クリスチャン学生の数もすくなくはなく、彼等は、ストライキに参加するかどうかでずいぶん悩んだようであったが、圧倒的多数の学生を裏切るような行為はできないという結論に達したもようであった。

九月に満州事変が起きたとき、日本国民はさあ一大事だ、第二次世界大戦の火ぶたがいよいよ切られた、という風には思わなかった。しかし満州における軍の行動にたいして、新聞は今までになくはっきりと支持の線を打ちだしているように思え、私は不安をおぼえた。翌三二年(昭和七年)二月、上海事変が始まると、私の不安はさらに大きくなったが、そのこととは別に私はすでに満二八歳、そろそろ結婚しなくてはと思っていた。京都名物のお菓子を製造している由緒あるお店があり、その家のお嬢さんを私に世話しようとした人があったが、お見合いをするにはいたらなかった。「クリスチャンのご家庭、おまけに学校の先生、そんな堅いおうちとのおつき合いはまっぴらどす」とあっさり断わられたからである。

クリスチャンで学校の先生では、はでな恋愛などできないことはたしかだし、結婚しようと思えばお見合いをするしかない。上海で激しい戦闘が進行しているさ中、私は六甲山のふもとへ出かけていって、神戸女学院出身のピアニストにひき合わされた。二人だけで山手の方をゆっくりあるいてらっしゃいと勧められて、テレながら二人ならんであるいていると、突然「万歳!」をさけぶ声、「ワー!」というどよめきが耳にはいってきた。「万歳!」と誰かが勢よく声をあげれば、それは召集令状をうけとって軍隊入りをする若者への歓送にきまっていた。とたんに私は気がめいってしまった。自分は第二乙種だから、いつ召集令状がくるかわからない、結婚式の前日に令状がくることだってありうる、そんな考えがひらめくと、彼女とのとだえがちな会話をつづける努力もわずらわしくなり、そこそこに京都へ引きあげた。

その直後に、「爆弾三勇士」または「肉弾三勇士」という名の軍国美談が、軍の優秀な人たちによって発想され、新聞はいっせいに大キャンペーンを展開した。NHKも映画も演劇も宣伝に協力した。浪曲師も講談師も、動員されたのか自発的にやったのか、三勇士、三勇士とさわぎたて、日本全体が熱にうかされているようにみえた。

三勇士と全く同じ場所で同じような壮烈な死に方をした兵隊がほかにもう五名いたということがすぐ新聞に出、五名の名前も発表されたが、八勇士では多すぎたのであろう。残りの五名は無視されてしまった。大体、満州事変、上海事変だけで一、五二五名戦死したというのに、三名だけを特別扱いにして気ちがいじみた騒ぎ方をするというのは残りの一、五二二名の英霊にたいして申しわけないはずだが、誰もそんなことはいわなかった。

日本軍国主義は宣伝戦の上で完ぺきの勝利をおさめた。もはや戦争は食いとめられない、日本の運命は決した、と私はこの時期に思った。それにしても何という見事な宣伝効果だったであろう。新聞は、あの大キャンペーンを、本気でやっていたのか、それとも良心のやましさを感じながらやっていたのか、新聞記者の中には自由主義者、ヒューマニスト、平和主義者、合理主義者、いろいろいるだろうに、どうしてこんなことになってしまったのか、私が新聞の学問的研究に関心をもつようになったのは、いつごろかと考えてみると満州事変勃発の直後、特に上海事変爆弾三勇士の時期あたりではないかという気がする。新聞というものにほとんど絶望しながら、一方で、新聞さえもうすこしまともであったらと私はその後何度も何度も考えた。

元蔵相井上準之助[9]の暗殺、三井の大番頭団琢磨[10]の暗殺、その他暗い事件が相つぐ中に、私はまたもや阪急の御影付近で見合いをした。今度の相手は幼稚園の保母さんで、内村鑑三の姪だということであった。内村は、日露戦争に反対したということで敗戦後にわかに人気が出、尊敬されるようになったが、戦前はそれほどでもなかった。私の父は、内村鑑三の姪なら素性もわかっていることだし、調べる面倒がはぶけていいというようなことを言っていた。見合いをした当人同士は、相手をそれほどいいとは思わなかったが、なかうどさんの方は、私など顔負けするぐらい熱心で、話は急速にすすめられ、五月一九日に室町教会で結婚式をあげるはこびとなった。

　そのころ、京大ドイツ文学の卒業生のあいだで雑誌を出そうという話がもちあがった。印刷の費用はもちましょう、もうからなくてもよろしいという篤志家が現われたので一同のり気になっていたのである。『カスタニエン』という名の季刊雑誌が創刊されたのは一九三三年（昭和八年）二月であった。私はヘルマン・ヘッセの孤独な魂についてかいたが、それは思想性のない、自己陶酔的なものだった。結婚したての妻は、文章は上手だといってほめてくれた。

　一九三三年（昭和八年）は、わるいことばかりの年であった。京大法学部滝川事件、ドイツにおけるヒトラー独裁政権の樹立は言うまでもないとして、日本共産主義運動の中では小林多喜二[11]の虐殺、党幹部の転向声明、リンチ査問、私個人の周辺では、義弟守屋典郎の党活動の疑いによる検挙、同志社大学の三教授住谷悦治[12]、長谷部文雄[13]、松岡義和、京大講師大山定一など党に資金を提供した疑いによる検挙などが相ついだ。

　予科で哲学を教えていた松岡義和の後任としては真下信一があらわれた。彼がれっきとしたマルクス主義哲学者であることを知っていたので、このご時世にこういうことも起りうるのかと私は呆れかつよろこんだ。同じく予科でフランス語を担当していた新村猛は、表面めだたないながらも左傾化しつつあったことは私にも何とはなしに感じられていた。真下、新村、和田の三人は、ほぼ同じ時期に三高、京大文学部で学んだということもあって、予科の学生たちは、三人組という風な見方をするようになった。

ドイツ文学研究者としての私は、トーマス・マンを始めとする多数の反ナチ作家が、国外に追われたのちの動きに強い関心をよせるにいたったが、たまたま一九三四年夏、神戸商大学生新聞から、祖国を追われたドイツの作家たちについて書くようにとの依頼をうけた。これを皮切りにして、私は雑誌『カスタニエン』『新潮』『文芸』（改造社）その他東大、京大の学生新聞などにつぎつぎと執筆するようになり、国外でファシズムとたたかっているドイツの作家たちの活動ぶりを、意気しょう沈している日本のインテリゲンチャに伝えようと努力した。一九三五年（昭和一〇年）二月、京都で創刊された『世界文化』には、同志社予科の三人組は始めから同人として加わっていたが、京都の特高警察は、この雑誌に目をつけ、全同人の約半数に当る一二名を検挙し、そのまた半数の六名を起訴した。真下、新村、和田はこの六名の中にはいっていた。

戦争がおわるまでの期間

私が一九三四年から三七年にかけて行なった反ファシズム文筆活動というのは、ヒトラー独裁反対、国外に亡命したドイツの自由主義的・共産主義的作家支持の文章を雑誌や新聞にかきつづけたというだけのことであって、特高警察が目をつけるのはいたし方ないとしても、日本の法律によって罰せられるという種類のものではなかった。にもかかわらず、私は京都地方裁判所の法廷で、懲役二年但し執行猶予三年の判決を言いわたされたのである。

どうしてそういうことになったかについては、戦争終了後一三年目に理論社から刊行された『灰色のユーモア』〔本書第Ⅰ部〕という本の中でくわしくかいた。特高の係長、思想検事、予審判事は一生けんめい私を共産主義者にしたてあげ、私のかいた文章は表面は反ファシズムだけをめざしているようにみえるが、窮極の目的は日本における共産主義社会の実現であるとして、治安維持法違反の罪を問うたのである。ただ私は、プロレタリア小説こそよんでいたが、マルクス、エンゲルス、レーニンの理論的な著作をほとんどよんでいないので、特高の係長も思想検事も私を共産主義者にしたてあげるについてはずいぶん苦労をし、ときにはサジを投げた。しかし彼等がサジを投げても、上の方で和田洋一を起訴する方針が決まっていたらしいのである。裁判長は、弁護人にプライベートには、気のどくだ、気のどくだと語りながら、私に有罪を宣告した。

執行猶予にはなったものの、思想問題で有罪となった私をどこかでやとってくれるかどうかという心配が次にあった。ところが大阪時事新報社が私を記者として採用してくれたので、私は取材をしながら京阪神を動きまわった。そのあと東京支社勤務となり、一年ばかりすると辞表を出してくれといわれたので、理由をきかないまま次の日辞表を呈出した。新聞社をやめても、東京には何か仕事はあると思ったからである。独逸国大使館に翻訳の仕事があり、月給ではなしに出来高払いで謝礼をくれるという話を友人が私に伝えてくれ、ヨコのものをタテにしてそれで食っていけるなら楽でいい、ドイツはあと一年はもっても、二年とはもつまいから、そのあいだ翻訳料をもらって生きのびようと考えた。大使館の仕事をしたり、東亜研究所の依頼をうけて、ゲルツェン[14]の著作をドイツ語から重訳して翻訳料をかせいでいるうちに京都の父が栄養不良でこの世を去った。つづいて弟慶二が仏印で戦病死した。

東京は必ず空襲をうける、京都はひょっとすると助かるかもわからない、そんなことを考えて私と妻とは東京の仮住居を引きはらって、がらんとした京都の家にもどった。

京都帝国大学の西、関西日仏学館の南に独逸文化研究所の小じんまりとした建物があり、私はそこで事務をしたり、ドイツ語を教えたりして敗戦の日を待つことになった。研究所の主事はナチの党員であったが、一九四四年の暮には、ナチ・ドイツの崩壊がそう遠くはないことを小声でわれわれ日本人に語った。

翌四五年五月のある日、家内は私に腹部の異状を伝えた。われわれは結婚してからすでに一三年、家内は満三六歳と八ヶ月、初産の不安もないではなかったが、それとは別に、物資がますます不足していく中で、生れてくる赤ん坊をはたして無事に育てることができるのだろうかという心配があった。やがて八月一五日がきた。

戦後

日本は必ず勝つと思いこんでいた人は、八月一五日の玉音放送のあと虚脱状態におちいったかもしれないが、日本は必ず負けると思っていた私も同じように虚脱状態におちいった。

ひと口でいえば、精神衛生のわるさがあまりにも長くつづいたために、まともな状態にすぐにはもどれなかったのである。この戦争は勝ちめがない、ドイツも早晩手をあげるだろうというようなことを、親しい友人、あるいは親戚のものに言うと、相手はそんな話はききたくないような顔をした。敗走するドイツ軍を追ってソ連軍が西へ西へと進撃するのを、私は真夜中ただひとり地図を見ながら確認していたが、戦争終結の日、解放の日が近づきつつあることをよろこび合う友はそばにはいなかった。新聞記者として心にもないことを原稿にせねばならない状態も三年あまりつづいた。ドイツの敗北を見透しながら独逸国大使館から翻訳料をもらっているという奇妙な状態もそのあと一年つづいた。憲兵、特高警察、保護観察所ににらまれないよう気をくばっていなければならない状況、それらが私のいう精神衛生のわるさだった。虚脱は私の場合、敗戦の日から約一年つづいた。

敗戦の翌年の一月三日、産院を訪ねると、家内のわきに生れたばかりの赤ん坊が寝ていた。「女の子、いい顔をしているよ」と家内は言った。産院から自宅へもどるときには、家内と赤ん坊は荷車ではこんでもらった。母乳の出はわるかった。母親自身の栄養が十分でなかったからである。悦子という名前を与えられた赤ん坊は、おなかをすかして泣いてばかりいた。

戦前、戦中、思想問題のために学園を追放された教授たちを速やかに呼びもどせ、という命令がマックアーサーから各大学に発せられた。同志社大学に関しては一〇名前後の該当者のうち私だけが四月に復帰した。同志社からの書類は、通りいっぺんの事務的なものだったので、受取ってふんがいしている人もいた。

私は七年八ケ月ぶりの出もどりで、当初しっくりしないところもあった。出もどってきた以上定年まで落着いていたいという気はあったが、一生ドイツ語の初歩ばかり教えているのはどうかなぁという気もあった。

日本の新聞社は、過去において、朝刊と夕刊と両方を発行していたが、アメリカ占領軍の命令でそれができなくなり、京都では京都新聞社の輪転機を、別会社が借用して夕刊を印刷発行するという抜け道が講じられることになった。その夕刊新聞の編集を手伝えという話があり、私は同志社大学予科への復帰がすでに決定していると答えると、ドイツ語を教える片手間でいいということであった。面白いという点では新聞の仕事の方がおもしろかったが、いつまでも両またをかけるというわけにはいかなかった。私はしばらく迷っていたが、そのうち夕刊新聞の経営ががたがたになり、二者択一の問題はひとりでに消えてなくなった。

それからすこしたって、同志社大学文学部社会学科内に新聞学専攻が創設された。講師はそろったが全部新聞社の人、ＮＨＫの人ばかり、せめて一人ぐらい内部に責任者がいないとかっこうがつかない、それでその責任の地位にすわってくれという依頼が私に向ってなされた。私は新聞学という新しい学、まだ学としての体系を整えていない学に、すくなからぬ興味を感じていたが、新聞学にうちこむということはドイツ文学を放棄することであり、決断はすぐにはつかなかった。親しい友人たちは、ドイツ文学をやめてはいけないと強く言った。しかし私は、自分の意志によってではなく、ドイツ文学から引き離されてしまってからもう一〇年以上たっており、高等学校のときいらいの意気込みは失われかかっているということがあった。この場合の二者択一は、新聞学かドイツ文学かであったけれども、より正確には、新聞学を本業とするか、それともドイツ語の初歩を教えることを本業とし、かたわらドイツ文学を研究するかであって、私はさいごに前者を選んだ。

しかしその後の私は、新聞学に全力を傾けるということにはならず、政治的・文化的運動に多くの時間とエネルギーとをついやした。第二次世界大戦は起るのだろうか、起らないですむのだろうかと思っているうちに、情勢はじりじりと悪化していった一九三〇年前後のことを絶えず思い出しながら、第三次大戦はどんなことがあっても未然に防がねばならないと思っていたことは確かで、破壊活動防止法案その他危険な法案阻止のためにはずいぶん動いた。治安維持法成立のころ、ぼんやりしていた自分自身にたいする反省が働いていたことは言うまでもない。一九三〇年代の学問的な調査研究も大切だと思って、同志社大学人文科学研究所の中に小グループを組織し、若い世代の諸君と協同研究を長くつづけ、その成果は『戦時下抵抗の研究』二冊（みすず書房）となってあらわれた。

また、それとは別に、明治いらい長くつづいてきた同志社の「新島先生」神話を打ちくだくために新島襄の研究をし、一冊の本をかいた。古い同志社関係者の中には顔をしかめる人、新島襄の研究らしい研究がやっと始まったという人、今までのとちがって客観的だという人、さまざまであった。

そんなことで私は自分の専門にたいしては不忠実になってしまった。朝鮮の研究に打ちこめるといいとは思ったが、そこまではもう手がまわらなかった。日本人の朝鮮人にたいする意識をかえることがどうしても必要だと思って日朝協会の組織づくりに参加し、京都の代表理事を五年、理事長を一六年つとめた。敗戦後、私が参加したいくつかの民主団体は、一年、あるいは三年、あるいは五年でがたがたになったが、日朝協会京都府連だけは奇蹟的な発展をつづけており、私は現在会長として、若い男女会員の働きぶりを、たのもしいと思いながら見守っている。

（一九七九年）

亡命について

鶴見俊輔

トーマス・マンは、ナチスの支配のはじまる直前にドイツをはなれ、その後かえれなくなって、亡命生活に入った。それは一九三三年から一九五二年までつづいた。

その間にヴィリ・フルトヴェングラー[1]は、国立劇場監督兼ベルリン・フィルハーモニーの指揮者として、ナチスに協力しつつドイツにとどまった。

一九五二年にトーマス・マンがドイツに来た時、フルトヴェングラーは、再会したいという手紙をおくった。マンの返事は、

「お気持はかたじけなく思いますし、また嬉しく思わないわけでもありませんが、なんといいましても、わたしたちの間には、うずめがたいみぞがあります。ですから、お会いし

たところで、さしてためになるとも思えません。とすれば、むしろ、お会いしないほうがいいと考えます」

この返事に、フルトヴェングラーはたいへんに怒って、ある機会に、こういったそうだ。

「わたしは、トーマス・マンのような人間とはわけがちがう。まるでシャツをきかえるように、なにかあるたびに国籍をかえるような人間とはわけがちがう」（カーチャ・マン著、山口知三訳『夫トーマス・マンの思い出』、筑摩書房、一九七五年）

この言葉をフルトヴェングラーは自分で書いて発表したというのではないから、フルトヴェングラーその人の思想についてのてがたい資料とみなすわけにはゆかない。けれども、ここには、亡命した（できた）人と、亡命しなかった（できなかった）人との間にあとあとまでのこるしこりがよくとらえられている。

人間がわりあいにきらくに国を出入りでき、国から国へ移れるヨーロッパ人にしてこんなふうだ。もし、日本で同種のことが話題になったとしたら、フルトヴェングラーのようないかりは、もっとひろく、つよく、おこったであろう。

「亡命」という言葉をひいてみると、新村出編『広辞苑』第二版（岩波書店）には、「命」とは名籍の意味だとして、

① 戸籍を脱して逃げうせること。また、その人。

② 政治上の原因で本国を脱出して他国に身を寄せること。

としてあり、①の例に万葉集五の巻から「蓋しこれ山沢に亡命する民ならむ」をあげる。この意味で「亡命」という言葉を使うのは昔いくらか例があったらしく、山にこもる人、漂

泊の人となるというのが、われわれのならわしになじむ一つの亡命の伝統だったのだろう。
だがあとのほうの政治上の理由による亡命となると、日本は島国なので、ここから他国に逃げてゆくことはきわめてむずかしく、この意味での亡命は、実際上は日本人にとってあり得ないことのように感じられてきた。

明治以後、日本がヨーロッパを模範として文化の型をかえてゆく努力をするようになってから、ヨーロッパ史の中にある亡命という事実も、翻訳によって、また高等学校や大学の授業によって日本につたわった。スタール夫人[2]、ハイネ、ゲルツェン、クロポトキン[3]、マルクス、レーニンなど、さまざまのヨーロッパ人の亡命にまつわる逸話が、軽蔑的にではなく、いくらかのあこがれをもって、語られた。

明治、大正から昭和はじめまで、日本の知識人には、何かの形での、日本文化へのはじらいがあり、そのはじらいの中には、日本文化からの小さな亡命者としてのみずからの半身がかくされていたとも言えよう。これは知的な山林にこもる亡命として万葉集以来の血脈をついでいないとは言えない。しかし、満洲事変以後の十五年戦争にあっては、半身にひそむその小さな亡命者は年とともに影がうすくなり、総力戦の中にまったく姿を没する。

ヨーロッパ人中の亡命者への好みは、日本人の中の亡命者（自己の半身としての亡命者ではなく、亡命を実行した等身大の亡命者）への好みとは結びつくことがなかった。

むしろ、日本人そのものについては、日本人からは亡命者が出ないものだという想定がこの一〇年ほどずっとつづいてあったと言える。この点では、知識人とそうでない人びととの間に、思いこみのちがいはない。

日本史上に亡命者がすくなかったというのは、日本列島の地理上の位置からする一つの事実である。その事実の認識にさらに拍車をかけているのは、日本人の間からは亡命者など出ないものだという、多分に十五年戦争以前からひきつがれた価値判断に支えられた思いこみであって、この思いこみの故に亡命者の伝記は書かれることが少なく、敗戦後三〇年あまりたった今も、人数としてわずかである日本の亡命者の生きたあとは砂にうもれた古代の町のように痕跡を見出すことさえむずかしい。

これと関連して、日本への亡命という事実がある。自分自身が亡命して他国に行く場合にたいしてつよい偏見をもつとすると、他国から自分の国に亡命してくるということにも偏見をもたずに対することはむずかしい。すくなくとも明治以後は、亡命者が、日本人に好意をもってむかえられた例はすくない。それであたりまえだという思いこみは、これまた戦前からひきつがれた価値判断としてわれわれの中にある。このことについてはあとでまたもどってくるとして、日本人の間から出た亡命者のことからはじめよう。

医学博士P・パーカー著『シンガポールから日本への遠征日記、琉球訪問記を付して』(スミス、ホルダー社、ロンドン、一八三八年)という小さい本を手にして、亡命者の側から日本を見るという視野を、これからでもおそくはないから、自分の身につけたいと思った。

一八三七年七月三〇日、米船モリソン号は、日本からの漂流者七人を祖国に送りとどけようとして、江戸湾まで来たが、幕府に砲撃されて退去した。この船にのっていた米人船医の日記からの抄録である。

七人の漂流者の中の三人は、一四名の乗組員のいた日本船の生きのこったもの全員であって、カナダのクイーン・シャーロット島に上陸して、そこで「インディアン」につかまった。コロムビア川流域居住区のひとりの英国人が金をはらってこの三人を自由にし、一緒にイギリスに、さらにマカオまでつれていった。マカオでは、C・グッラフ牧師の家族が三人の世話をした。そこで三人はグッラフ牧師の家族に英語をおそわった。[4]

あとの四人は、ラコニアで難破した日本人で、フィリッピンのマニラをとおってやってきた。

七人の日本人漂流者をのせた商船モリソン号は、オリファント会社の委託で、D・インガソル船長の指揮下に、江戸にむかった。漂流者を日本にとどけるのが主な目的であり、できればそれにくわえて日本との貿易をしたいということだったので、モリソン号はその日本訪問の平和的性格をあらわすために、軍事装備をすべてリンティンにおいてゆくことにした。

七月三〇日、モリソン号は江戸湾に入り砲台から攻撃をうけて、浦賀近くにいかりをおろした。すると一五隻ほどの漁船がまわりにあつまり、やがて、漁師たちは甲板にのぼってきてよろこんで酒をのみ、パンをたべた。役人もやって来たので、米船来訪の目的をのべた手紙をわたした。次の日は上陸するつもりだった。

七月三一日。上陸できるという望みはたたれた。夜のうちに、モリソン号のむかい側の陸に大砲がすえられ、朝六時から砲弾の雨がふってきた。モリソン号は白旗をかかげたがそれもかいがなかった。

「砲撃の音にはなれていなかったし、それに私たち自身が標的なのだから、神経系統への効果がどんなものだったかは、書き記すよりも、想像してもらうほうがたやすいだろう。それは、決して忘れることのできない瞬間だった。砲弾は私たちのまわりをものすごい音でとんでゆき、船からすこしばかりはなれた水の中におちた。だいたいは私たちの上をとおりすぎていったが、一つだけは船のまんなかあたりの載貨門をやぶって甲板の板二枚をつらぬき、そこで横にそれて大型ボートの厚い側面をぬけ、はじけ飛んで水の中におちた。ちょうど載貨門のすぐうしろで数人が仕事をしていたところだったし、砲弾が船にあたった場所からわずか二、三フィートのところに日本人の乗客中の二人がたっていた」

日本人の乗客にとって、その失望と屈辱感のどちらが大きいかは、はかりかねたと、パーカー医師は書いている。ともかくも、かれらは、自分たち日本人だけで上陸しようとはしなかった。上陸すれば、自分たちは死刑にされるだろうと言った。その悲しみは、もっとも冷酷な人の心情をも動かさずにはおかないであろうと、この米人医師は記している。

ほんの二、三日前、故郷の山河を見た時に日本人の見せた喜びと上機嫌、両親や友人にまた会えるというささかの不安をまじえた期待とたのしみなどは一切どこかへいってしまい、これからも外地ですごさねばならぬという憂鬱な見とおしがとってかわった。かれらはにわかに沈みこんだ顔つきになってしまい、黙りこくっていた。その内面は、彼ら自身しか、知るものはなかった。

鹿児島では、七人の中の一人、尾張の岩吉が自分で陸にあがって同胞と言葉をかわした。ここでも役人でない人びとは米船に親しみをもって対した。しかしここでも砲撃がはじまって危険になったので、船は目的をとげずに去る。七人の漂流者は、彼らだけが陸に上ることをこばんだのであった。そのうちの二人は、失望のあまり、髪をそって僧形となった。

七人の漂流者（尾張の岩吉、音吉、久吉、肥後の原田庄蔵、肥前の寿三郎、熊太郎、力松）は、川合彦充『日本人漂流記』（社会思想社、一九六七年）によると、その後の生涯を海外ですごした。

ただし、肥前の力松だけは、日本開国後の安政二年（一八五五）に英国艦隊とともに函館に来たし、またその後、長崎で奉行との交渉にさいして通訳をつとめたという記録があるが、日本に定着したということをきかない。尾張の音吉の息子ジョン・W・オトソンは、明治一二年（一八七九）に日本をたずねたそうである。息子にさえ日本への関心がのこっていたくらいだから、これらの漂流者が日本に対してその後まったく無関心になったとは言えない。

七人は、海外でくらす間、自分たちとおなじような目にあって故国をはなれている日本人漂流者の世話をしてはたらいた。彼らが、日本開国後も日本にかえって住むことがなかったのは、日本の役人によるモリソン号（彼らを送りかえす目的だった）砲撃がかれらの精神に傷跡をのこしたからであろうし、その後も同胞の世話をしたのは、かれらがその失望にもかかわらず日本人への愛着をもちつづけたからであろう。

他の漂流者には、重罰を覚悟して日本に帰った中浜万次郎[7]のような人もいた。日本へのうちこみが深かったからこそ、罰を恐れずに帰ったのであろう。だが、中浜万次郎とともに、モリソン号上の七人のことをも心において、日本の国の歴史を見るようでありたい。そうすると、亡命者と言えばトーマス・マンやベルトルド・ブレヒト（かれらはもとより偉大であるが）を思いうかべるような連想の脈絡よりもひろく、本来、この地球上をさまざまな理由で移動してあるくのがあたりまえである人間の立場から、その人間の都合でつくった国家の一つである日本国を、そしてその日本国のある時期に権力をもった政府の政策を見わたすという視野がひらける。そういう時、亡命とは、海外渡航のできる文化人にのみ許された特権だという考え方とはちがう見方があらわれる。

私の言いたいことは、トーマス・マンとの会見をことわられたフルトヴェングラーの怒りの言葉に見られるような、亡命者を民族を見すてたものとして非難するという流儀をさけたほうがいいという一点にかかっている。亡命は、国家批判ならびに政府批判の方法として、人間に許された一つの方法であり、もとよりその方法だけで十分というわけではない。国内にのみとどまって、国家批判をつづけるもっと勇敢な抵抗の道があり得る。しかしそのような勇敢な抵抗を試みるものを讃美することをとおして、亡命者をおとしめようとするのは見当はずれであり、そのような方法によって、（おそらくは批判者自身の）政府への無批判・無抵抗をもかくしてとおしてしまう結果になろう。

明治以後百年あまりの近代日本の歴史において、亡命者の数、海外流出者の数は、たとえばヨーロッパ諸国、インド、中国、朝鮮、またアメリカ合州国、南米、中米、アフリカ諸国にくらべて、多いとは言えない。しかし、それらの人びとはいたのだし、その活動は、近代日本史において適切にえがかれているとは言えない。この人びとの活動をあわせえがくことをとおして、日本人にとって何度もそのおとしあなとなった偏狭な国家主義に対する別の可能性を考えつづけることができるはずだ。

たとえば、明治の民権運動の活動家の中で後藤象二郎[8]、板垣退助[9]、植木枝盛[10]、中江兆民[11]などにくらべて、馬場辰猪[12]についてはその肖像をえがかれることが少なく、日本で発行された資料にもとづいて書かれたと見られる英国の歴史家ジョージ・サンソム[13]は著書『西洋世界と日本』(一九五〇年)において、「おそらく、馬場は、西欧で教育を受け、海外にある時は熱烈な自由主義者でありながら、日本に帰ると熱烈なナショナリストに変ってしまう日本人の典型と考えてよいだろう」と述べた。事実とかけはなれたこの評価を正すことを一つのいとぐちとして、萩原延寿[14]は『馬場辰猪』(中央公論社、一九六七年)を書いた。よろいを売ったり講演をしたりして細々と亡命生活をつづけ一八八八年一一月一日、三九歳でフィラデルフィアに客死した馬場辰猪は、その一個の生涯をとおして、同時代のかれらの仲間であった自由民権運動の変質をてらしだす力をもっている。このような生涯をほとんど百年にわたってうもれさせた力が、つねに日本にははたらいていた。

大正から昭和はじめにかけて新劇の演出者だった佐野碩は、ソヴィエト・ロシアに入り、やがてスターリンによるメイエルホリド[15]粛清の余波をうけてこの国を追放されてから、日本にもどる道をえらばず、メキシコにむかった。そのメキシコに入国することを、日本の公使館から邪魔された時、あえてメキシコ大統領カルデナス[16]に手紙を書いて、亡命の意図をつたえた。すでに三〇代もなかばをこえている彼にとって、この手紙を書いたころは未来が不安のうちにあった。彼のよく知っている日本語、彼の使えるドイツ語、フランス語、英語、ロシア語にもはやよりかかるわけにゆかず、これからスペイン語をおぼえて、その新しい外国語をとおして演出の仕事をしてゆく他ない。その後、六一歳で死ぬまで彼はメキシコにとどまり、日本に帰ることはなかった。行くさきざきで彼を邪魔した日本の政府に、彼は不信の念を、日本敗北後もいだきつづけた。しかし、その間にも彼は日本の伝統からはなれたのではない。むしろ、一民族をこえた舞台で、日本の伝統の意味をさぐろうと努力しつづけた。このような生涯をたどる時、亡命者が、日本の戦争時代と敗戦後の窮乏をさけて、ぬくぬくとしてくらしていたと考えることはできない。そのような架空のらくなくらしの中に亡命をぬりこめることの中に、日本の国内で自由主義、社会主義から軍国主義へと身を移してきた知識人の転向を正当化する卑怯な理論がかくされている。

馬場辰猪、中江丑吉[17]、佐野碩、国崎定洞[18]、大山郁夫、湯浅八郎、野坂参三[19]、鹿地亘、長谷川テル[20]、これらの人びとの軌跡は、この百年あまりの日本の歴史にとって、統計上の少数者として以上の意味をもつと思う。

そのもとにかえってゆくと、鎖国の禁制にもかかわらず国外に流出した漂流者がおり、その中にあらわれた前述の自発的亡命者がいる。亡命の意味を近代ヨーロッパの知識人の理想としてかかげた普遍的人間主義にだけむすびつけて考えるのでなく、むしろその根もとにある地球上の人間同士の共存、というところからとらえてゆく方向にむかいたい。権力が腐敗しやすいという原則をまっすぐに見るならば、社会主義をかかげる政府もまた腐敗し得るし、そのような権力を批判し得る場として、私たちは、一つの国の国境をこえる人間の移動の可能性を念頭におく。その場合に、技術とか知識によってちがう国にうつってもくらせる一部の有名知識人の問題をこえて、亡命の意味を考えることになる。そしてこのように考える時、政治的亡命としての「亡命」の現代的意味は、「山沢に亡命する」という万葉集以来の「亡命」とも合流する。

亡命の意味を考える時、自分たちの国からの亡命を考えるだけでなく、自分たちの国への亡命を考えることも必要になる。鎖国時代はもとより、開国以後も、日本の国家は亡命に対してきわめて冷淡だった。この事情は、第二の開国と言われる一九四五年八月以降もかわらない。しかしそこには、基本的人権の擁護をもとにおいた戦後の憲法と政府の行政上の慣行とのあいだに、ずれがおこっているということも否めない。

日本はかつて朝鮮の国をとってしまった。生活に困った朝鮮人が日本本土に流れこみ、それにくわえて日本政府が朝鮮から朝鮮人をつれてきて本土で石炭掘りなどの日本人のいやがる仕事をさせた。こういう事情のために敗戦当時は二百万人をこえる朝鮮人が日本本土にいた。日本敗戦と同時に、朝鮮半島はソ連と米国との二大勢力が分割し、やがて両者は戦争状態をへて今も敵対をつづけている。このような状態にあって親類友人がひきさかれている中に、その片方に与するものとして帰ってゆきたくないものが在日朝鮮人の間に多くいることも不思議ではない。二つの部分にひきさかれている（それも朝鮮人の責任によるものではなく）祖国を祖国としてうけいれるわけにはいかないというのは一つの立場であり得る。こうして、実質的亡命の状態にいる何人もの在日朝鮮人がこの国に住んでいる。すでにわれわれの間に住んでいるこの外国人の集団に対して、日本政府は、権利の保障をする熱意をもたないし、私たち日本人はこの人びとに対する配慮を欠いている。

ヴェトナム戦争がおこった時、朝鮮人亡命者に対する配慮の不足が、不戦憲法との関係ではっきりと私たちの前にあらわれた。韓国がヴェトナム戦争での米軍支援に派遣する兵士の中から、日本の不戦憲法への共感を表明して日本に逃げてくる人びとがあらわれた。そのうちの一人、金東希《キムトンヒ》は、兄弟が在日朝鮮人として現に日本に住んでおり、彼らをたよって密入国してきたところをとらえられて裁判にかけられ、出入国管理令に違反したものとして大村収容所にいれられた。ここで彼の書いた日本への亡命申しこみはうけいれられず、しかし、日本人の間におこった金東希支援運動の故に、刑の待っている韓国におくりかえすことは見あわされて、ソ連船で北朝鮮におくられた。一九六八年一月二五日のことである。

この処置に見られるように、日本政府は、不戦憲法への共感を示して日本に政治亡命したいという韓国人の申し出をうけいれなかった。それは、日本政府が、亡命うけいれの規準をはっきりさせていないことから、くりかえしおこる。現状について、本間浩『政治亡命の法理』（早稲田大学出版部、一九七四年）は次のように要約する。

「わが国の法令では、政治亡命者を救済し得る一般的な法的根拠は出入国管理令上の法務大臣による特別裁量のみである。この裁量権は、裁判所がすでに判示しているように、決して無放縦ではない（この限りで亡命者は法務大臣の裁量権と対決することができ、このことを通じて、つまり間接的に国家の国際法上の格別の無放縦な行使を規制することも出来よう）。しかし、裁判所はその限界の明示に消極的であった。裁判所のこうした態度がわが国の「政治亡命の法理」をめぐる議論の混乱の一因になっているともいえよう。

政治亡命に関する法原則の解釈規準を判断する場合、国際法が参照されることになろう。しかし、国際法はその詳細な部分を各国のプラクティスに委ねている。わが国裁判所は諸外国のプラクティスを参照して規準を積極的に明示すべきである」

そして、わが国の裁判所がみずからの手で規準設定する能力に限界を感じるとすれば、一九五一年の「亡命者の地位に関する条約」のような、政治亡命者庇護に関する条約への加入とそれにともなう国内立法がまたれる、というのが、亡命法理についてのこの専門的研究者の提言である。

ちなみに、この一九五一年の条約には、次のようなくわしい「亡命者」の定義がおかれている。

〔一九五一年一月一日以前に起った事件の結果として、且つ〕人種・宗教・国籍・特定の社会的集団への所属・又は政治的信条を理由に迫害をうける確たるおそれの故に本国外にあり、自国の保護をうけることができず、又はそのようなおそれの故に自国の保護をうける意思のない者

若しくは、無国籍者であって〔右記事件の結果として〕居住国外にあり、居住国に帰れず、又はそのようなおそれのため帰国の意思のない者

この「亡命者」の概念は、次のような要件から構成されていると、本間浩は記す。

(i) 本国又は居住国の外にいること。
(ii) 一九五一年一月一日以前の事件の結果としてであること。
(iii) 迫害をうける確たるおそれがあること。

(iv) 迫害の理由が人種・宗教・国籍・特定の社会的集団への所属・又は政治的信条であること。
(v) 本国の保護をうけることができないか、またはその意思がないこと。

現状では、日本政府が亡命者の利益を守ってとり得る最大限の処置は、出入国管理令違反行為については有罪としつつも執行猶予を認めることによって実質上の庇護の場をあたえるということであるけれども、それは、亡命者自身の立場から見れば確実性にかける。「亡命者にとって必要なのは、庇護提供の制度的保障である」(本間浩、同前)。

日本の国が、世界社会の中で人間の基本的人権を守る一つの場として位置づけられるためには、亡命についてのはっきりした立法にふみきる必要がある。

しかし、この問題を、私たちは、重大な問題としてうけとめているとは言えないし、そこに、国際社会に生きるものとしての日本人の思想的未成熟の一つのあらわれがある。

和田洋一を記念する文集のために、私が亡命を主題としてえらんだのは、この人のとりくんできた仕事に亡命に直接間接にかかわるものが多いためである。

ナチスが一九三三年にドイツで多数を制してから、それまでドイツの自由主義・平和主義の文学を翻訳し紹介して来た日本のドイツ文学者の多くは、ゲーテの翻訳者、グリルパルツァー[21]の翻訳者、ヘルマン・ヘッセの翻訳者、トーマス・マンの翻訳者などが、次々にナチスドイツ礼讃の立場に身を移して行った。日本でいえば昭和一〇年代におこったこの移動は、これらの人びとによる訳業をとおしてドイツの自由な精神にふれた私のようなものにとっては、憂鬱な記憶である。
おなじ時期に、和田洋一は、「故国を逐われた作家たち」（『カスタニエン』一九三六年一〇月号）、「亡命作家の動静」（『世界文化』一九三五年九月号、一一月号、三七年三月号、四月号）などの一連の論文によって、トーマス・マン、ハインリヒ・マン、エルンスト・トラーなどのナチス抬頭に対する身の処し方を追跡している。これらの文章の多くは、敗戦直後に発行された和田洋一著『国際反ファシズム文化運動・ドイツ篇』（三一書房、一九四九年）に収められている。

戦争中の文章において、和田は、トーマス・マンたちを亡命者と呼ぶことをためらわなかったが、より厳密に考えてゆくにつれて、最初にドイツをはなれるころからすくなくともドイツでその著作が自由に売られている間は、トーマス・マンを亡命者と呼ぶべきではないと考えるようになった。その保留の仕方について、『私の昭和史——「世界文化」のころ』（小学館、一九七六年）〔本書第II部〕からひくことにする。

「ついでにもうひとつ付け加えておくと、ドイツの作家のEmigration、これを国外移住と訳すべきか、移民と訳すべきか、亡命と訳すべきかについて、当初日本のジャーナリズムのあいだではまちまちであった。『世界文化』の同人の中では久野収君ほか一、二名は移民作家、移民学者というような言葉づかいをしていた。私はおもに亡命という言葉を使い、ときには故国を追放された作家たちと言い、移民だけは一度も使用しなかった。上京して東大独文出身の野上巌（ペンネーム新島繁）に会ったとき、「亡命というふうに言ってよろしいのでしょうか」ときかれ、私は「よろしいと思います」と単純に答えたのだが、問題はやはりあった。それはトーマス・マンをはじめ、アルフレート・デプリーン、ルネ・シッケレなど亡命とはどうも言いにくい状態の作家が何人かいたからである。

亡命はEmigrationの訳語として、明治の初期に日本人が考え出した言葉ではなく、中国から伝わってきた言葉である。中国の学者によれば、命は名なり、であって、権力者からにらまれているために名前が出せない状態が亡命である。トーマス・マンは権力者からにらまれていたとはいっても、三六年十二月までは、ともかくも国籍はく奪にはいたらず、著書もドイツ国内で販売され、印税はベルリンのフィッシャー書店からどっさりはいっていたのだから、亡命とは言いがたいと思うのは、もっともな意見だといわねばならない。ハインリヒ・ハイネの場合を考えてみても、一八三一年に彼はパリへ移住したのであって、亡命ではなかった。舟木重信、中野重治、井上正蔵の諸氏も、ハイネはパリへ亡命したとは決してかいていない。ハイネはパリでしゃあしゃあと暮らし、ドイツ国内の新聞に寄稿したりしていたのであるが、やがてハイネの著書がドイツ国内で禁止されることになり、このあたりからハイネは亡命客に変わっていく」(「『世界文化』とトーマス・マン」)

また近代日本の自発的国外脱出者の最初の系列に属する新島襄について、和田洋一は、卓抜な伝記『新島襄』(日本基督教団出版局、一九七三年)〔岩波現代文庫、二〇一五年〕を書いた。

日本では、亡命という言葉が(すくなくとも日本人については)悪い言葉となっておりその事情は日本の敗戦によって改まっていないので新島について、この言葉を用いることについて新島の創立した同志社大学関係者ははばかるところがあろう。しかし『広辞苑』の定義の第二にある「政治上の原因で本国を脱出して他国に身を寄せること」を虚心に新島にあてはめるなら、国法をおかして脱出した時の一個の攘夷主義者としての彼にも、また明治維新の変革をきいても文明の道をもっときわめるまではと言ってすぐにかえろうとしなかった彼にたいしても、その状態は「亡命」であった。

和田の新島伝の卓抜さは、亡命者として新島を見るという点におけるよりも、新島の軌跡と、これまでの新島崇拝者の考え方にとらわれることなく、資料に即してとらえようと勇気をもって対したことにある。新島が日本脱出に際して残した日記の中、岩手県宮古の北にあたる鍬ヶ崎《くわ》で娼妓のいるところを記したくだりが、今日同志社にある原本で行数にして二〇行あまりカミソリでけずられている。これについての和田洋一の評価は次の如くである。

「キリスト者としての信仰告白を神の前にまだ行なってはいなかったが、当時の日本の若者としては、性にかんして比較的潔癖であった新島が、港町の商売女の強引さに負け、思いきり金をふんだくられたからといって、別に恥さらしでも何でもないだろう。(註。函館到着時に、新島の持金は奇妙にへっている。)新島が日記の中で自己告白している部分を、わざわざカミソリで切りとるというのは、新島を、聖者として仰がなければ気のすまない教え子のひたむきな心情のあらわれと解するほかはない」

このところは、亡命というこの小文の主題とかかわりはないのだが、和田洋一にとってのキリスト教の意味、同志社大学の伝統に対して和田洋一の占める位置をよくあらわしていると思うのでひいた。

幕藩体制下の日本からの「亡命者」新島襄から百年近くをへて、十五年戦争下の日本からの亡命者で、この人もまた同志社の総長だった湯浅八郎のことにふれて、和田洋一は、その編著『同志社の思想家』（同志社大学生協出版部、一九六五年）の中の一章に「湯浅八郎――同志社の個性を守るためのたたかい」を書き、湯浅が同志社総長として軍部の圧迫に対して同志社の学風を守ろうとして、やがてやぶれて辞職してから米国にわたり日米戦争に入ってからも米国にとどまった事実にふれて「彼のアメリカ滞在が半亡命か、四分の一亡命かはともかくとして」と書いた。

湯浅八郎自身は、戦時中米国にのこった意図を次のように語っている。

「日本に帰ったら、それこそ自殺でもする以外ないような役割を強制されるにちがいないと考えました。それはつまらないことです。日本には妻と息子がいるので、わたくしは大きな決断をしなければなりませんでした。それに友人は親切にはしてくれましたが、やはり敵国人としてアメリカにとどまるのですから。私は考えました。大事なことは戦争のあとにくる平和であり、日米戦争など二度と起こらないような内容の平和をつくりださなければならないと。そこで、平和の準備に少しでも役立ちたいという願いでアメリカに残りました。平和問題について用意周到に考えていたジョン・ダレスさんのような人と交わりがあったことも、わたくしにとどまる決意をさせた理由の一つです。もう一つの大切な理由として、戦争を悩み、痛みを感じているクリスチャンが日本にもいるということの証として、いわばそういう少数の日本のクリスチャンのシンボルでありたいという願いがありました。

だからわたくしは、アメリカの教会関係の人で日本の人たちに関心を持っている人びと、とくに、かつて宣教師として日本に行ったことのある人たちと、失業して生活に困ったり、身辺の危険を感じたり、あるいは法律上の問題を抱えてどうにもできない一世たちとの間で、リエゾンの役を果したいと思いました。そのような仕事をする望みがあったのです。ですから、ただの強がりで残ったのではないのです」

亡命は祖国の政府に対する不満の表明ではあるが、その不満の表明は、必らずしも反逆とか忠誠の放棄を含むものではない。野坂参三や鹿地亘の場合とことなって、湯浅は自分の立場を次のようなものと規定する。

「わたくしはこれでも日本生まれの日本人なんでしてね。戦争中に敵国のお先棒をかつぐようなことはすべきではないと思いました。祖国を裏切るようなことはしたくないと思いましたから、アメリカ政府の関係したいろいろな要求はいっさい断わりました」（同志社大学アメリカ研究所編『あるリベラリストの回想――湯浅八郎の日本とアメリカ』、日本ＹＭＣＡ同盟出版部、一九七七年）

湯浅八郎は敗戦後に日本にもどり、ふたたび同志社総長となって今度はその反共主義をもって知られ、そのために、戦前の自由を守るためのたたかいが忘れられたなかで、和田洋一が湯浅をとりあげて軍国主義とのたたかいをはっきりと書き残したことは、戦後の進歩主義による歴史偽造の流儀に対して、別の記述の流儀を示したものと言える。湯浅の場合、京大滝川事件における敗北（この時、湯浅は若年の京大農学部教授として滝川擁護の立場をあきらかにした）以後、大勢はもはやきまったものとして知識人のおおかたが意気消沈しているなかで湯浅八郎が同志社総長として軍部とはっきり対立する気組みを見せたことと、渡米後に日米開戦がおこってからも捕虜交換船にのって帰国しようとせずに米国にとどまったこととは、国内の大勢にしたがわなくてもよしとする気組みを示すものとして、おなじ一つの態度である。日本では未だ市民権を得ていない「亡命」は、湯浅における市民的抵抗の一つの指標であることを、和田は評伝の筆者として見落さなかった。

　戦後の和田洋一は、学者としての立場とは別に、ひとりの市民として、在日朝鮮人にたいする差別ととりくみ、京都の日朝協会会長をつとめた。韓国軍兵長金東希が日本への亡命の希望を表明した時には、一九六七年四月八日、その時の決裁をゆだねられていた法務大臣田中伊佐次[22]に、福岡精道、橋本峰雄[23]、岡部伊都子[24]、和田洋一の四名が面会し、亡命許可要望の関西での署名四百人分をてわたして金東希のための配慮をたのんだ。その他にもいくつもの条件がくわわって、金東希が日本から韓国に送りかえされるという最悪の事態だけはさけられた。

　和田洋一は、自分の投獄と失職の原因となった同人雑誌『世界文化』について『灰色のユーモア――私の昭和史ノオト』（理論社、一九五八年）〔本書第I部〕を書いた。この中には、マルクス主義者と非マルクス主義者、志は高いが心ならずも転向するもの、最終的屈伏だけはことわりつづけるもののさまざまな姿が、えがかれている。すでにこの回想の中に、獄中の朝鮮人の肖像がえがかれ、日本の知識人の団結という以上の、ひろがりが、見える。ここに記されている人民戦線の思想は、さまざまの弱さ、もろさをもつ人びとが、ゆるやかな結びつきを何とかして保って、軍国主義に対して反対の意志表示をつづけたいという考え方であって、その中に、一つの指標として、トーマス・マンのようなヨーロッパの亡命者の文学がおかれていた。このような考え方は、戦時下には無力であったし、敗戦後は無用になったというのが、戦後すぐの思想の流れだった。無力であるということでは、相当にあたっているように思うけれども、戦後には無用になったという考え方を、私はとることができない。社会主義を国是としてかかげる国家においても、専制政治と他民族への抑圧の傾向が見られる時、国家批判の多様な方法と流儀の存在の条件を地球から消してゆかないほうがいい。

終りに一言、余分のことを書く。

和田洋一氏の『私の昭和史』〔本書第Ⅱ部〕の終りに近く、京都市左京区東一条電停前にある社団法人独逸文化研究所の建物のことが出てくる。ここに和田氏は、敗戦の前年一九四四年九月からつとめておられたそうだ。

そのおなじ建物が、敗戦後、京都大学人文科学研究所分館となり、その一室に私はしばらくいたことがある。

そのころの私の部屋は、大学内に他にひきとりてがなかったためであろうか、おびただしい数のナチス文献があり、私と紀篤太郎氏との共同の部屋の本棚にある本の大半は、ナチスの本（ドイツ語と日本語の）という時代があった。ひまな時にはこれらの本をひきだして読むことがあったので、このころ、一九五〇年から五三年にかけて、私ははじめて、エルンスト・ユンガー[25]やゴットフリート・ベン[26]（この人については加藤周一[27]からおそわった）など、ドイツ国内にふみとどまってドイツ人によまれたナチス批判者の系列について知ることができた。エリヒ・ケストナーも、その系列に属すると言えるだろう。

亡命しなければ国家権力に抵抗できないと言うつもりはない。ただ、殉教のみを理想化せず、亡命者を考慮のうちにおいて国家批判を考えてゆくという見方を保ちたい。

（一九七九年）

註

I　灰色のユーモア

プロローグ

1　**山本宣治（やまもと・せんじ）**　一八八九〜一九二九。生物学者、政治家。同志社大、京都帝大講師として性科学の普及に尽力。産児制限運動等にかかわり、一九二八年第一回普通選挙で労働農民党から当選。同年共産党員を一斉検挙した三・一五事件後唯一の共産党系代議士となるが、右翼に刺殺された。

2　**山川均（やまかわ・ひとし）**　一八八〇〜一九五八。社会主義者。一九〇八年赤旗事件で検挙された。共産党創立に参加し「無産階級運動の方向転換」を発表。二七年「労農」を創刊。三七年人民戦線事件で再び検挙。五一年社会主義協会を結成、代表となった。妻は山川菊栄。著作に「山川均自伝」など。

3　**荒畑寒村（あらはた・かんそん）**　一八八七〜一九八一。社会主義者。一九〇四年横浜平民結社を組織。一二年大杉栄と「近代思想」を発刊。赤旗事件・人民戦線事件などで数度入獄。共産党、社会党の結成に参加するが、のち離党した。社会党時代の四六年衆議院議員。本名は勝三。著作に「寒村自伝」など。

4　**猪俣津南雄（いのまた・つなお）**　一八八九〜一九四二。経済学者、社会主義者。一九二一年早大講師。二二年共産党に入り、二三年第一次共産党事件で検挙。二七年山川均らと「労農」誌を創刊、労農派の論客として活躍。三七年再び検挙された。著作に「帝国主義研究」など。

5 **向坂逸郎（さきさか・いつろう）** 一八九七〜一九八五。経済学者。一九二六年九州帝大教授。二八年三・一五事件の余波で辞職、「労農」同人となる。戦後は九州帝大に復職。五一年山川均らと社会主義協会を創立。社会党左派でマルクス主義の理論的指導者として活躍した。著作に「地代論研究」など。

6 **鈴木茂三郎（すずき・もさぶろう）** 一八九三〜一九七〇。社会運動家、政治家。新聞記者をへて無産政党の結成に関与。戦後は社会党の結成に参加、一九四六年衆議院議員。五一年委員長となり平和四原則を掲げる。左派社会党委員長、統一社会党委員長をつとめた。著作に「ある社会主義者の半生」など。

7 **大内兵衛（おおうち・ひょうえ）** 一八八八〜一九八〇。経済学者。大蔵省勤務ののち、一九一九年東京帝大助教授となるが翌年辞職。二二年復職し、教授としてマルクス主義の立場で財政学を講じた。三八年検挙され休職。戦後は東京帝大に復帰、五〇年法政大総長就任。著作に「財政学大綱」など。

8 **有沢広巳（ありさわ・ひろみ）** 一八九六〜一九八八。経済学者、統計学者。一九三八年検挙され東京帝大助教授を休職するが戦後、教授として復帰。「傾斜生産方式」をはじめ多くの経済政策立案に関与。法政大総長、学士院院長、日本原子力産業会議会長をつとめた。著作に「世界経済図説」など。

9 **脇村義太郎（わきむら・よしたろう）** 一九〇〇〜一九九七。経済学者。二六年東京帝大の助教授。三八年検挙され休職。四五年教授として東京帝大に復帰。海運、保険、石油などの世界経済や経営史を研究。財閥解体、海運業界再編など、多くの産業政策に参画した。六三年日本学士院院長。

10 **美濃部亮吉（みのべ・りょうきち）** 一九〇四〜一九八四。経済学者、政治家。達吉の長男。三四年法政大教授となるが、三八年検挙され退職。戦後は東京教育大教授などをつとめ、六七年東京都知事に当選。革新都政を三期担ったが、財政悪化に苦しんだ。八〇年参議院議員。著作に「都知事一二年」など。

11 **鹿地亘（かじ・わたる）** 一九〇三〜一九八二。小説家、評論家。東京帝大在学中にプロレタリア文学運動に参加し、二九年日本プロレタリア作家同盟を結成。三六年上海へ渡り、重慶で日本人民反戦同盟を組織。五一年米軍機関により監禁事件にあった。本名は瀬口貢。著作に「自伝的な文学史」など。

12 **新村猛（しんむら・たけし）** 一九〇五〜一九九二。フランス文学者。新村出の次男。「世界文化」の発行にたずさわり、三七年治安維持法違反で検挙された。戦後は同志社大、名古屋大の教授など。父と共に「広辞苑」を編集した。著作に「フランス文学研究序説」など。共訳書にブロック「封建社会」など。

13　**伊吹武彦（いぶき・たけひこ）**　一九〇一～一九八二。フランス文学者。三高教授をへて四九年京大教授。フランス近現代文学の翻訳につとめ四六年「世界文学」誌を主宰。著作に「近代仏蘭西（フランス）文学の展望」、編著に「仏和大辞典」など。共訳書にサルトル「実存主義とは何か」など。

14　**真下信一（ました・しんいち）**　一九〇六～一九八五。哲学者。三三年同志社大教授。「世界文化」の発行にかかわり三七年検挙された。戦後は知識人の間でおきた「主体性論争」にくわわった。四八年名古屋大教授、七〇年多摩美大学長。著作に「学問と人間」など。共訳書にヘーゲル「小論理学」など。

15　**中井正一（なかい・まさかず）**　一九〇〇～一九五二。美学者。三〇年同人誌「美・批評」を創刊、三五年同誌を「世界文化」と改題。三六年週刊紙「土曜日」を発刊。三七年検挙され、京都帝大講師の職を追われた。四八年国立国会図書館初代副館長。本名は浩。著作に「美学入門」など。

16　**久野収（くの・おさむ）**　一九一〇～一九九九。哲学者、評論家。京都帝大大学院在学中に「世界文化」「土曜日」の発行にかかわり、三七年検挙された。戦後は学習院大講師。全面講和・非武装中立・憲法擁護を主張、安保闘争やベ平連運動では市民主義の立場で活躍した。著作に「市民主義の成立」など。

17　**禰津正志（ねづ・まさし）**　一九〇八～一九八六。歴史学者。三六年文部省維新史料編纂局に入局。「世界文化」の同人となり、三七年検挙された。戦後は天皇制、日本現代史、フランス革命を研究した。筆名はねずまさし。著作に「天皇家の歴史」など。訳書にチャイルド「文明の起源」など。

第一章

18　**滝川幸辰（たきがわ・ゆきとき）**　一八九一～一九六二。法学者。ドイツで刑法を学び、一九二四年京都帝大の教授。著作「刑法読本」などが危険思想とされ、三三年休職処分を受け、法学部教授会がこれに抗議して滝川事件がおきた。四六年復職、五三年京大総長。著作はほかに「犯罪論序説」など。

19　**能勢克男（のせ・かつお）**　一八九四～一九七九。弁護士。同志社大学法学部を解職後、開業。京都家庭消費組合設立理事。「土曜日」の編集にたずさわったほか、「「土曜日」の一周年」など多くの八ミリ映画を製作。三八年検挙され、四〇年釈放。戦後は松川事件弁護団や大逆事件再審請求弁護団に参加した。

20 **林要（はやし・かなめ）** 一八九四～一九九一。経済学者。一九二〇年大原社会問題研究所助手となり、「日本労働年鑑」を編集。二三年同志社大教授。「世界文化」の編集にたずさわった。三六年大学を追われ、執筆も禁止された。戦後は愛知大、関東学院大教授をつとめた。著作に「金融資本の理論」など。

21 **辻部政太郎（つじべ・せいたろう）** 一九〇五～一九八八年。映画演劇評論。名古屋大、同志社大、奈良女子大などで美学、西洋美術史、演劇論を講じた。読売新聞、日本経済新聞その他で新劇評論などを担当した。著作に「日本古典演劇遺産の問題」など。

22 **熊沢復六（くまざわ・またろく）** 一八九九～一九七一。ロシア文学者。初期の築地小劇場運動に参加。多くのロシア文学とソビエト社会主義文学理論を紹介した。四八年愛知大教授。著作に「人および芸術家としてのゴーリキイ」など。訳書にバルハートゥイ「チェーホフのドラマトゥルギー」など。

23 **米田三治（こめだ・さんじ）** 一九〇九～一九四四。英文学研究者。「美・批評」研究会に三四年から参加。「世界文化」同人として英米文化を紹介する一方、大阪府茨木（現春日丘）高校教諭をつとめた。三八年検挙され、三九年奈良県私立天理中学校に転職。四四年入隊、バシー海峡を航行中、戦死した。

24 **島津勤（しまづ・つとむ）** 一九〇九～一九八七。島津は旧姓。栗本勤。愛知第一師範学校教授、名古屋大教授、信州大教授、信州大名誉教授を歴任。七五年松本歯科大教授、副学長、学長代行を兼任した。著作に「思索のまにまに」など。共訳書にボルケナウ「封建的世界像から市民的世界像へ」など。

25 **梯明秀（かけはし・あきひで）** 一九〇二～一九九九六。哲学者。唯物論研究会で活躍するが、三八年検挙され転向した。戦後は六高（現岡山大）教授をへて、五〇年立命館大教授、のち橘女子大教授。「資本論」の哲学的考察により、独自の経済哲学を樹立した。著作に「戦後精神の探求」など。

26 **マン（Paul Thomas Mann）** 一八七五～一九五五。ドイツの小説家。第一次大戦では保守主義を擁護したが、ナチスに対しては民主主義の立場から批判を続けた。「ブッデンブローク家の人びと」で文名を確立。スイス移住後、アメリカに亡命した。一九二九年ノーベル文学賞受賞。著作に「魔の山」など。

27 **武谷三男（たけたに・みつお）** 一九一一～二〇〇

〇。物理学者、科学評論家。京都帝大の湯川秀樹研究室副手などをへて五三年立教大教授。四六年鶴見俊輔らと共に「思想の科学」を創刊。核兵器反対を訴え原子力平和利用の三原則「自主・公開・民主」を提唱した。著作に「科学者の社会的責任」など。

28 **草野昌彦（くさの・まさひこ）** 一九〇八～一九九〇。戦前、京都を拠点に発行していた総合雑誌「学生評論」の編集名義人。三七年雑誌の活動を理由に特高に検挙され、約二年間収監された。戦後は京都市の中学校教諭をつとめ、退職後の七〇年代に雑誌の復刻版を出版した。

29 **フォイエルバッハ（Ludwig Andreas Feuerbach）** 一八〇四～一八七二。ドイツの唯物論哲学者。ヘーゲル学派の左派に属した。ヘーゲル批判から唯物論の立場に立ち、自らの哲学を「人間学」と呼んだ。また神の幻想からの解放を説き、マルクス・エンゲルスに大きな影響を与えた。著作に「神統記」など。

第二章

30 **徳田球一（とくだ・きゅういち）** 一八九四～一九五三。社会運動家、政治家。一九二二年堺利彦らと共産党を結成し中央委員。二八年三・一五事件で検挙され、四五年釈放された。書記長として党を再建し、四六年衆議院議員。五〇年マッカーサー指令で追放され亡命先の北京で客死した。共著に「獄中十八年」。

31 **志賀義雄（しが・よしお）** 一九〇一～一九八九。社会運動家、政治家。在学中、共産党に入党。二八年三・一五事件で検挙され、四五年釈放。戦後は党中央委員などをつとめたが、六四年党議違反で除名され、ソ連支持の立場から「日本のこえ」を創立、全国委員長となった。共著に「獄中十八年」。

32 **野間宏（のま・ひろし）** 一九一五～一九九一。小説家。フランス象徴主義、マルクス主義の影響を受けた。四六年「暗い絵」を発表、第一次戦後派とよばれる。アジア・アフリカ作家会議、狭山事件裁判などにかかわった。著作に「真空地帯」など。

33 **中島重（なかじま・しげる）** 一八八八～一九四六。政治学者。吉野作造、海老名弾正を師として、キリスト教的自由主義思想を形成した。同志社大、関西学院大の教授。神の国を資本主義と帝国主義ののちに実現される国際的社会主義の社会であるとし「社会的基督教」を提唱。著作に「多元的国家論」など。

34 **ディミトロフ（Georgi Mikhailovich Dimitrov）** 一八八二～一九四九。ブルガリアの政治家。一九三三年ドイツ国会議事堂放火事件で逮捕、法廷でナチスを批判。釈放後の三七年コミンテルン第七回大会で人民戦線戦術を提唱。四六年ブルガリア首相。チトーと共にバルカン連邦構想を計画したが病没した。

35 **湯浅八郎**（ゆあさ・はちろう）一八九〇～一九八一。教育者。同志社普通学校卒業後、渡米。イリノイ大大学院などで昆虫学を学んだ。一九二四年帰国し、京都帝大で新設の農学部教授。三五年同志社総長。四七年同志社総長に再任。五〇年国際基督教大初代総長、理事長。著作に「若者に幻を」など。

36 **小林陽之助**（こばやし・ようのすけ）一九〇八～一九四二。社会運動家。アメリカのワイオミング州生まれ。ベルリンに留学し、三一年ドイツ共産党に入党。モスクワの大学で学び、三五年コミンテルン大会に野坂参三らと共に参加。三六年帰国し、翌年地下活動中に逮捕され、千葉刑務所で獄死した。

37 **田中忠雄**（たなか・ただお）一九〇五～一九九一。宗教家。禅僧沢木興道に曹洞禅を学んだ。マルクス主義を奉じ京都市立第一工業学校教諭となるが、三七年に検挙され日本主義に転じた。四〇年東亜研究所勤務ののち、生長の家に入信。六四年生長の家政治連合会長に就任。著作に「禅と現代人」など。

38 **大岩誠**（おおいわ・まこと）一九〇〇～一九五七。二八年京都帝大法学部助教授。三三年滝川事件で京都帝大を去り、立命館大学教授兼図書館長に就任。三七年検挙、釈放後は満鉄調査部に転じた。五一年南山大学社会科学部教授。著作に「政治学史」など。

39 **阿部次郎**（あべ・じろう）一八八三～一九五九。哲学者、美学者。夏目漱石の門に入り、森田草平、小宮豊隆らとまじわった。一九一四年「三太郎の日記」を出版し、一七年雑誌「思潮」を主宰。二三年東北帝大教授となり、美学を講義。リップスを紹介、ゲーテを翻訳、ニーチェ、芭蕉の研究に貢献した。

40 **和辻哲郎**（わつじ・てつろう）一八八九～一九六〇。哲学者、倫理学者。東洋大、法政大の教授をへて、一九三一年京都帝大教授。三四年東京帝大教授。「思想」の編集に参加。「人間の学」としての倫理学を確立し、「風土」など文化史研究にも業績を残した。日本倫理学会初代会長。著作に「倫理学」など。

41 **安倍能成**（あべ・よししげ）一八八三～一九六六。哲学者、教育者。夏目漱石門下の自由主義思想家で、対日講和条約締結に際しては一九五〇年全面講和論を唱えた。岩波版「哲学叢書」の編集にくわわった。四〇年一高校長、四六年幣原喜重郎内閣の文相、のち学習院院長。著作に「カントの実践哲学」など。

42 **ブレヒト**（Bertolt Brecht）一八九八～一九五六。

ドイツの劇作家・詩人。一九二八年「三文オペラ」で地歩を確立。三〇年共産党入党、三三年に国を離れ四一年アメリカに亡命。四九年東ドイツに帰国、ベルリーナー・アンサンブルを結成。「演劇のための小原理」などで感情同化を排した異化効果を提唱。

43 **トラー (Ernst Toller)** 一八九三〜一九三九。ドイツのユダヤ系劇作家。第一次大戦中の志願兵としての体験から平和主義者となった。ミュンヘンでゼネストを指導して逮捕されたが、獄中で書いた非暴力革命をうたう戯曲「転身」で表現主義作家としての名声を得た。のちにアメリカに亡命したが自殺した。

44 **デブリーン (Alfred Doblin)** 一八七八〜一九五七。ユダヤ系ドイツ人の小説家・精神科医。政治的な評論や表現主義の小説を発表。ワイマール期のベルリン下町に生きる犯罪者の運命を描く「ベルリン・アレクサンダー広場」で名声を得た。三三年以降フランス、アメリカ等での滞在をへて戦後帰国した。

45 **レン (Ludwig Renn)** 一八八九〜一九七九。ドイツの小説家。第一次大戦に参加、その体験を「戦争」に描いた。共産党に入り、三三年ナチスにより投獄されたが、脱走して亡命。スペイン内乱の際、ドイツの義勇軍であるテールマン大隊の隊長をつとめた。四七年メキシコから東ドイツに帰った。

46 **ヴァッサーマン (Jakob Wassermann)** 一八七三〜一九三四。ドイツのユダヤ系作家。人種的迫害をうけた少青年時代ののち、文学を志し、ミュンヘン、ウィーンに出た。ゲットーを舞台とした小説「ツィルンドルフのユダヤ人」で、人間の汚辱の極限状況を描いて反響をよんだ。三〇編余の小説を執筆した。

47 **ケストナー (Erich Kästner)** 一八九九〜一九七四。ドイツの詩人・小説家。風俗風刺的な詩集で出発し、児童文学「エミールと探偵たち」で有名になった。大都会の生活の病弊をえぐる「ファービアン」はナチスに焼かれ、国内での出版活動も禁止された。第二次大戦後は再び風刺詩や少年小説で活躍した。

48 **小松太郎 (こまつ・たろう)** 一九〇〇〜一九七四。慶應大予科を中退し、二六年、ベルリン大を卒業。法政大でドイツ語を講じた。訳書にチャペック「園芸家一二カ月」、ケストナー「人生処方詩集」、ケステン「性にめざめる頃」など。

第三章

49 **チェンバレン (Arthur Neville Chamberlain)** 一八六九〜一九四〇。イギリスの政治家。世界恐慌下の蔵相としてブロック経済を推進。三七年首相となり対独宥和政策をとったが失敗。三九年ドイツに対独宣戦を布告。四〇年ノルウェー遠征に失敗し辞任。枢密院議長となったが、病気のため辞職した。

50 **ダラジエ（Édouard Daladier）** 一八八四～一九七〇。フランスの政治家。一九三三、三四年に続き再度首相となった三八年、ミュンヘン協定に調印してヒトラーに屈した。四〇年ヴィシー政府に逮捕され、ドイツに移送された。戦後は第二次制憲議会で返り咲いた。五七年、急進社会党党首。

51 **新村出（しんむら・いずる）** 一八七六～一九六七。言語学者。一九〇九年京都帝大教授。上田万年と共に西洋言語学の理論を移入し、日本の言語学・国語学の基礎を築いた。キリシタン文献の考証、語源の研究でも業績を残し、「広辞苑」の編集で知られた。筆名は重山。著作に「言語学概論」など。

52 **守屋典郎（もりや・ふみお）** 一九〇七～一九九六。弁護士、経済学者。三〇年弁護士を開業。三二年共産党に入党。三八年検挙され、投獄された。戦後は民主主義科学者協会の設立に参加。戦中にかかわった紡績産業を分析した。筆名は野口八郎。著作に「紡績生産費分析」など。

53 **ヘルダアリーン（Friedrich Hölderlin）** 一七七〇～一八四三。ドイツの詩人。学生時代ヘーゲルやシェリングを友人にもちフランス革命に共鳴。古代ギリシャ的な美と調和を理想とし、多くの叙情詩をつくった。小説に「ヒューペリオン」など。戯曲に「エンペドクレス」など。

54 **ヘーン（Viktor Hehn）** 一八一三～一八九〇。ロシア領エストラント（現在のエストニア）生まれのドイツ系バルト人。ドルパト大の講師だったが、ドイツ三月革命に心酔して逮捕。ニコライ一世の死後、特赦によりペテルブルクに移住、王立図書館に勤務。一八七三年にベルリンに移住、ゲーテ論を著した。

55 **ゲーテ（Johann Wolfgang von Goethe）** 一七四九～一八三二。ドイツの詩人・作家。「若きウェルテルの悩み」などで、疾風怒濤運動の旗手として活躍。一〇年間、ワイマール公国で政務を担当した。のちイタリア旅行の体験などを通じて、シラーと共にドイツ古典主義を完成。戯曲に「ファウスト」など。

第四章

56 **ブルックナー（Ferdinand Bruckner）** 一八九一～一九五八。オーストリアの劇作家。退廃的な戦後の世相を扱った「青年の病気」、法の不備をつく社会批判劇「犯罪人」で名声を獲得し、ベルリンにルネサンス劇場を開場した。三三年アメリカに亡命、五一年に帰国。本名テーオドア・タッガー。

第五章

57　**成瀬清（なるせ・きよし）**　一八八四～一九五八。ドイツ文学者、随筆家。独文学者として三高、京都帝大、慶大などの教授を歴任。京都帝大名誉教授。一九三一年日本ゲーテ協会を設立、三五年会長に就任。筆名は成瀬無極。著作に「近代独逸文芸思潮」など。訳書にトーマス・マン「ブッデンブロオク一家」など。

58　**内村鑑三（うちむら・かんぞう）**　一八六一～一九三〇。宗教家、思想家。一八八四年渡米、帰国後第一高等中学につとめたが翌年不敬事件で辞職。「万朝報」記者となる。一九〇〇年「聖書之研究」創刊。足尾銅山鉱毒反対運動にかかわり日露戦争に際しては非戦論を主張した。著作に「代表的日本人」など。

59　**尾崎秀実（おざき・ほつみ）**　一九〇一～一九四四。中国問題評論家。二六年東京朝日新聞入社。上海支局から帰国後、第一次近衛内閣、満鉄調査室の嘱託をつとめ、東亜協同体論を唱えた。四一年ゾルゲ事件で日独の機密情報をソ連に流したとして逮捕、三年後に処刑された。著作に「現代支那論」など。

60　**藤沢桓夫（ふじさわ・たけお）**　一九〇四～一九八九。小説家。漢学者藤沢南岳の孫。大阪高時代、神崎清らと「辻馬車」を創刊。東京帝大在学中、武田麟太郎、高見順らと「大学左派」に参加した。健康を害し、三三年から郷里の大阪に定住し、大衆小説を数多く書いた。著作に「傷だらけの歌」など。

61　**貴司山治（きし・やまじ）**　一八九九～一九七三。小説家。一九二九年日本プロレタリア作家同盟の創立に参加。「ゴー・ストップ」など、活動家の超人的行動を描いた作品が労働者に歓迎された。作家同盟解散後、雑誌「文学案内」を創刊。戦時中は筆を断ち、戦後は大衆小説にもどった。本名は伊藤好市。

62　**清水三男（しみず・みつお）**　一九〇九～一九四七。日本史学者。和歌山商業で教えるかたわら、荘園研究を続けた。三八年検挙された。四三年召集され、千島で終戦を迎えた。シベリア抑留中に病没。著作に「日本中世の村落」など。

63　**大山郁夫（おおやま・いくお）**　一八八〇～一九五五。社会運動家、政治家。一九一五年早大教授。一七年大阪朝日新聞に入社したが翌年筆禍事件（白虹事件）を機に退社。二六年労働農民党委員長。二九年新労農党を結成したが内部の解消運動を受け孤立、三二年渡米。戦後帰国し、参議院議員をつとめた。

64 **河上肇（かわかみ・はじめ）** 一八七九〜一九四六。経済学者。一九一五年京都帝大教授。大阪朝日新聞に「貧乏物語」を連載。のち雑誌「社会問題研究」を刊行、マルクス主義の研究と紹介につとめた。二八年京都帝大教授を辞職。三二年共産党に入党、翌年逮捕された。出獄後は「自叙伝」などを執筆した。

65 **ライス（Elmer Leopold Rice）** 一八九二〜一九六七。アメリカの劇作家。映画のフラッシュバック手法を用いた「公判」やロボット化する人間を描いた「計算器」で注目され、二九年ニューヨークの貧民街を描いた「街の風景」でピュリッツァー賞受賞。三七年「劇作家劇団」設立に参加、自ら演出した。

66 **ヴィットフォーゲル（Karl August Wittfogel）** 一八九六〜一九九〇。アメリカの経済史家。ドイツ生まれ。フランクフルト社会研究所で社会史研究に従事、共産主義運動にも参加。一九三四年アメリカに亡命。大規模灌漑が官僚制を発達させたとして水力社会の理論を展開。著作に「東洋的社会の理論」など。

67 **千田是也（せんだ・これや）** 一九〇四〜一九九四。俳優、演出家。築地小劇場でデビュー。二七年からドイツで学んだ。四四年俳優座結成、四九年俳優座養成所開校、五四年俳優座劇場開設などを通じて戦後新劇運動を指導、ブレヒトを紹介した。本名は伊藤圀夫。著作に「もうひとつの新劇史」など。

68 **松尾哲次（まつお・てつじ）** 一九〇八〜一九八六。演出家。二九年左翼劇場研究生となり、築地小劇場をへて、劇団民芸演出部に所属した。主な演出作品に「夜明け前」など。広島原爆で死んだ俳優「丸山定夫をしのぶ会」で代表責任者をつとめた。

69 **林達夫（はやし・たつお）** 一八九六〜一九八四。評論家。一九二九年から岩波書店の「思想」を編集。三五年以降自由主義の立場を保った。戦後は中央公論社出版局長などをへて平凡社「世界大百科事典」編集長。五六年明大教授。著作「共産主義的人間」はスターリニズム批判の先駆として注目された。

70 **小松清（こまつ・きよし）** 一九〇〇〜一九六二。評論家、仏文学者。二一年渡仏し、マルローの知遇を得た。帰国後の三四年「行動主義文学論争」に参加、知識人の社会参画を訴えた。三七年再び渡仏し、四〇年帰国後「沈黙の戦士」を刊行。戦時中はインドシナに四年間滞在、ベトナム独立運動に参加した。

71 **清水幾太郎（しみず・いくたろう）** 一九〇七〜一九八八。社会学者。読売新聞論説委員などをへて戦後は二十世紀研究所所長、学習院大教授。講和問題、基地反対闘争、六〇年安保闘争の理論的指導者となった。安保後は著作「現代思想」等でマルクス主義を批判、あたらしいナショナリズムを唱えた。

72 **高沖陽造（たかおき・ようぞう）** 一九〇六〜一九九九。文芸評論家、翻訳家。戦前より「西洋文芸思潮」、芸術論を「世界文化」ほかに発表。戦後は民主主義科学者協会芸術部会に参加し、マルクス主義芸術理論を研究、紹介した。著作に「芸術学」など。

73 **戸坂潤（とさか・じゅん）** 一九〇〇〜一九四五。哲学者。三木清の影響で新カント主義からマルクス主義に移行。三一年法政大講師。唯物論研究会を組織、雑誌「唯物論研究」などでファシズム批判を展開。三八年治安維持法違反により検挙され、長野刑務所で獄死。著作に「日本イデオロギー論」など。

74 **白石凡（しらいし・ぼん）** 一八九八〜一九八四。新聞人、評論家。一九二五年大阪朝日新聞に入社、学芸部長、出版局長、論説主幹を歴任。アジア・アフリカ作家会議日本委員会委員長、日中文化交流協会常任理事などをつとめた。本名は嵓（いわお）。著作に「サンチョ・パンサの言葉」など。

II　私の昭和史

昭和初期の政治風景

1 **水谷長三郎（みずたに・ちょうざぶろう）** 一八九七〜一九六〇。政治家。一九二八年労働農民党から衆議院議員となった。のち社会大衆党に属し、四〇年斎藤隆夫議員の除名に反対し除名された。戦後は社会党結成に参加し片山・芦田両内閣で商工相。党分裂で右派を代表し六〇年民社党結成にくわわった。

2 **吉川末次郎（よしかわ・すえじろう）** 一八九二〜一九七六。一九二六年社会民衆党の創立に参加し、二七年京都支部支部長。のち社会民衆党、社会大衆党の常任中央執行委員。三七年ごろ右傾化し社会大衆党を除名され、東方会に参加。三〇年東京市嘱託となり、東京府議に当選。戦後は社会党参院議員。

3 **賀川豊彦（かがわ・とよひこ）** 一八八八〜一九六〇。牧師、社会運動家。神戸神学校在学中にキリスト教伝道活動に入った。一九一九年友愛会関西労働同盟会の結成に参加。川崎・三菱造船所争議などで活躍した。戦後は社会党結成に参加、世界連邦運動にもかかわった。著作に「一粒の麦」など。

4 **大宅壮一**（おおや・そういち）一九〇〇〜一九七〇。評論家。賀川豊彦らの影響を受け、日本フェビアン協会創立に参加。二六年文芸評論家としてデビュー。三三年「人物評論」を創刊。五五年「無思想人宣言」を発表。戦後のマスコミ界で社会評論家として活躍した。著作に「炎は流れる」など。

5 **江馬修**（えま・なかし）一八八九〜一九七五。小説家。田山花袋に学び、一九一六年「受難者」が評判に。関東大震災後、人道主義から社会主義に移り「戦旗」に作品を発表。のち故郷の岐阜県高山で歴史小説「山の民」の完成に力を注いだ。第二次大戦後は藤森成吉らと「人民文学」を創刊した。

6 **佐野碩**（さの・せき）一九〇五〜一九六六。演出家。中国天津生まれ。共産党中央委員長・佐野学の甥。プロレタリア演劇で活躍。三一年ソ連に入国、メイエルホリドの助手となるが、スターリンによる粛清のため、メキシコに亡命。戦後も同地で「欲望という名の電車」などを演出した。

7 **今津菊松**（いまづ・きくまつ）一八九七〜一九九一。労働運動家。一九一七年友愛会に入り、兵庫県灘地方の樽職人の組織化を進めた。三〇年総同盟兵庫県連を設立し、会長。戦後は社会党、民社党の結成に参加。全繊同盟兵庫県連会長などをつとめた。著作に「労働運動七十年」など。

8 **山本懸蔵**（やまもと・けんぞう）一八九五〜一九三九。労働運動家。一九一八年米騒動で群衆を指揮し逮捕された。二二年共産党に入党。二五年日本労働組合評議会結成に参加。二八年三・一五事件でソ連に亡命、以後同国で活動した。スターリンの粛清により逮捕、銃殺された。著作に「山本懸蔵集」など。

9 **難波大助**（なんば・だいすけ）一八九九〜一九二四。無政府主義者。関東大震災のときの社会主義者虐殺をいきどおり、一九二三年一二月二七日摂政宮裕仁を狙撃したが、弾丸はそれた（虎ノ門事件）。その場で逮捕され、翌年一一月大逆罪で死刑となった。

10 **小岩井浄**（こいわい・きよし）一八九七〜一九五九。社会運動家、教育者。弁護士となり、一九二二年共産党に入った。のち河上肇らと新労農党を結成。三七年検挙され、転向して中国に渡った。戦後は愛知大を設立し、教授、学長をつとめた。著作に「政治権力の諸問題」など。

11 **渡辺政之輔**（わたなべ・まさのすけ）一八九九〜一九二八。労働運動家。一九一九年新人セルロイド工組合を結成。二二年共産党に入党、二六年党中央委員。二七年モスクワでの二七年テーゼ作成に参加、「赤旗」創刊を指導。二八年党委員長。コミンテルン代表と会談後、台湾で警官と銃撃戦となり自殺した。

『世界文化』とトーマス・マン

12 **美濃部達吉（みのべ・たつきち）** 一八七三〜一九四八。法学者。美濃部亮吉の父。一九〇二年東京帝大教授。一二年「憲法講話」で天皇機関説を唱えた。三二年貴族院議員。三五年右翼思想家らの国体明徴運動による攻撃を受け、不敬罪で告訴され議員を辞職、著書は発禁となった。戦後は枢密顧問官。

13 **渡辺一夫（わたなべ・かずお）** 一九〇一〜一九七五。フランス文学者。東京高教授などをへて、四八年東大教授。フランス・ルネサンス期の思想、文学、とくにラブレーの翻訳、研究で業績を残した。著作に「ラブレー研究序説」など。訳書にラブレー「ガルガンチュワとパンタグリュエル物語」など。

14 **ジッド（André Gide）** 一八六九〜一九五一。フランスの小説家、評論家。個人主義的立場から既成道徳・社会制度に挑戦。一九三〇年代、共産主義への共感を強めたが三六年ゴーリキーを見舞うためソ連を訪問して以降は同国の画一主義を批判した。一九四七年ノーベル文学賞受賞。著作に「狭き門」など。

15 **フォイヒトワンガー（Lion Feuchtwanger）** 一八八四〜一九五八。ドイツの作家。劇評家として出発、第一次大戦をへて社会批判的な傾向を強めた。一八世紀の宮廷銀行家を描いた歴史小説「ユダヤ人ジュース」で文名を確立。ナチスに追われ一九三三年フランスに亡命、のちアメリカに移り永住した。

16 **マン（Klaus Mann）** 一九〇六〜一九四九。ドイツの小説家。トーマス・マンの長男。劇評家などをしていたが、三三年アムステルダムに亡命、「ザムルング」を発行。亡命者結集の精神的中心をなした。三六年渡米し、米兵としてアフリカ戦線で戦ったがフランスで自殺した。著作に「悲愴交響曲」など。

17 **カウリー（Malcolm Cowley）** 一八九八〜一九八九。米国の詩人、批評家。第一次大戦に従軍、のち「ロスト・ジェネレーション」の一人としてパリでダダイストたちと交遊。一時、左翼思想に近づく。半自伝的評論「亡命者帰る」のほかフォークナー再評価に貢献した「ポータブル・フォークナー」で名高い。

18 **キッシュ（Egon Erwin Kisch）** 一八八五〜一九四八。チェコのユダヤ系ルポルタージュ作家。ヨーロッパ各地に取材し「韋駄天記者」とよばれた。一九三三年国会議事堂炎上事件によりナチスに逮捕されたがチェコ国籍のため釈放。スペイン人民戦線に参加、四〇年メキシコに亡命、ファシズムと戦った。

19 **ヘッセ（Hermann Hesse）** 一八七七〜一九六二。ドイツ生まれのスイスの詩人・小説家。牧師の子に生まれた。一九一九年スイスに移住、二三年帰化。第一次大戦中より絶対平和主義を唱え、のち人間の内面性を追究しつつ東洋思想にもひかれた。四六年ノーベル文学賞受賞。著作に「車輪の下」など。

20 **ルカーチ（Lukács György）** 一八八五〜一九七一。ハンガリーの哲学者・文学史家。ドイツで哲学・美学を学んだのち帰国。一九一八〜一九年のハンガリー革命に参加し、革命失敗後モスクワへ亡命。第二次大戦後、再帰国。マルクス主義の立場からの文芸評論が多い。著作に「歴史と階級意識」など。

21 **野上巌（のがみ・いわお）** 一九〇一〜一九五七。評論家。日大予科教授となり、二九年プロレタリア科学研究所に参加。三二年唯物論研究会の創立にくわわった。戦後は日本民主主義教育研究会などの創立につくした。五七年神戸大教授。著作に「社会運動思想史」など。

22 **シッケレ（Ren Schickele）** 一八八三〜一九四〇。ドイツの作家。ドイツ人を父、フランス人を母にアルザスに生まれ、両国民の相互理解と文化の交流に生涯をささげた。表現主義運動の旗手の一人として「白紙」誌などを発行。ナチス時代フランスに亡命、作家活動を続けた。著作に「ラインの遺産」など。

23 **ハイネ（Heinrich Heine）** 一七九七〜一八五六。ドイツの詩人・評論家。フランス七月革命を契機にパリに移り、マルクスらと交流。ドイツの反動と俗物性を痛烈に批判、民衆の解放をめざす革命詩人として活躍した。詩集「歌の本」、風刺叙事詩「アッタ＝トロル」、革命的長詩「ドイツ・冬物語」など。

24 **舟木重信（ふなき・しげのぶ）** 一八九三〜一九七五。ドイツ文学者、小説家。短編集「楽園の外」で作家として認められた。同年ファシズムに抗する学芸自由同盟の結成に参加。一九三四年早大教授、のちに名誉教授。日本におけるハイネ研究の基礎をすえた。著作に「詩人ハイネ・生活と作品」など。

25 **中野重治（なかの・しげはる）** 一九〇二〜一九七九。詩人、小説家、評論家。三一年共産党に入るが転向。戦後は蔵原惟人らと新日本文学会を結成。四五年再入党して四七年参議院議員。同年の「五勺の酒」で天皇制の問題を描いた。六四年党の方針と対立して除名された。他の著作に「甲乙丙丁」など。

26 **井上正蔵（いのうえ・しょうぞう）** 一九一三〜一

九八九。ドイツ文学者。旧制東京高教授、東京都立大、成城大教授などをへて八三年定年退職。著書に「ドイツ近代文学研究」、訳書にゲーテ「西東詩集」、ハイネ「ハイネ全詩集」など。

27 **山口知三**（やまぐち・ともぞう）　一九三六〜。京都大文学部教授をへて、同大学名誉教授。近現代ドイツ文学を専攻した。著作に「激動のなかを書きぬく」、共著に「ナチス通りの出版社」、共訳書にトーマス・マン「非政治的人間の考察」など。

太平洋戦争下の抵抗

28 **藤原彰**（ふじわら・あきら）　一九二二〜二〇〇三。日本史学者。戦時中は中国各地を転戦。戦後は日本現代史をマルクス主義の立場から追究。五五年遠山茂樹らと著した「昭和史」は叙述方法をめぐり昭和史論争をおこした。六九年一橋大教授、八九年女子栄養大教授。著作に「餓死した英霊たち」など。

29 **鳩山一郎**（はとやま・いちろう）　一八八三〜一九五九。政治家。一五年政友会から衆議院議員に当選。犬養毅内閣で文相をつとめ、滝川事件をおこした。四六年に占領軍により公職追放を受けたが、五一年解除。戦後は日本自由党を結成し総裁となった。五四年日本民主党を結成。五六年自民党初代総裁。

30 **杉本良吉**（すぎもと・りょうきち）　一九〇七〜一九三九。演出家、社会運動家。プロレタリア演劇運動に参加。共産党に入党し、三八年女優岡田嘉子と樺太からソ連に入ったが逮捕され、スパイ容疑で銃殺された。のち無実が判明。本名は吉田好正。

31 **岡田嘉子**（おかだ・よしこ）　一九〇二〜一九九二。女優。二三年日活の「髑髏の舞」で映画初出演。舞台、映画で人気を得た。三八年杉本良吉と樺太国境をこえソ連に入った。スパイ容疑で拘束されたが、のちソ連市民権を獲得。七二年よりたびたび里帰りした。著作に「悔いなき命を」など。

32 **明石順三**（あかし・じゅんぞう）　一八八九〜一九六五。宗教家。一九〇八年年渡米し、ワッチタワー（エホバの証人）に入会。帰国後、日本支部として灯台社を創立、全国を巡回、伝道。天皇制と戦時国家主義体制を激しく批判し、三九年治安維持法違反で入獄、戦後釈放された。訳書に「神の立琴」など。

33 **村本一生**（むらもと・かずお）　一九一四〜一九八五。キリスト者。東京工業大在学中の三五年、灯台社の明石順三から洗礼を受け、明石一家と共に全国各地で伝道。三八年応召。翌年陸軍工科学校内で銃を返上して軍務を拒否し、懲役二年の刑を受けた。戦後も明石順三と行動を共にした。

34 **矢部喜好（やべ・きよし）**　一八八四〜一九三五。牧師。一九〇五年信仰上の理由から徴兵を拒否し、投獄される。翌年渡米してシカゴ大で神学を学んだ。一五年滋賀県で開拓伝道に入り、膳所教会を設立。大津教会牧師をかね、農村伝道にもつとめた。日本で最初の良心的兵役拒否者ともいわれる。

35 **春日庄次郎（かすが・しょうじろう）**　一九〇三〜一九七六。社会運動家。二七年共産党に入党、三・一五事件で検挙された。三七年日本共産主義者団を結成、共産党再建を目的に関西地方を中心に活動した。戦後は党中央委員となり、六一年離党。六七年共産主義労働者党を結成。党は七一年に分裂した。

36 **大山定一（おおやま・ていいち）**　一九〇四〜一九七四。ドイツ文学者。五〇年京大教授、のち関西学院大教授。リルケの紹介と研究の先駆者。「マルテの手記」を最初に完訳した。そのほかゲーテやトーマス・マンなどに関するドイツ文学の紹介に多大な功績を残した。訳書にゲーテ「ファウスト」など。

37 **高良とみ（こうら・とみ）**　一八九六〜一九九三。婦人運動家。コロンビア大留学ののち一九二七年日本女子大教授。戦時中、大政翼賛会に参加。四七年参議院議員。四九年緑風会に移った。五二年第一次日中民間貿易協定を締結。五三年日本婦人団体連合会副会長。本名は富子。著作に「非戦を生きる」。

38 **小山宗祐（こやま・そうすけ）**　一九一六〜一九四二。四一年七月、日本聖教会函館本町教会に二五歳で赴任。函館の繁華街の街頭に立って伝道活動をするなど、熱心に布教した。太平洋戦争開戦から一カ月後の四二年一月一六日、軍の憲兵隊に拘引された。非公開裁判の翌日、獄死した。

39 **桐生悠々（きりゅう・ゆうゆう）**　一八七三〜一九四一。ジャーナリスト。一九一〇年「信濃毎日新聞」主筆。一二年乃木希典の殉死を批判して論議をよび退社。二八年復職。三三年社説「関東防空大演習を嗤ふ」で軍の圧力を受け再退社。以後、雑誌「他山の石」を発行して軍部批判を続けた。本名は政次。

40 **正木ひろし（まさき・ひろし）**　一八九六〜一九七五。弁護士。中学教師、雑誌記者などをへて、一九二七年弁護士を開業。三七年個人雑誌「近きより」を創刊し、時局を批判。四四年警官による拷問殺害事件を告発。戦後は八海事件、白鳥事件などを弁護した。本名は旲《ひろし》。著作に「裁判官」など。

終戦の年、敗戦の年

41 **グレーザー**（**Ernst Gläser**）　一九〇二～一九六三。ドイツの小説家。二八年に小説「一九〇二年級」を発表、ワイマール後期の反戦平和主義戦争文学の傑作として脚光を浴びた。三三年スイスに亡命したが、ナチス政権下の三八年に帰国して従軍。「国防軍戦線新聞」の主筆をつとめた。戦後も多作。

42 **谷友幸**（**たに・ともゆき**）　一九一一～一九八一。ドイツ文学者。初期にはリルケを主として研究、翻訳し、のちにヘルダアリーンやカフカの紹介にもつとめた。京大文学部教授、名誉教授。著作に「ドイツ文学論考」など。訳書にカフカ「城」など。

III　スケッチ風の自叙伝

1 **新島襄**（**にいじま・じょう**）　一八四三～一八九〇。宗教家、教育者。元上野安中藩士。一八六四年アメリカに密航、理学、神学を学んだ。七二年岩倉使節団に随行し欧米の教育事情を視察。七四年宣教師として帰国、翌年同志社英学校（現同志社大）を設立。キリスト教精神に基づく教育に専念した。

2 **植村正久**（**うえむら・まさひさ**）　一八五八～一九二五。牧師。一八七三年バラより受洗。八七年番町一致（現富士見町）教会を設立。九〇年「福音週報」「日本評論」を創刊。一九〇四年東京神学社を設立した。福音主義の立場から牧師の海老名弾正と論争、外国のミッションからの自立を唱えた。

3 **ハウプトマン**（**Gerhart Hauptmann**）　一八六二～一九四六。ドイツの劇作家・小説家。「芸術の使命は自然の再現」にあるとしたホルツらの徹底自然主義に影響を受け、戯曲「日の出前」を発表。近代的自然主義演劇を確立し、のちにロマン主義的・象徴主義的傾向を強めた。一二年ノーベル文学賞受賞。

4 **森鷗外**（**もり・おうがい**）　一八六二～一九二二。軍人、小説家。東京帝大医学部卒業後、軍医となり、ドイツに留学。一八九〇年「舞姫」で文壇に登場。陸軍軍医学校教官などをへて一九〇七年陸軍軍医総監。日露戦争前後の沈黙ののち「ヰタ・セクスアリス」など多くの業績を残した。本名は林太郎。

5 **青木昌吉**（**あおき・しょうきち**）　一八七二～一九三九。ドイツ語学者。五高教授などをへて東京帝大の教授となり、一九三三年退官。日本ゲーテ協会の会長をつとめた。著作に「ドイツ文法教材」など。

6 **シラー（Johann Christoph Friedrich von Schiller）** 一七五九～一八〇五。ドイツの詩人・劇作家処女作「群盗」や市民悲劇「たくらみと恋」などは「疾風怒濤」の革命的情熱を示した。カント哲学の影響下に美学を研究、古典主義に基づく歴史劇を確立した。論文に「素朴と情感の文学」など。

7 **田木繁（たき・しげる）** 一九〇七～一九九五。詩人。京都帝大在学中から戦旗社、日本プロレタリア作家同盟に関係し、二九年「拷問に耐える歌」を発表。詩集「松ケ鼻渡しを渡る」などを刊行。戦後は大阪府立大教授をつとめ、小説「私一人は別物だ」などを出した。本名は笠松一夫。

8 **帆足計（ほあし・けい）** 一九〇五～一九八九。政治家。京都帝大在学中から戦旗社、日本プロレタリア作家同盟に関係した。四四年重要産業協議会事務局長となり、統制経済を推進。四七年参議院議員に当選し、五二年社会党から衆議院議員。同年モスクワと北京を訪問、日中貿易協定をむすんだ。

9 **井上準之助（いのうえ・じゅんのすけ）** 一八六九～一九三二。財政家、政治家。一八九六年日銀に入り、一九一九年日銀総裁となった。二三年蔵相。二七年日銀総裁に再任され金融恐慌の収拾につとめた。二九年浜口内閣の蔵相となるが下野。民政党総務として選挙運動中、血盟団員の小沼正に射殺された。

10 **団琢磨（だん・たくま）** 一八五八～一九三二。実業家。工部省の三池炭鉱に入り、一八八九年同鉱の三井払い下げで設立された三池炭鉱社に入社、一九一四年三井合名会社理事長となった。日本工業倶楽部理事長、日本経済連盟会会長などをつとめた。血盟団員の菱沼五郎に暗殺された。

11 **小林多喜二（こばやし・たきじ）** 一九〇三～一九三三。小説家。志賀直哉に傾倒して創作をはじめるが、のち労働運動、社会主義思想に接近。二九年の「蟹工船」などでプロレタリア作家として認められた。三一年共産党に入党。非合法活動中に逮捕され、同日拷問で殺された。他の著作に「党生活者」など。

12 **住谷悦治（すみや・えつじ）** 一八九五～一九八七。経済学者。同志社大法学部教授をつとめたが、一九三三年検挙され退職した。四九年同志社大の経済学部教授として復帰、六三年総長。末川博らとともに平和運動、民主主義運動をすすめた。著作に「日本経済学史」など。

13 **長谷部文雄（はせべ・ふみお）** 一八九七～一九七九。経済学者。二四年同志社大教授となり、「資本論」初版の首章と附録の原文対訳などにつとめたが、三三年検挙され退職した。戦後は立命館大などをへて、龍谷大教授。マルクス主義経済学文献の翻訳に力をそそぎ、「資本論」を完訳した。

14 **ゲルツェン（Aleksandr Ivanovich Gertsen）**　一八一二～一八七〇。ロシアの思想家・作家。大学時代から革命思想の研究を続け、論文「科学におけるディレッタンティズム」などを発表。革命運動で逮捕・流刑ののち亡命。農村共同体を基礎とする社会主義を構想した。著作に「過去と思索」など。

亡命について　鶴見俊輔

1 **フルトヴェングラー（Wilhelm Furtwängler）**　一八八六～一九五四。ドイツの指揮者。第二次大戦後、ナチスに屈従したとされスイスへ退いたが無罪となり、ドイツへ戻って一九五二年ベルリン・フィルハーモニー管弦楽団の終身指揮者となった。またウィーン・フィルハーモニーの指揮者などをつとめた。

2 **スタール夫人（Madame de Staël）**　一七六六～一八一七。フランスの評論家、小説家。本名 Anne Louise Germaine Necker, baronne de Staël-Holstein。ルイ一六世の財務長官ネッケルの娘。ナポレオンの迫害によって長く亡命生活を続けた。評論「ドイツ論」でロマン主義的なゲルマン文化を紹介した。

3 **クロポトキン（Pyotr Alekseevich Kropotkin）**　一八四二～一九二一。ロシアのアナーキスト、地理学者。一八七〇年代ナロードニキ運動に関与、逮捕され、脱走して亡命、バクーニン派にくわわった。帰国後は政治活動と絶縁。国家を廃した小組織の連合による社会を構想した。著作に「相互扶助論」など。

4 **グツラフ（Karl Friedrich August Gützlaff/Charles Gutzlaff）**　一八〇三～一八五一。プロイセン生まれの宣教師。最初の聖書邦訳者。モリソン号で来航するが果たせず、マカオで漂流民から日本語を学び、片仮名文の「約翰ヨハネ福音之伝」「約翰上中下書」を一八三七年シンガポールで刊行した。

5 **音吉（おときち）**　一八一九～一八六七。漂流民。尾張廻船宝順丸乗組員。一八三二年遠州灘で遭難し、三四年アメリカ太平洋岸に漂着。マカオをへて三七年モリソン号で帰国するが異国船打払令により砲撃され帰国を断念（モリソン号事件）。のち上海でデント商会に勤務、日英交渉の際通訳をつとめた。

6 **力松（りきまつ）**　生没年不詳。漂流民。肥前島原出身。ルソン島に漂着し、マカオに住む。一八三七年帰国中にモリソン号事件にあった。のち香港に定住、音吉らと共に日本人漂流民送還に尽力。五五年イギリス艦隊の通訳として箱館、長崎に来航した。

7 **中浜万次郎**（なかはま・まんじろう）一八二七〜一八九八。教育者。一五歳のとき土佐宇佐港から出漁して遭難。アメリカの捕鯨船にすくわれ、同国でジョン＝マンの名で教育を受ける。一八五一年帰国、幕臣となり六〇年通訳として咸臨丸で再渡米。維新後は開成学校の英語教授。著作に「漂客語録」など。

8 **後藤象二郎**（ごとう・しょうじろう）一八三八〜一八九七。武士、政治家。土佐高知藩士。大政奉還の建白書を幕府に提出。新政府の参議などを歴任するが、一八七三年征韓論争に敗れて辞任。八一年板垣退助らと自由党を結成。のち政府に協力し、逓信相、農商務相などをつとめた。筆名は暘谷。

9 **板垣退助**（いたがき・たいすけ）一八三七〜一九一九。政治家。土佐高知藩士。戊辰戦争で総督府参謀、一八七一年新政府参議。七三年征韓論をめぐり辞職。翌年民選議院設立建白書を提出。帰郷して立志社をおこし自由民権運動を指導。八一年、九一年自由党総理、九六年第二次伊藤内閣の内相など。

10 **植木枝盛**（うえき・えもり）一八五七〜一八九二。自由民権思想家、政治家。一八七七年立志社に参加、板垣退助のブレーンとして国会開設運動や民権思想の普及に尽くした。八一年「日本国国憲案」を起草。九〇年第一回総選挙で衆議院議員となった。著作に「民権自由論」など。

11 **中江兆民**（なかえ・ちょうみん）一八四七〜一九〇一。思想家。仏学塾を開設。一八八一年西園寺公望らと「東洋自由新聞」を創刊。八七年保安条例により東京を追放され大阪で「東雲新聞」を創刊、反政府、自由民権の論陣を張った。九〇年衆議院議員。本名は篤介（助）。著作に「三酔人経綸問答」など。

12 **馬場辰猪**（ばば・たつい）一八五〇〜一八八八。自由民権運動家。イギリスに二回留学。一八八一年自由党結成にくわわり機関紙「自由新聞」の主筆となるが、党首板垣退助の外遊に反対して八三年脱党。「天賦人権論」を表し、加藤弘之の国権思想を批判した。八六年渡米し、二年後に客死した。

13 **サンソム**（**Sir George Bailey Sansom**）一八八三〜一九六五。イギリスの外交官、日本研究家。一九〇六年イギリス公使館の日本語研修生として来日。一九二〇年大使館商務官として東京に在勤。戦後は極東委員会イギリス代表。コロンビア大教授、のちスタンフォード大教授。著作に「日本文化史」など。

14　**萩原延寿（はぎはら・のぶとし）**　一九二六～二〇〇一。歴史家。六六年に発表した「馬場辰猪」で伝記作家の地歩を確立。「東郷茂徳」など、実証性に支えられた評伝をとおして時代とその精神を浮き彫りにした。著作はほかに「遠い崖――アーネスト・サトー日記抄」（全一四巻）など。

15　**メイエルホリド（Vsevolod Emil'evich Meierkhol'd）**　一八七四～一九四〇。ソ連の演出家。モスクワ芸術座創立に参加するが、その写実的傾向を嫌って退団。多彩な実験を試み、ビオメハニカ（肉体訓練）の提唱、古典劇の斬新な演出で世界の劇壇に驚異を与えた。スターリン時代に弾圧を受け、銃殺された。

16　**カルデナス（Lázaro Cárdenas）**　一八九五～一九七〇。メキシコの政治家。メキシコ革命に参加し、州知事、閣僚、国民革命党（制度的革命党の前身）党首を歴任。三四年以降、大統領として一七年憲法の約束した大規模な農地改革、鉄道・石油国有化に成功、国内民主化と国家主権の確立に貢献した。

17　**中江丑吉（なかえ・うしきち）**　一八八九～一九四二。中国学者。中江兆民の長男。一九一四年袁世凱の顧問有賀長雄の秘書として中国に渡った。北京に永住し、中国思想史を研究。市井の生活者としての立場から時代を洞察、軍国主義日本の崩壊を予見した。著作に「中国古代政治思想」など。

18　**国崎定洞（くにさき・ていどう）**　一八九四～一九三七。衛生学者、革命家。東京帝大助教授のときドイツに留学、有沢広巳らの社会科学研究会に参加。一九二七年ドイツ共産党に入党、ナチスの台頭により三二年ソ連に亡命。スターリンの粛清にあい獄死。戦後名誉回復した。著作に「社会衛生学講座」など。

19　**野坂参三（のさか・さんぞう）**　一八九二～一九九三。社会運動家、政治家。一九二二年共産党に入党。三一年ソ連に渡り四〇年から中国延安で反戦活動。四六年帰国し衆議院議員。五〇年北京に密航。五五年帰国、五六年参議院議員。五八年党議長。九二年党を除名された。著作に「風雪のあゆみ」など。

20　**長谷川テル（はせがわ・てる）**　一九一二～一九四七。エスペラント運動家。左翼運動にかかわり奈良女高師を退学。東京でエスペランチストの中国人留学生劉仁と結婚。三七年中国に渡り、対日反戦放送に従事、民族解放を訴えた。筆名は緑川英子、ベルダ＝マーヨ。著作に「嵐の中のささやき」など。

21　**グリルパルツァー（Franz Grillparzer）**　一七九一～一八七二。オーストリアの劇作家。ゲーテやシラーの古典主義を理想としメッテルニヒ体制を批判した。バロック劇の伝統、ウィーンの民衆劇、当時のロマン主義の影響も受けた。戯曲に「金羊毛皮」など。

22 **田中伊三次（たなか・いさじ）** 一九〇六～一九八七。政治家。京都府会議員から四二年衆議院議員。戦後自治庁長官、衆議院副議長、法相などを歴任。七六七年当時は第二次佐藤栄作内閣の法務大臣。七六年ロッキード事件時は衆議院調査特別委員長。自民党代議士会長などをつとめ、のち無所属となった。

23 **橋本峰雄（はしもと・みねお）** 一九二四～一九八四。哲学者、僧。西洋哲学を研究する一方、五五年得度し、七六年には京都の浄土宗法然院貫主となった。七〇年神戸大教授。七六年現代風俗研究会の設立に参加。著作に「くらしのなかの仏教」など。

24 **岡部伊都子（おかべ・いつこ）** 一九二三～二〇〇八。随筆家。五六年「おむすびの味」で認められ、日常生活のなかの伝統美を細やかな感性でとらえた作品で人気を得た。反戦、沖縄問題、在日韓国・朝鮮人問題、環境問題についても、積極的な執筆活動を続けた。著作に「賀茂川のほとりで」など。

25 **ユンガー（Ernst Jünger）** 一八九五～一九九八。ドイツの小説家、評論家。第一次大戦従軍の体験に基づく「労働者」などで戦争と全体主義思想を賛美。ドイツ・ファシズムの開拓者とみられたが、ナチスを容認せず、三九年には反ナチス小説「大理石の断崖の上で」を発表。戦後も小説を書いた。

26 **ベン（Gottfried Benn）** 一八八六～一九五六。ドイツの詩人。両世界大戦には軍医として従軍した。ニーチェと表現主義の影響下に文学活動に入り、詩集「死体置場」で認められた。ナチス登場をニヒリズムの克服として歓迎したが、まもなく失望、沈黙し、戦後非難された。詩集に「静力学的詩篇」など。

27 **加藤周一（かとう・しゅういち）** 一九一九～二〇〇八。評論家。四七年福永武彦らと「１９４６・文学的考察」を発表し文壇に登場。五一年渡仏。五八年医業を廃し、以後、国内外の大学で日本の文学や美術を講じた。ベン論に「ゴットフリート・ベンと現代ドイツの「精神」」。著作に「雑種文化」など。

註解

保阪正康

私が和田洋一先生の「灰色のユーモア」を読んだのは、一九七〇年ごろであった。すでに社会人となり、ジャーナリズムの世界に足を踏み入れていたが、いずれは文筆業になろうと、自分なりに勉強もし、意欲的に原稿を書くなどしてその準備行動を進めていたころでもあった。

この書を手にとったのはとくに和田先生に勧められたわけではなく、かといって和田ゼミの仲間から読むように誘われたからでもなかった。理由は簡単であった。たまたま書店を覗いたら、先生の書が刊行されてまもなくのころだったのか、エッセイの本棚に三冊ほど収まっていたのである。一日で読んだのだが、この書を読み進むうちに、和田先生の言葉づかいや幾分吃《ども》るような口調になって急ぎ足で話すその光景がなんども浮かんできた。随所に先生らしい息づかいが感じられて、私は二年間のゼミ生活を思いだしたのである。

私は一九五九年から六三年春まで同志社大学文学部で学んだ。社会学科は文学部の中に設けられてあり、社会学、社会福祉学、そして新聞学の三つの専攻があった。私はこのうち新聞学で学んだのだが、ここでは和田先生、住谷申一さん、山本明さん、それに六〇年安保時に岸信介首相の議会政治無視の暴挙に怒り、東京工業大教官を辞めて同志社に転じた鶴見俊輔さんなどが教鞭をとっていた。一九六一年に私は三回生になったが、誰のゼミに入るかを決める段になって、鶴見さんのゼミに三十人近くも入ることに嫌気がさした。もっと少人数で学びたい、議論をしたい、あるいは先生と直接接したい、と考えて、和田先生のゼミならさして人数は多くないだろうと見て、和田ゼミに入ることにした。

ゼミ仲間は十二人だったと思う。今となっては和田ゼミはどんな内容のクラスだったか、さほど詳しくは覚えていないのだが、とにかく学生運動に熱心な仲間もいて、週一回のゼミではよく議論をしていたように思う。東西冷戦下のもっとも厳しい状況下だったときで、議論すること自体が学問だとの認識があったと思う。もっとも学生運動に関心のなかったゼミの仲間は、よく何人かの仲間が和田先生と激しく議論していたなと述懐する。確かに革命の主力は既存の政党が担うのか、それとも新しい勢力、たとえば反スターリニズム、反帝国主義を掲げる党派なのか、はては議会を通じての変革なのか、とさまざまな視点で論じあい、授業はなしくずしに終わった。和田先生はまるでわれわれの仲間の年代であるかのようであった。

この議論の中で、私が今も覚えているやりとりがある。それはスターリニズム批判（すでに旧ソ連ではフルシチョフによるスターリン批判も起こっていたように思うのだが）を私が主張しているとき、和田先生はスターリンのどういうところを君は批判するのか、と問うたのである。有り体にいえば、私はスターリニズム批判という語にまつわる教条的見解を、たとえば学生運動の中心にいたブント（共産主義者同盟）の論を借用して口にしているだけだった。私の意見はありきたりの官僚主義批判をなぞっただけだった。そういう議論を聞いていて、和田先生は本当にポツリといった口調で、「スターリンはソ連社会主義を建設した一人だが、彼の過ちは真の社会主義者ではなかったということではないか。私は彼の政策のひとつひとつに納得しがたいところがある。君もそういう点を具体的に説得しなければ本当の批判にはならないよ」とたしなめたのである。

私は、和田先生がどのような現実を見るにも実証的かつ具体的に検証しなければだめだ、そのことを忘れたら社会科学を装った宗教みたいになる、と忠告してくれたことが、学生時代の最大の思い出、そして和田先生とのその後の交流を含めてのなつかしさにつながっている。今思えば、一九五七年、五八年の二年間、私は和田ゼミで学んだことが終生の柱になっているように思う。むろん和田先生との会話には、こうした教訓化できるものが幾つもあり、このほかにも私の皮膚の一部になっている寸言は数多くあることも付記しておかなければならない。

実はなぜこのようなことを書くか、といえば、和田先生が「灰色のユーモア」を単行本にするために原稿を執筆していたのが、私たちがゼミという場で、あるいは先生の自宅で和田先生とそれこそ時間など関係なく議論していたころにあたっているからである。当時、先生は五十代半ばであった。世相は「六〇年安保」後の脱力感、あるいは無力感に襲われているときで、だからこそ「左翼」はいかなる方針で、「革命」を目ざすべきか、を議論していたともいえた。

「灰色のユーモア」は、生意気な言い方をすれば、二十二、三歳のゼミ生たちが革命論をあれこれ口走っているのを聴きながら、かつての「自由主義的インテリゲンチャ」としてこういう論にどう向き合うか、そのことも参考にしつつ執筆したのではなかったか。私はこの「灰色のユーモア」は、これまでつごう四回読んできた。率直な印象をいうなら、和田先生は決して「行動の人」ではなく、「思索の人」であった。ファシズムがより暴力化していくとき、それに抗する態度、姿勢も常に「思索の人」であり、「行動の人」のタイプとは一線を引いていることがより明らかになってくる。昭和初年代から十年代にかけて、いわゆる「暗い谷間」と呼ばれていた時代、そして太平洋戦争に入っていくまでの時代、「(この期間を)私がどのように生きてきたかを、私は今、語らねばならないような気がする」と書くのは、「思索の人」のファシズムでの体験そのものを次の時代の者(それは先生にとっては目の前にいるゼミ生などがそうだったのであろうが)に語らなければとの使命感を伴った私たちへの正直な告白であったのかもしれない。

同時に先生には、自らのこの書が、次世代の者にどう受け止められるか、そのことについても不安や懸念があったのだろう。そのこともまた冒頭の部分では明かしているのである。十六ページの記述などはその例である。「若い世代がどのようにうけとるか、正直のところ私には見当がつかない。私はただ二十年前のことを、あれやこれやかなりくわしくおぼえているので、なるべくそっくりそのままの形でここにひろげることにする」というわけである。

「灰色のユーモア」や「私の昭和史」、「スケッチ風の自叙伝」のいずれを読んでもわかるが、和田先生の記憶はかなり細部にわたっていて、それも正確だと思う。ごくふつうの「インテリゲンチャ」が国家権力と張りあえるわけもなかったが、暴力的な権力がこの「一本の葦」のような知識人をどのように弾圧したか、そしてこの知識人は弾圧する側の特高刑事たちの非人間的なふるまいにどのように応じたか、を誇張をまじえずに書き綴っているという意味では、貴重な文献である。

私たちは日々の安寧の中で、誰にも妨害されず、誰にも暴力をふるわず、理性的、知性的に生きていたいと思う。国家がそのようなごくふつうの感覚をいかにして暴力で解体し、そしてそのあげくに「戦争」にもっていこうとするか、本書のもつ意味はその点にある。いやそれ以上でも以下でもないというべきであった。

和田先生は自らは国家権力の暴力に脅えつつも、それを決して許さないことを示すのに、「思索の人」特有の武器をもって戦った。それが「記憶」であった。その武器は自らを権力と戦う闘士にしたり、自らを卑下したりする存在ではなく、ごくありきたりの知識人だから身につけることができたのである。和田先生はこの武器をもって戦った「我が師」だと、私は誇りをもって口にしたい。いや称揚しつづけたいと思っている。

あえて付け加えておけば、和田先生は自らの弱さを決して隠さない。私たちはゼミで議論した時に、しばしば「小市民的な弱さ」といった言で、革命運動に入ることのできない者を侮ったりした。そういう言葉が、私たちのゼミではしばしば学生特権の立場で語られたりもした。そのとき和田先生はどんな気持ちだったのだろうか。この若造たちは何も知らずにこんな議論をつづけていられるなとあきれていたにちがいない。

「灰色のユーモア」の中で、思想犯として一人の元特高刑事から思いがけないことを言われた経緯を綴っている。あえて引用してみるならば以下のような言を吐かれたのである（九八頁）。

「和田先生、あんたは警察の取調べにさいして、さっぱりたたかっておらんではないですか。和田先生がマルクス主義者、共産主義者でないことは、誰よりも一番私がよく知っています。それなのにあんたはマルクス主義者にされてしまって、起訴されようとしている。そんなばかなことはないですよ。和田先生はもっとたたかわなけりゃいかんのに、ちっともたたかわなかった。だめじゃないですか」

なんとも滑稽な図だと、和田先生も書いている。しかしこの元特高の言は事実だった。和田先生自身これは事実だと断定している。少なくとも文筆では少しは戦ってきたと思っているのにそれがまったく何の形にもなっていない。――私はこの部分を読むたびに、和田先生が、私たちのあたかも暴力革命を是認するかのような論に歯止めをかけたかったと思うようになった。「思索の人」から「行動の人」へと移っていくのは、簡単に決めることではない。そんな冒険を戒めているように私には思えた。

この書全体のモチーフは、一知識人のファシズム体制下の弾圧の実態の証言という点にあるのだが、決して反軍国主義の行動を伴った闘士ではないという点に、私たちへのまなざしがあったと考えてもよかったのであろう。むろんそれは現代にも通じる。このような弾圧に抗して幾重もの重層的な闘いがあるということになる。このような示唆に富む点を読みとる必要がある。

私たちが卒業のころ、一九六三年の二月、三月だったと思うが、和田先生は北朝鮮訪問団の一員として、北朝鮮に赴いている。この間にどのような経緯があり、どういった事情があるのか私は知らない。しかし和田先生が、朝鮮問題に関心をもっていたとするならば、それは近代日本の朝鮮に対する植民地政策にあったためと思われる。本書でも留置場から見た朝鮮人たちへの拷問の様子が描写されている。そして書く（四四頁）。

「あの朝鮮人は留置場の中で、空手空拳のまま堂々と反抗したのだ。反抗の言動をするしゅんかんは、すくなくともあの貧乏で無知な朝鮮人は、自らの人間的尊厳を守ろうとしたのだ。留置場に送りこまれてから、すっかり意気地なくなっている自分自身をかえりみて、私は恥かしい気もした」

和田先生は、昭和三十年代、四十年代は京都にあっては進歩的文化人とみられていたこともあり、いくつかの団体の役員や名誉職も任されていた節がある。しかし私は、一九六三年に私が大学を卒業してから十年近くは、ゼミの集まりで会話することはあってもどのような考えをもたれているか、大学でどういったポジションに就いていたのか、などはほとんど知らない。

私は東京でジャーナリストとしての生活に沈滞していたからだ。ところが一九七二年に、昭和史の中の過激な宗教団体である「死なう団」（正確には日蓮主義を掲げた政治的宗教団体）の事件の内実をドキュメント風に追って、ノンフィクション作品として著した。以来、昭和史の事件、事象、それに人物などについて、取材を中心にしての作品を発表するようになった。拙著は、和田先生に送ったり、送らなかったりした。

ところが送らなくても書店から求めたらしく、ときに読後感を書いての書簡を送ってくれた。

一九七〇年代の終わりごろから、和田先生は年に何回か、東京の本郷教会にクリスチャンとして出席しているらしく、その帰りに東京駅のレストランなどで会うことになった。和田先生がお亡くなりになったのは一九九三年十二月のことだが、その二、三年前までは二人で存分に話し合った。一九六〇年代、七〇年代の同志社左翼の混迷についても、私は話を聞くことができた。和田先生は、私の仕事に興味をもっていて、その質問は常に具体的であった。私の「記憶」をもとに復元すれば、次のような会話を交したことがあった。

「君は昭和のファシズム体制下の軍事とか民族主義運動の側に関心をもち、多くの人に話を聞いて作品を発表しているけれど、それはどういう理由があるのか」

和田先生はそのことを私に確かめたかったらしい。自分の教え子の中から、こんなテーマ（こういうテーマを選ぶだけで右翼と誇られた時代だったのだが）を選ぶ者がでるのは不本意と思っているのではと私は考えて、おそるおそるという感じで答えた。

「先生には申しわけないんですが、私は、ファシズムの主体的役割を果たした組織や人間たちはどんな考えをもっていたのか、どういう誤りを犯したのか、そして今はどういう総括をしているのか、それを知りたかったんです。同志社ではこういうことはなかなかできないですよね」

和田先生はゆっくりとうなずいた。私が六年ほどかけて関係者に取材を進めてまとめた『東條英機と天皇の時代（上下）』を、実は和田先生は丹念に読んでくれていた。「こんな人物がやはりファシズム体制ではかつがれるんだな」ともつぶやいていた。東條のような人物が動かした太平洋戦争の時代、知性や理性がどれほど退嬰化してしまうか、そのことを私と和田先生は確認することになった。「こういうテーマに取り組んでいると、君とは違う立場の者からとりこまれることもあるから気をつけなさい」との助言もくれた。

「先生、その点は大丈夫ですよ。先生に教えられた道はふみ外しません。『灰色のユーモア』を読んで、先生の生きた時代の真の苦しさがわかりました。とくに先生が、八月十五日の敗戦のことについてふれている内容が、私の立脚点でもあるんです」

このとき和田先生は目を細めて喜んでくれた。八十代半ばにさしかかっていて、むろん往年の元気がないのはすぐにわかる。東京駅のホームまで送っていくとき、先生の身体は丸くなり、そしてゆっくりと歩を進めていた。このような形で、私は和田先生に、私が三十代後半から四十代半ばまでの間になんどか会って、恩師とはこういう人物をいうのだと確かめた。

和田先生は、本書に収められている「私の昭和史」の中の末尾に、昭和二十年八月十五日を京都の独逸文化研究所で迎えたときの心情を書き残している（二一五頁）。

「敗戦後、東条英機を初めとして大きな顔をしていた軍部のおえら方がどんな顔をするか、わが世の春というような顔をして日の丸の扇をばたつかせていた右翼の連中がどんな顔をするか、私たちを留置場へほうりこみ、未決監、刑務所へほうりこんだ思想検事、惨虐の限りをつくした特高の刑事がどんな顔をするか、これを見ずには死ねないと思いつづけてきたのだが、いよいよその日が近づいてきた」

和田先生にとって、「八月十五日」は待ちに待った日だった。その日の光景は、敗戦が近づくにつれ、日々の中にしだいに現実味をもって描かれることになったのである。「八月十五日」をこれほど率直に喜んだ記述は正直なところあまり多くはない。それだけに、私は和田先生のこの記述を大切にしているのである。そして和田先生が、私の著した『東條英機と天皇の時代』を貪り読んだこともこういう記述でよく理解できたのである。

あえてつけ加えておくが、私は同志社大学での学生生活の中でもうひとつの顔をもっていた。それは演劇研究会（劇研）というサークルで演出や創作劇に没頭していた思い出である。田中千禾夫の「マリアの首」や安部公房の「どれい狩り」、そのほかフランスの現代劇にとりくんだ。演出助手、演出の目で、人間心理の解明に努めた。大学三年生のときであったが、太平洋戦争で生き残った特攻隊員と学生運動の闘士が、昭和三十五年という時代背景の中で会話を交す一編の創作劇を書き、そしてそれを上演した。拙い脚本であったと思うが、それでもそのころの私の全力を投入した創作劇であった。

その劇を和田先生は見ていたのである。実は和田先生は私の所属する演劇グループとは別の演劇団体の顧問教授を務めていたのであった。私はそんなことを知らなかったのだが、あるゼミの時間に、「君の芝居を見たよ。君は特攻に関心があるのか」と問われ、うなずいたことがある。

私は「灰色のユーモア」の冒頭に、特攻隊員であったSという人物と和田先生のやりとりがでてくるのに驚いた。和田先生は、特攻という非人間的作戦に狩りだされた青年の心情にずっと思いを寄せていたのである。このシーンを描いたときに、和田先生は「特攻隊員」に対する、特攻世代の上にいる先生とその下にいる私の世代との受け止め方の違いに気づいていたのではなかったか。「灰色のユーモア」の最初の頁を開いていくときに、私はふと和田先生と対話している自分に気づくのであった。

底本

第Ⅰ部
「灰色のユーモア」
『私の昭和史――『世界文化』のころ』小学館、一九七六年
（初出は『灰色のユーモア――私の昭和史ノオト』理論社、一九五八年）

第Ⅱ部
「昭和初期の政治風景」「『世界文化』とトーマス・マン」「太平洋戦争下の抵抗」「終戦の年、敗戦の年」
『私の昭和史――『世界文化』のころ』小学館、一九七六年

第Ⅲ部
「スケッチ風の自叙伝」
鶴見俊輔・山本明編『抵抗と持続』世界思想社、一九七九年
鶴見俊輔「亡命について」
鶴見俊輔・山本明編『抵抗と持続』世界思想社、一九七九年

＊本文内の割註および巻末の註は編集部による。
＊校訂は、明らかな誤記・誤植と思われるもののみ訂正した。

〔著者紹介〕

和田洋一（わだ・よういち）

一九〇三―一九九三年。同志社大学名誉教授。京都帝大文学部独文科卒。一九三一年、同志社大学予科教授。中井正一、新村猛らと雑誌『世界文化』を編集、欧米の反ファシズム文化を紹介した。一九四九年、同志社大学文学部社会学科教授。著書に『国際反ファシズム文化運動』（三一書房、一九四八年）、『灰色のユーモア――私の昭和史ノオト』（理論社、一九五八年）、『新島襄』（日本基督教団出版局、一九七三年／岩波現代文庫、二〇一五年）、『私の昭和史――『世界文化』のころ』（小学館、一九七六年）、『わたしの始末書――キリスト教・革命・戦争』（日本基督教団出版局、一九八四年）など。共著に同志社大学人文科学研究所編『戦時下抵抗の研究I――キリスト者・自由主義者の場合』（みすず書房、一九六八年）など。

灰色のユーモア――私の昭和史

二〇一八年二月二〇日　初版第一刷印刷
二〇一八年二月二八日　初版第一刷発行

著　者――和田洋一
発行者――渡辺博史
発行所――人文書院
〒六一二‐八四四七
京都市伏見区竹田西内畑町九
電話　〇七五（六〇三）一三四四
振替　〇一〇〇〇‐八‐一一〇三
装　幀――間村俊一
印　刷――創栄図書印刷株式会社

ISBN978-4-409-52069-7　C0021
（落丁・乱丁本は小社郵送料負担にてお取替えいたします）